Schirner Verlag

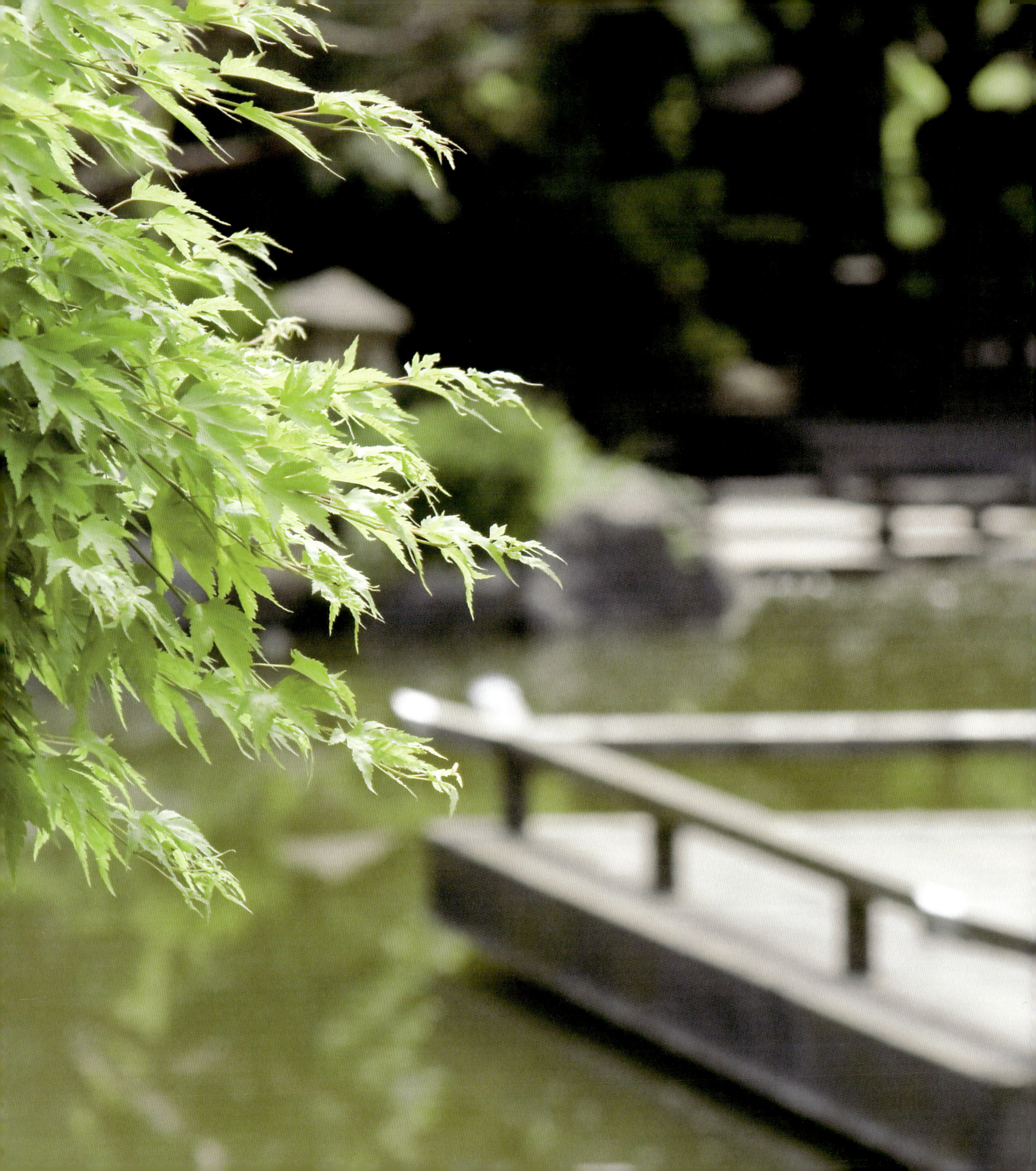

Dr. Jes T.Y. Lim

Feng Shui Gartendesign

Grundlagen · Anwendungen · Praxisbeispiele

Aus dem Englischen
von Daniela Schenker

Schirner Verlag

ISBN 978-3-8434-1047-2

Dr. Jes T. Y. Lim
Feng Shui Gartendesign
Grundlagen · Anwendungen ·
Praxisbeispiele

Umschlag: Murat Karaçay, Schirner
unter Verwendung von # 1193104
(Michael Shake) www.fotolia.de
Illustrationen: Luisa Klein und Robert F. Künzler
Kalligrafien: Julie Lim
Redaktion & Satz: Katja Hiller, Schirner
Printed by: OURDASdruckt!, Celle, Germany

www.schirner.com

1. Auflage April 2012

Inhalt

Kapitel 6
Nachwort und Anhang

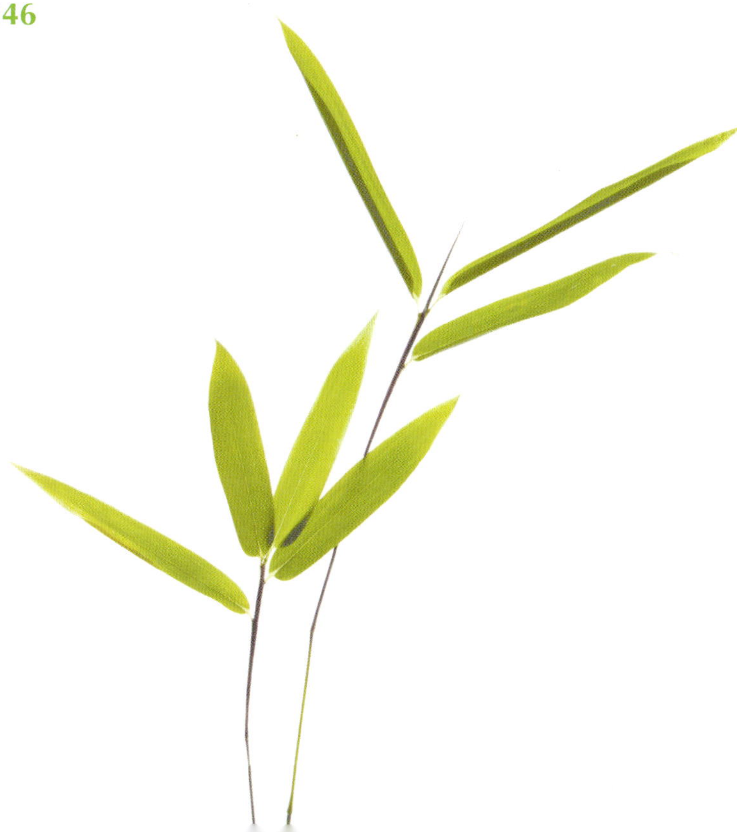

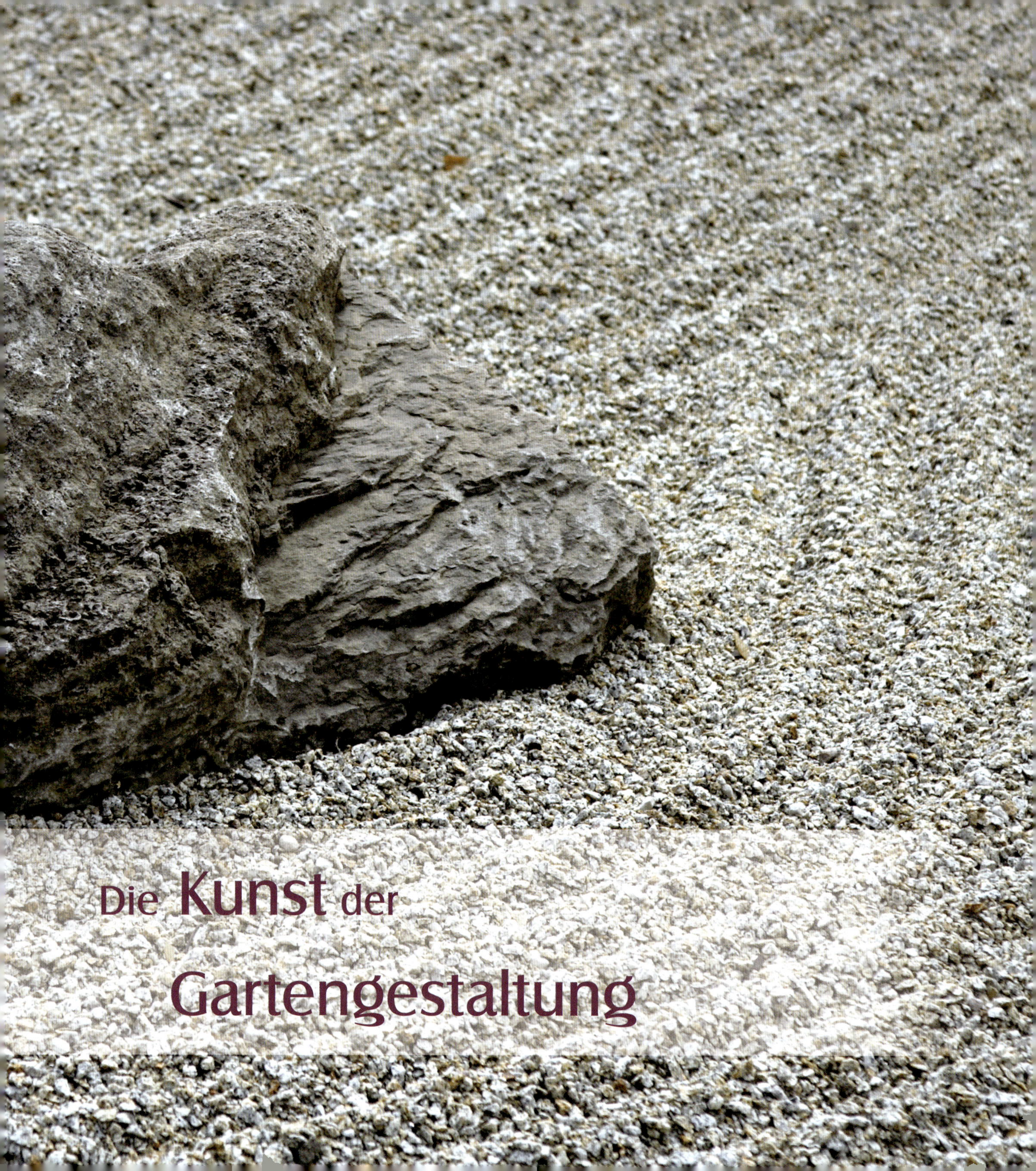

Die Kunst der Gartengestaltung

Die einfachen, aber tief greifenden Grundprinzipien der fernöstlichen Gartengestaltung helfen dem Hobby- wie dem Profigärtner, einen ästhetischen und kraftvollen Garten mit Herz und Seele entstehen zu lassen.

Auf meinen zahlreichen, weltweiten Reisen als Feng-Shui- und Energie-Experte habe ich nicht nur bei Gebäuden, sondern auch bei Gärten häufig feststellen müssen, dass deren Hauptzweck verloren gegangen ist – nämlich einen lebendigen Ort mit hoher Energie zu schaffen, der den Menschen belebt und inspiriert. Oft wirken moderne Gärten unnatürlich, statisch und tot; meist fehlen ihnen Herz und Seele. So kann ein Garten jedoch kein vollständiges und wirkungsvolles Bindeglied zum Wohnraum des Menschen bilden. Betrachten wir Gärten unterschiedlicher Kulturen auf der ganzen Welt, so lassen sich grundsätzlich drei Hauptfunktionen eines Gartens erkennen.

- Er soll das uralte, menschliche Bedürfnis befriedigen, eine natürliche Landschaft mit Bäumen, Blumen und anderen Pflanzen zu betrachten.
- Mit ihm soll ein Raum geschaffen werden, der als Privatsphäre und zur Erholung dient.
- Er soll einem speziellen Zweck dienen, zum Beispiel der Unterhaltung, der Meditation und Kontemplation, der Versorgung der Bewohner mit Früchten und Gemüsen, oder er soll einen angemessenen Rahmen für Rituale und Zeremonien bilden.

Die Themen für einen Garten sind vielfältig: chinesischer Garten, japanischer Zen-Garten, Steingarten, Bonsaigarten, römischer, französischer oder Mittelmeergarten, Wassergarten, formeller Garten, romantischer Garten, Kräutergarten, Blumengarten, Bauern- oder Küstengarten, Familiengarten, Stadtgarten, Vier-Jahreszeiten- oder Meditationsgarten. Der moderne Garten muss jedoch nicht notwendigerweise streng nach einem einzigen Thema gestaltet sein – so können beispielsweise Elemente eines chinesischen Landschafts- bzw. Tao-Gartens oder eines japanischen Zen-Gartens auch in einen formellen westlichen oder einen römischen Garten einfließen und ihn mit weiteren Akzenten beleben. Östliche und westliche Kultur werden auf diese Weise entweder harmonisch verbunden oder fungieren als kreative Spannungselemente.

Die in diesem Buch erläuterten asiatischen Gestaltungsprinzipien und Feng-Shui-Richtlinien können Sie praktisch auf sämtliche Gartenformen und -größen anwenden – vom Miniaturgarten auf dem Fensterbrett bis hin zu einem Garten von der Größe eines Parks. Einen Schwerpunkt bildet dabei das Thema Steine und ihre Auswahl und Platzierung nach den Prinzipien chinesischer Tao- und japanischer Zen-Gärten. Im Kapitel „Kommunikation mit Pflanzen“ erhalten Sie Einsichten in die Pflanzenwelt, die in dieser Form kaum bekannt sind.

Auf Fachbegriffe wurde in diesem Buch bewusst verzichtet, es geht vielmehr darum, die Essenz der östlichen Gärten zu erfassen und mit der westlichen zu vereinen, damit wieder mehr lebendige Gärten mit Seele entstehen. Lassen Sie sich inspirieren, und schaffen Sie sich Ihren persönlichen Garten, der mit seinem ursprünglichen Zweck in Harmonie ist und Sie kraftvoll unterstützt.

Möge Ihr Garten Ihr Herz öffnen, damit Freude, Glück und Liebe frei fließen können, um alle Aspekte Ihres Lebens und Ihrer Umgebung zu berühren.

Dr. Jes T. Y. Lim

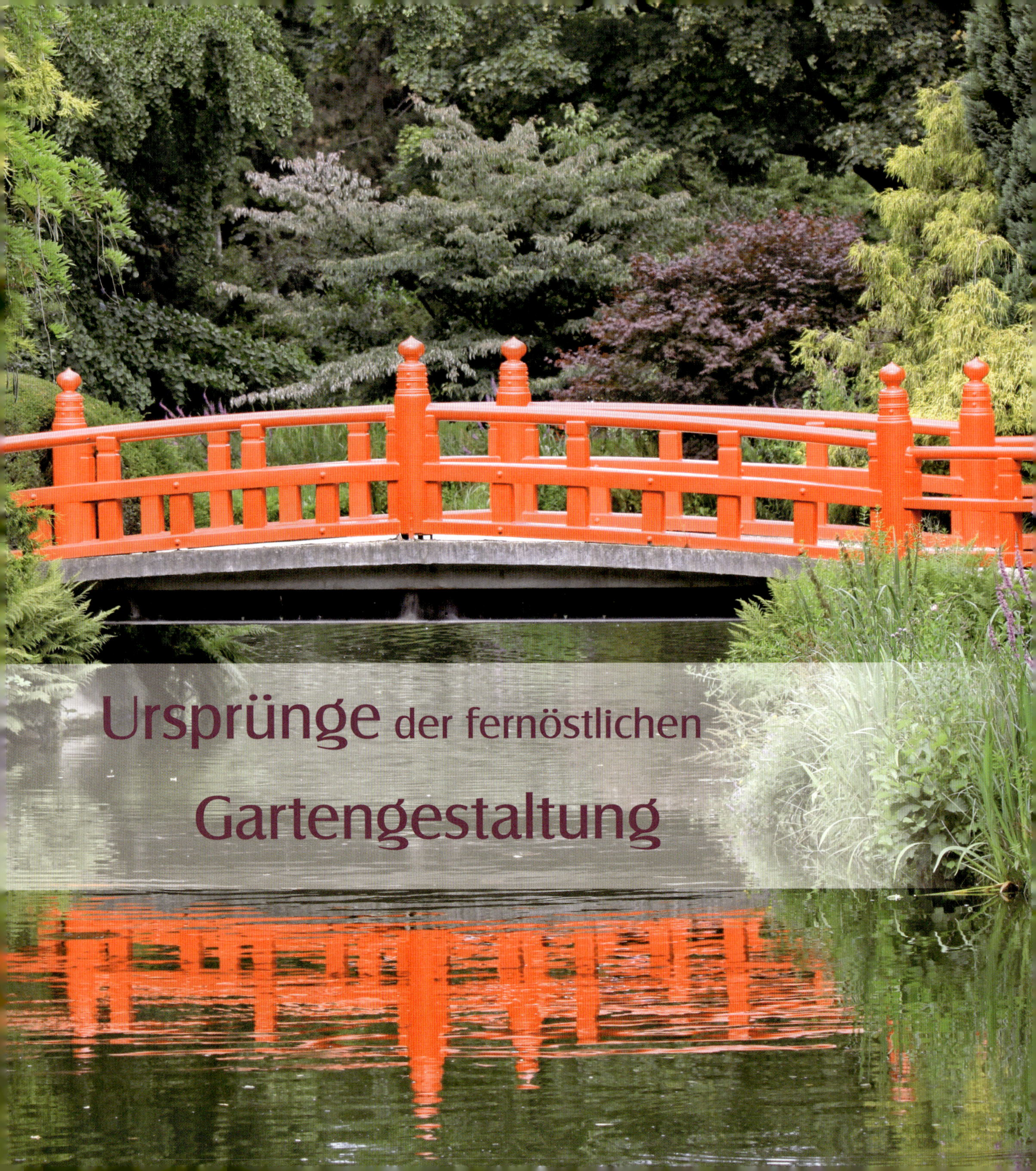

Ursprünge der fernöstlichen Gartengestaltung

Kapitel 1

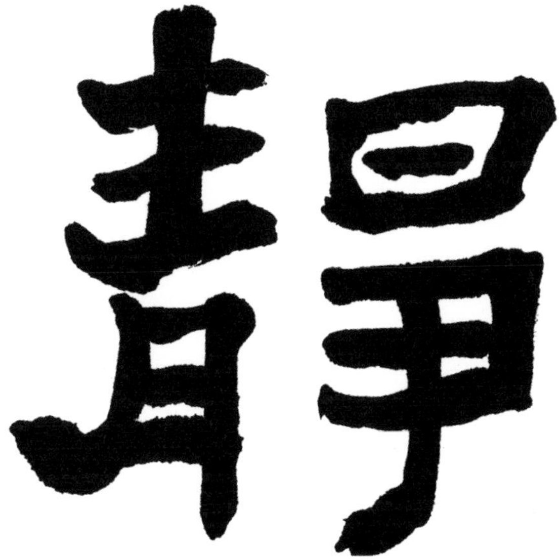

Der Gärtner im alten China richtete sich in der äußeren Form und Symbolik nach den strengen Lehren des Konfuzius. Doch für den Ausdruck seiner Gefühle und zur Kontemplation nahm er den Taoismus zum Maßstab.

Als die Menschen noch draußen in freier Natur lebten, gab es keine Notwendigkeit für einen Privatgarten. Der beste Garten war die Naturlandschaft. Und so verehrten ursprünglich auch alle Kulturen Naturgeister und -götter. Rituale und Zeremonien zu ihren Ehren wurden an besonderen Plätzen in der unverfälschten Natur vollzogen.

Erst mit der Entstehung von menschlichen Siedlungen begann man, private und öffentliche Gärten zu erschaffen – im alten China bereits vor 5000 Jahren. Religiöse Rituale und Zeremonien wurden nun im Garten abgehalten. Man opferte Bäumen, Steinen sowie Erd- und Wandergeistern, um sicherzustellen, dass es eine gute Ernte mit reichlich Früchten geben würde und dass die ganze Familie gesund und geschützt war.

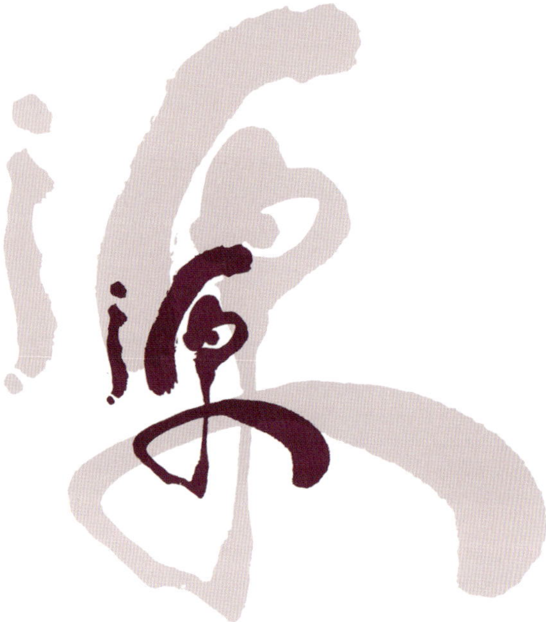

Konfuzianismus und Taoismus in der chinesischen Gartengestaltung

Während der letzten 2 500 Jahre wurde die chinesische Gartengestaltung in hohem Maße durch die konfuzianische und taoistische Philosophie geprägt.

Viele Beamte und Gelehrte wurden dazu gezwungen, sich den starren Begrenzungen, die man ihnen im Staatsdienst auferlegte, auch bei der Gartengestaltung zu beugen. Das konfuzianische System legte Wert auf Etikette, Balance, Symmetrie und Rang. In der konfuzianischen Periode waren die offiziellen Gärten ähnlich den später im Westen konzipierten – sehr steif und formal. Sie folgten der Moral und strikten Disziplin, was sich vor allem in strengen, geordneten Formationen und Symboliken ausdrückte.

Die Vereinigung zweier Gegensätze

Der Einfluss des Taoismus hingegen spiegelte sich vor allem dort wider, wo es um Gefühle und Kontemplation ging. Denn die taoistische Lehre betont Flexibilität, Natur und Freiheit – also genau die gegenteiligen Qualitäten zum Konfuzianismus. Vorbild waren die taoistischen Einsiedler, die sich in die Berge zurückgezogen hatten, zu einem Teil der Natur wurden und schlichte Steingärten bauten. Die Essenz der taoistischen Gartenkunst ist das Verhältnis zwischen Yin- und Yang-Aspekten der Naturlandschaft. Sie legte damit auch den Grundstein für die Gestaltung von Zen-Gärten, in denen die Spannung zwischen Yin und Yang eine zentrale Rolle spielt (siehe auch Kapitel 2).

Um ihr Bedürfnis nach Freiheit und Natur zu stillen, versuchten die konfuzianischen Beamten, ihre Privatgärten andererseits weniger formell und damit taoistisch zu gestalten.

So entstanden allerlei Mischformen von Gärten, die konfuzianische und taoistische Elemente vereinigten und durch diesen Kontrast belebt wurden.

Im Laufe der Zeit vermischten sich beide Ansätze, und es entstand eine ästhetische Sichtweise der Natur, die bis heute die Grundlage für die Gestaltung chinesischer Gärten bildet (siehe auch Kapitel 2).

Werfen wir an dieser Stelle einen kurzen Blick auf die Geschichte der chinesischen und japanischen Gartengestaltung. Hier erfahren wir mehr über die Wurzeln unseres Wissens und verstehen, warum bestimmte Gartenelemente und -stile in der Vergangenheit verwendet wurden.

Je größer unser Hintergrundwissen ist, desto mehr Weisheit können wir erlangen und anspruchsvollere Ideen für die Gegenwart und die Zukunft entwickeln – und erfolgreich in die Tat umsetzen.

Kurze Geschichte der chinesischen Gartenkultur

Man geht davon aus, dass die Kultur chinesischer Steingärten mehr als 6000 Jahre alt ist. Davon zeugen in Stein gemeißelte Darstellungen, die in den hohen Bergen der Provinz Szechuan zu finden sind, wo viele Taoisten lebten, sowie entlang dem Gelben Fluss und dem Jangtse.

In den hohen vegetationsarmen Bergen, in die sich die Taoisten zurückzogen, verwendete man Sand und Steine, um Landschaften mit Bergen, Hügeln und fließendem Wasser darzustellen, die der Kontemplation und Meditation dienten. Viele dieser Steingärten ähneln in ihrer Grundstruktur den heutigen Zen-Gärten.

Über die frühe Gartenkultur existieren neben den erwähnten Abbildungen in Stein kaum schriftliche Quellen; die meisten sind im Laufe der Geschichte zerstört worden.

Drei Hauptformen von Gärten

Man unterscheidet drei Hauptformen von Gärten, die sich im Laufe der Geschichte entwickelten und als selbstständige Formen bis in die heute Zeit erhalten geblieben sind: die kaiserlichen Jagdparks, die Landschaftsgärten sowie die Gärten der Gelehrten.

Während der Xin- und Zhou-Dynastie (1765–770 v. Chr.) unterhielten chinesische Kaiser Parks, in denen Vögel und andere Tiere für die Jagd und zur Unterhaltung gezüchtet wurden. So war auch Kaiser Wen Wang der Zhou-Dynastie (1100 v. Chr.) ein begeisterter Park- und Gartenbesitzer.

Rote Kamelien

Auf prächtigem Grün, so still und rein,
ihr rotes Kleid – blass oder dunkel.
Das Blüten-Herz möchte vor Wehmut bersten.
Was weiß des Frühlings Farbenspiel von diesem Herz …

Wang Wei (Tang-Dynastie)

Die Palast- und Jagdgärten der Qin- und Han-Dynastie

Die Kaiser der Qin- und der Han-Dynastie (206 v. Chr.–220 n. Chr.) waren für ihre Palastgärten bekannt, die mit Pavillons, Teichen und Aussichtsterrassen für die kaiserliche Familie ausgestattet waren und im Schutz der Palastmauern eine stille, besinnliche Naturlandschaft boten.

So war der bekannteste Palastgarten in der Qin-Dynastie (220–206 v. Chr.) der E-Pang-Garten. Er nahm eine Fläche von schätzungsweise zweieinhalb Quadratkilometern ein und bot bis zu 10 000 Gästen Raum.

Der taoistische Kaiser Wudi der Han-Dynastie legte einen riesigen Jagdpark mit zwölf künstlichen Seen und fünf künstlichen Hügeln an, die untereinander mit zahlreichen Brücken verbunden waren. Die Gärten, die nach den Prinzipien der taoistischen Naturphilosophie gestaltet waren, boten vielen seltenen Pflanzen Platz.

Während der Han-Dynastie entstand ein weiterer großer Naturlandschaftspark, der Shanglin-Garten, der sich über 150 Kilometer erstreckte. In ihm befanden sich 70 Paläste für die kaiserlichen Familien sowie hohe Beamte, die von Steinen, Blumen und Wassergärten umgeben waren. Zum Vergnügen und für die Jagd wurden dort auch Pferde, Vögel und andere Tiere gezüchtet.

Buddhistische Kloster- und Tempelgärten

Während des chinesischen Mittelalters (200–600 n. Chr.) gewann der Buddhismus immer mehr an Einfluss. Klöster und Tempel waren von riesigen wunderschönen Gärten umgeben. Der natürlich gestaltete Landschaftsgarten der Klosteranlage vom Berg Lushan in Jiangxi ist an dieser Stelle ebenfalls zu erwähnen. Er ähnelte in seiner Gestaltung den Jadgparks der früheren Herrscher und war Vorbild für weitere Kloster- und Privatgärten. Noch heute gibt es am Aussichtsberg Lushan einen großen Botanischen Garten.

Gelehrte ließen sich von den Taoisten inspirieren, die sich in die Berge zurückzogen, um sich in den Praktiken der Lebensverlängerung zu üben. Viele Malereien zeugen von den einfachen Behausungen der Einsiedler, die hoch in den Bergen von viel Bambus und Wasser umgeben waren. Die Gelehrten, die den strengen konfuzianischen Strukturen der Gesellschaft entfliehen wollten und sich nach der Weltabgeschiedenheit sehnten, legten sich schlichte taoistische Gärten an. Es entstanden im Großen ganze Gartenstädte und im kleinen Maßstab die „Hofgärten" – schlichte kleine Gärten, die mit einem Zimmer unter freiem Himmel vergleichbar waren. Diese Gartenhöfe wurden zum festen Bestandteil der herrschaftlichen Häuser.

Die Zeiten der Sui- und Tang-Dynastien (589–907 n. Chr.) gelten als Epoche, in der die chinesische Kultur in ihrer Blüte stand – man feierte das „Fest der Natur". Berühmte Dichter wie Wang Wie (701–761 n. Chr.), sein Zeitgenosse Li Bau und Bai Juyi (772–846 n. Chr.) waren der Natur zutiefst verbunden.

Kaiserliche Landschafts- und Wassergärten

Chinesische Gartenmeister kopierten Naturlandschaften so genau wie möglich und bildeten Hügel, Seen und Bäche innerhalb des Palastgrundstücks nach. Diese Gärten wurden als „Kaiserliche Landschafts- und Wassergärten“ bezeichnet. Der bekannteste Garten in dieser Form war der Xi-Yuan-Garten (Westgarten) des Sui-Kaisers Yangdi. Er erstreckte sich über eine Fläche von 100 Kilometern. Eine Million Arbeiter erbauten 16 Wohnhöfe mit Fischteichen, Blumen- und Gemüsegärten. Große Hügel mit Felsen und riesige Seen wurden geschaffen, die mit Kanälen untereinander verbunden waren, sodass man den gesamten Park befahren konnte. In dieser Zeit entwickelte sich auch die Form der „Gartengutshöfe“ des Adels, die einen zweifachen Nutzen hatten – sie waren zugleich landwirtschaftliche Nutzflächen und prächtige Gärten.

Taoistische Steingärten

In der Gartenkunst der Song-Dynastie (960–1280 n.Chr.) kamen vermehrt Steingärten in Mode, die von taoistischen Meistern inspiriert waren, die hoch oben in den vegetationsarmen Bergen lebten. Verwitterte Steine, die über Jahrhunderte der Erosion ausgesetzt waren, wurden zum entscheidenden und unentbehrlichen Gestaltungselement. Sehr gesucht waren Steine mit speziellen Formen und Gestalten. Im 11. Jahrhundert entstand sogar ein Katalog für Steinsammler, der alle wichtigen Steine und seine Besitzer enthielt. Der Song-Kaiser Huizong, der von 1105–1125 n.Chr. lebte, wurde der berühmteste Steinsammler aller Zeiten. Sein Gen-Yu-Garten, in dem größere und kleinere Gartensteine zu Landschaften zusammengefügt wurden, war für seine zauberhafte Gestaltung bekannte. Die Schlichtheit dieser Gärten eignete sich hervorragend zur Meditation und Kontemplation – der Zen-Garten war geboren.

Dringet ein
in das geheime Wesen der Natur,
studiert das Gute und Böse.
Ihr werdet erfüllt werden von der Natur selbst
und trotz des Umfanges des Weltalls
und der Entfernungen,
welche die gesellschaftlichen Zustände
voneinander trennen,
werdet ihr euch des Prinzips
der Gleichheit aller Wesen
bewusst werden.

Konfuzius

Pracht- und Hofgärten in der Yuan- und Ming-Dynastie

Die Yuan- und die Ming-Dynastien (1280–1644 n. Chr.) sind einerseits von zahlreichen großen Prachtgärten geprägt. Aufgrund der schnellen Urbanisierung und der kleineren Grundstücke war andererseits aber auch die Form der Hofgärten sehr beliebt.

Der mongolische Herrscher Kublai Khan, der Peking erobert hatte, widmete sich während der Yuan-Dynastie intensiver der Umsetzung der chinesischen Gartenkunst. Er baute den Beihai-Park in Peking aus, der bereits in der Jin-Dynastie angelegt worden war. Kublai Khan hatte eine Vorliebe für besonders schöne Bäume, die er auf seinen Reisen fand und ausgraben ließ. Sie wurden dann auf dem künstlichen Parkhügel wieder eingesetzt. Nach der Vertreibung der Mongolen wurde der Chinese Hongwu (1368–1398 n. Chr.) zum Kaiser ausgerufen. Er war ebenfalls ein großer Baumliebhaber und ließ riesige Obstgärten entstehen und große Teile Chinas wieder aufforsten.

Yi He Yuan – der Sommerpalast in Peking

Die drei Kaiser der aus dem Norden kommenden Mandschu begannen mit dem weiteren Ausbau des Pekinger Sommerpalastes. Dieser sicherlich bekannteste und meistbesuchte Garten (Yi He Yuan) liegt in der nordwestlichen Vorstadt Pekings. Der Garten wurde bereits 1153 n. Chr. während der Ji-Dynastie angelegt und ist immer noch gut erhalten. Er umfasst eine Fläche von 290 Hektar, wobei die Hauptattraktion der „Langlebigkeitshügel" ist. Dieser ist 59 Meter hoch und trug zur Zeit der Entstehung des Gartens den Namen „Goldener Hügel". Erst 1751 n. Chr. benannte der Kaiser Chenglung, der Enkel des dritten Mandschu-Kaisers, den Hügel anlässlich des Geburtstages seiner Mutter um. Der Gartensee trägt den Namen Kunming-See, um an den Garten des Han-Kaisers Wudi zu erinnern. Der Sommerpalast vereint verschiedene traditionell chinesische Gartenstile, unter anderem die der beliebten Landschafts- und Hofgärten.

Noch heute ist China ein Land der Gärten. Die meisten alten Gärten sind jedoch beim Wechsel der Dynastien und im Krieg zerstört worden. Auch während der Kulturrevolution in den 1960er-Jahren sind viele schöne Gärten und Landschaften nicht mehr gepflegt worden und dadurch der Nachwelt verloren gegangen. Trotzdem gibt es im modernen China Tausende faszinierender Gärten, die im ganzen Land verstreut zu finden sind.

Kurze Geschichte der japanischen Zen-Gärten

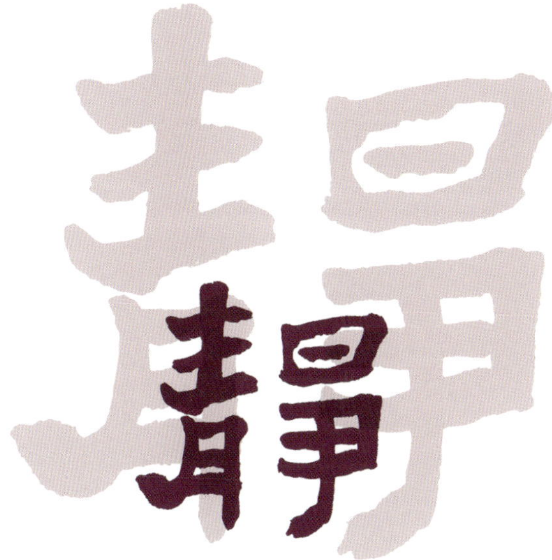

Im Vergleich zum chinesischen Garten, der die Natur in den Vordergrund stellt, die mit allen Sinnen wahrgenommen wird, zeigt der aus dem chinesischen Garten entstandene japanische Garten das Wesen der Natur in schlichter, sehr reduzierter Form. Der Zen-Garten ist ein Sand- und Steingarten, selbst Wasser wird hier meist in Form von Steinen und Sand dargestellt. Der Zen-Garten existiert als Tempel- oder Hausgarten in den unterschiedlichsten Größen.

Vorbild China

Historische Quellen belegen, dass viele japanische Gelehrte und Mönche während der Asuka- (613–709 n. Chr.) und Nara-Periode (710–794 n. Chr.) China besuchten, um die kaiserlichen Palastgärten sowie die chinesische Landschaftskunst und Kultur zu studieren. Die Gestaltung des Gartens von Shishinden – eines großen Zeremoniengebäudes des kyotischen Kaiserpalastes – wurde von den zeitgenössischen chinesischen Gartenmeistern wesentlich mitgeprägt.

Auch die Wurzeln des japanischen Teegartens und der Teezeremonie liegen in China. Die Teezeremonie war dort ein kaiserliches Palastritual für die Prinzessin und die Bediensteten, damit diese sich in Geduld, Anmut und Meditation übten. Ebenso fanden der Taoismus und der Buddhismus Eingang in das Weltbild der Japaner und verstärkten unter anderem ihre Verbundenheit mit der Natur.

Die japanische Kaiserin ließ 613 n. Chr. in ihrem Garten den ersten Stein aufstellen, der symbolisch für den Sitz Buddhas, den Weltenberg Sumeru, stand. Noch heute ist dieses Thema in Zen-Gärten zu finden.

Eine taoistische Legende, die den Ursprung der fernöstlichen Gärten beschreibt, berichtet von fünf heiligen Inseln vor der chinesischen Küste, die auf dem Rücken von Riesenschildkröten saßen. Dort erhoben sich hohe Berggipfel, und in den Tälern befand sich ein Paradies. Die Bewohner waren unsterblich und reisten auf dem Rücken von Kranichen. Aus diesem Grund sind noch heute die Darstellungen von Schildkröten in Steinformationen sehr beliebt (siehe auch Kapitel 4).

Eine weitere Vorstellung, die ein Hauptmotiv in Zen-Gärten ist, ist das Paradies, das am Ende der Welt im Westen liegt. Dieses Land der Reinheit wird von Amida, dem Buddha des ewigen Lebens beherrscht, der wegen seiner Weisheit und seines Mitgefühls einer der beliebtesten Buddhas ist.

Während der Heian-Periode (794–1185 n. Chr.), die als Blütezeit der schönen Künste in Japan gilt, entstanden dann viele private Gärten mit Steinen, Teichen und Inseln. Der Adel wollte damit seinem Natur- und Lebensgefühl Ausdruck verleihen und das Ideal der Schönheit und Eleganz unterstreichen.

Bereits in der Heian-Periode finden sich erste Versuche, das echte Wasser der Wassergärten in Form von Steinen oder Sand darzustellen. Zu dieser Zeit entstanden auch immer mehr offene, leere Bereiche im Garten, die der Kontemplation dienen und das Konzept von Leere und Stille vermitteln sollten (siehe auch Kapitel 2, Seite 29).

Sakuteiki – das Buch der Gartengestaltung

Der Aristokrat Tachibana no Toshisuna stellte im 12. Jahrhundert ein Handbuch zur Gartengestaltung mit dem Titel **Sakuteiki** zusammen, das bis zum heutigen Tag die Gestaltung von japanischen und Zen-Gärten beeinflusst. Das Sakuteiki, dessen Texte auf zwei Schriftrollen ohne weitere Illustrationen festgehalten sind, gibt Hinweise auf die Verwendung von Wasser, Steinen und Pflanzen. Es zeigt starke Einflüsse der Paradies-Lehren des Amida-Buddha und des chinesischen Feng Shui. So wurden die Residenzen von japanischen Aristokraten und Beamten mit der Tür nach Süden ausgerichtet gebaut und folgten damit dem kaiserlichen Palast-Feng-Shui.

Das Sakuteiki beschreibt nicht nur ausführlich das Platzieren von Steinen – das nach dessen Aussagen eine große spirituelle und ästhetische Kraft besitzt –, sondern auch das Anlegen von Hügel, Inseln sowie Wassergärten bis hin zu Details, wie man z.B. durch die passenden Steine im Bachbett bestimmte Wassergeräusche entstehen lässt.

Auch beim Bau des berühmten „Moostempels" Saihoji, der in den Bergen westlich von Kyoto liegt, wurden viele Richtlinien aus dem Sakuteiki befolgt. Unter zen-buddhistischem Einfluss wurde dieser Tempel im Jahre 1339 n.Chr. fertiggestellt.

Während der chinesischen Song- und Ming-Dynastie besuchten viele japanische Mönche chinesisch-buddhistische und taoistische Tempel in den heiligen Bergen der heutigen Provinz Szechuan, um die Meditation des Ch'an- (jap. Zen-)Buddhismus sowie die taoistische Meditationspraxis zu erlernen. Der einzigartige Charakter dieser Meditationen und Kontemplationen sowie deren Einfluss auf die Gartengestaltung wurden auf diese Weise nach Japan gebracht.

Während der Muromachi-Periode (1335–1573 n.Chr.) wurden von Zen-Mönchen viele Steingärten im Zen-Stil angelegt, wobei man in den meisten dieser Gärten gerechten Sand oder Kies verwendete, um bewegtes Wasser symbolisch darzustellen. Dabei richtete man sich größtenteils nach den Richtlinien des Sakuteiki, was auch in den modernen Zen- und anderen japanischen Gärten im Allgemeinen bis heute der Fall ist.

Während in der Heian-Periode nach Eleganz und Schönheit der Natur im Außen gesucht wurde, ging es nun um das Erkennen des inneren Wesens der Natur, das immer schlichter und abstrakter dargestellt wurde. Durch Meditation und die verschiedenen Weg des Zen war es nun auch möglich, sich selbst zu finden.

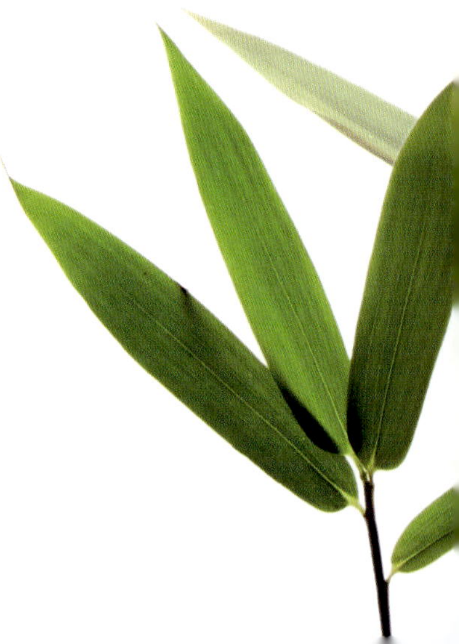

Moderne Zen-Gärten

Moderne japanische Gärten und Zen-Gärten haben meist mehrere Funktionen – sie dienen als Ort zum Spazierengehen, zur Meditation und Kontemplation, als Teegarten und als der Natur nachempfundene Landschaft, an der sich der Betrachter erfreuen kann.

Die Japaner zeigen großen Respekt für ihre alte Gartenkultur. Von den katastrophalen Auswirkungen des Krieges und des Feudalsystems verschont, sind in Japan viele alte Zen-Gärten und Schreine erhalten geblieben. Auch in der alten Hauptstadt Kyoto findet man noch viele alte Zen-Gärten.

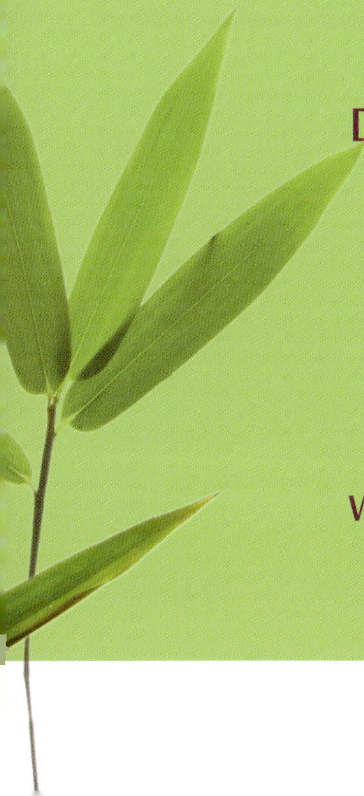

青竹

Der Pavillon im See

In leichter Gondel
fahre ich dem teuren Gast entgegen.
Weit, weit dort draußen
kommt er über'n See ...
Auf der Veranda sitzen wir
mit einem Krug voll Wein,
während sich ringsherum die Lotosblüten öffnen.

Wang Wei (Tang-Dynastie)

Spaziergang durch einen taoistischen Garten

Damit Sie sich noch ein wenig mehr auf die fernöstliche Art der Gartengestaltung einstimmen können, lade ich Sie zum Abschluss dieses Kapitels zu einem Spaziergang durch einen zeitgenössischen taoistischen Garten ein. Machen Sie sich mit mir auf den Weg:

Vor dem Gartentor befindet sich ein größerer Tritt- oder Ankerstein, der den Besucher energetisch reinigt, bevor er in den Garten eintritt. Betreten Sie ihn, und verweilen Sie für einen Moment, um sich zu sammeln und innerlich auf ihren Spaziergang einzustimmen.

Treten Sie nun durch das bogenförmige Gartentor ein, und steigen Sie dabei über die erhöhte Schwelle. Sie soll negative Energie draußen halten. Dabei müssen Sie nach unten sehen und den Kopf neigen. Auf diese Weise zeigen Sie Achtung und Respekt, bevor Sie den Garten betreten. Ein Tor bedeutet auch immer eine Art Einweihung und einen Übergang in eine andere Welt.

Hinter dem Gartentor heißt man Sie mit einem weiteren flachen Ankerstein willkommen. Ankersteine befinden sich immer an besonderen Punkten im Garten. Verweilen Sie daher auch hier einen Augenblick, und lassen Sie den Blick schweifen.

Eine Glocke wird einmal kräftig angeschlagen, um auf Sie, den neuen Gartenbesucher, aufmerksam zu machen.

Sie gehen den Weg entlang, der aus unterschiedlich geformten Steinen besteht, die immer wieder ein anderes Muster aufweisen. Deshalb müssen Sie sich gut konzentrieren, wo Sie Ihre Schritte hinlenken. Auf diese Weise wird Ihr Geist ruhig und zentriert.

Gehen Sie achtsam, und nehmen Sie die verschiedenen Formen und Strukturen der Steine in sich auf. Wenn Sie ganz langsam gehen, können Sie sich auch die unterschiedlichen Schwingungen der einzelnen Trittsteine bewusst machen.

Der Weg führt zu einem weiteren großen Ankerstein vor einer bogenförmigen Brücke. Auch dieser Ankerstein veranlasst Sie zum Innehalten. Atmen Sie ein paar Mal tief durch. Die Laterne an der Brücke beleuchtet abends das Wasser. Sie weist Ihnen den nächtlichen Weg, damit Sie von hier aus zum Mond aufblicken und auch die Fische schwimmen sehen können.

Sie überqueren die Brücke und nutzen damit die Verbindung zwischen Bereichen mit Yin- und Yang-Qualitäten. Spüren Sie, wie Sie den Yang-Bereich – den aktiveren Eingangsbereich des Gartens – verlassen. Welche Wahrnehmung haben Sie, wenn Sie auf Höhe des Wassers sind? Das langsam fließende Gewässer symbolisiert das Leben und eine Fülle von Aktivitäten. Wo Wasser ist, ist die Qi-Energie in größerer Menge vorhanden. Fische im Wasser symbolisieren Wohlstand und Überfluss. Wenn Sie die Brücke verlassen, betreten Sie den Bereich des Gartens, der ruhiger ist und damit eine stärkere Yin-Qualität besitzt. Auf der anderen Seite der Brücke sagt ein weiterer flacher Ankerstein Lebewohl.

Sie überqueren den Bach erneut, indem Sie dem Weg aus Trittsteinen folgen.

Das Bambusgehölz links am Weg symbolisiert ein langes Leben und Beweglichkeit.

Zu Ihrer Linken entdecken Sie eine Steinformation, die Yin und Yang – das weibliche und männliche Prinzip – symbolisiert. Beim Anblick dieses offenen Bereiches der Leere und Stille bekommt unser Geist die Gelegenheit zu ruhen.

Entspannt gehen Sie weiter und erreichen einen Teich, der zur Kontemplation einlädt. Setzen Sie sich auf die Bank, um sich zu entspannen und diese Miniaturlandschaft zu betrachten. Bewundern Sie die Schönheit der Seerosen und die Spiegelung der Wolken und des Bambus im Wasser.

Die kräftigen Gräser, die rund um den Teich herum zu finden sind, symbolisieren Überfluss.

Sie beschließen, dem Weg weiter zu folgen. In einem geschützten Bereich finden Sie einen Schrein, der den Schutzgeistern des Gartens Respekt zollt. Außerdem dient er als Schutzsymbol für die Familie.

Nach einem Augenblick der Kontemplation entscheiden Sie sich, ob Sie den gleichen Weg zurückgehen und noch einmal den Blick von der Bank aus genießen möchten oder dem Trittsteinweg weiter folgen wollen. In diesem Fall gehen Sie langsam von Stein zu Stein und betrachten aufmerksam deren interessante Struktur. Wenn Sie den Bachlauf erreichen und auf die andere Seite gelangen wollen, konzentrieren Sie sich auf den großen Schritt auf den Stein im Bach – sonst gibt es nasse Füße. Jetzt fällt Ihnen der große Stein am Bambushain ins Auge, denn Sie gehen direkt darauf zu. Er wirkt wie ein Wächter des Gartens. Sie überqueren erneut den Bach und gelangen über die Brücke zurück zum Gartentor. Sie fühlen sich harmonisiert und erfrischt und verlassen mit einem leisen Lächeln auf den Lippen diesen schönen Ort.

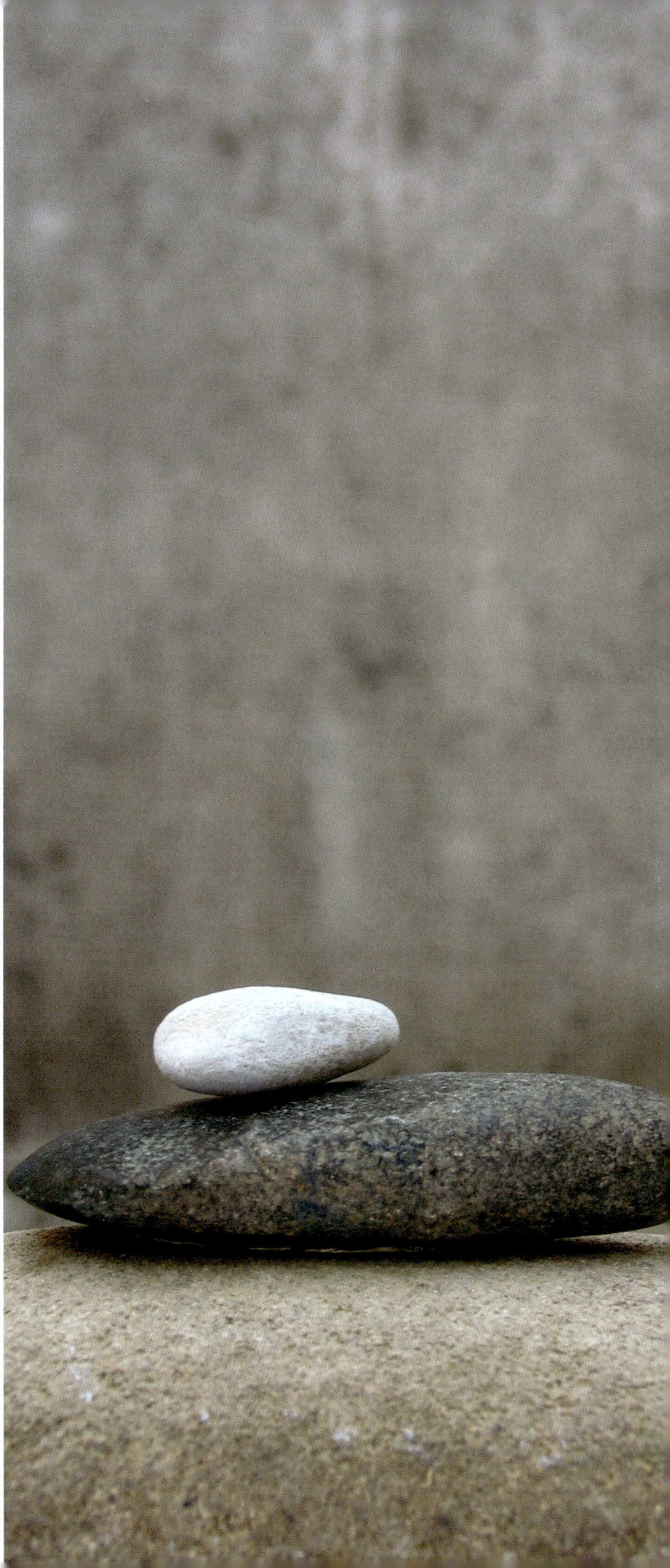

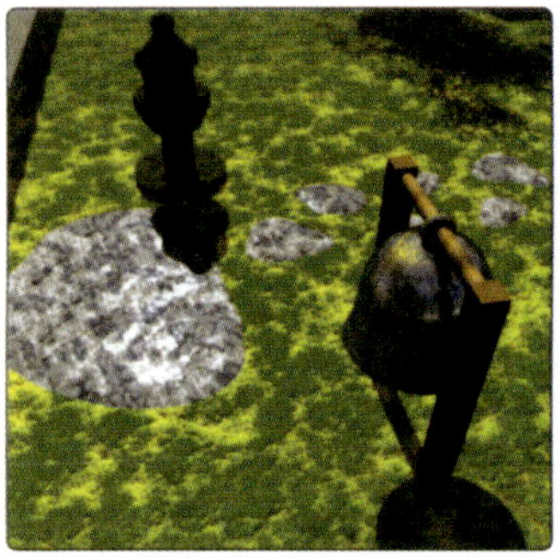

Am Eingangstor zum taoistischen Garten lädt ein großer flacher Ankerstein dazu ein, kurz innezuhalten und sich einen Augenblick lang zu sammeln. Der Klang der angeschlagenen Glocke ertönt, um den neuen Gartenbesucher zu begrüßen und auf den Spaziergang einzustimmen.

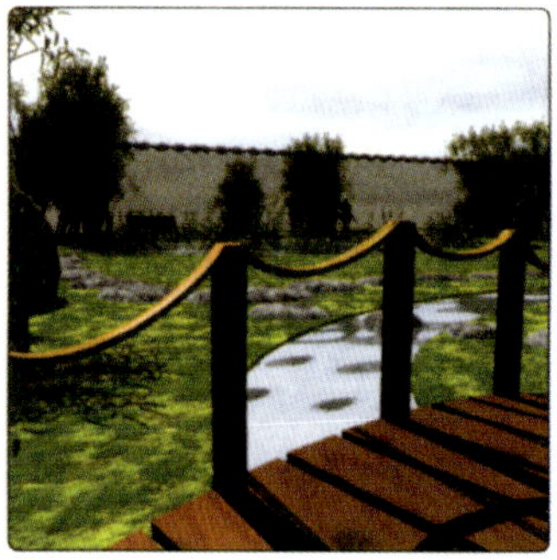

Die geschwungene Brücke führt über den sanft gewundenen Bachlauf und eröffnet einen ersten Blick auf den restlichen Garten. Der Besucher genießt den Ausblick und geht langsam weiter, während er sich mehr und mehr seiner Sinneswahrnehmung anvertraut.

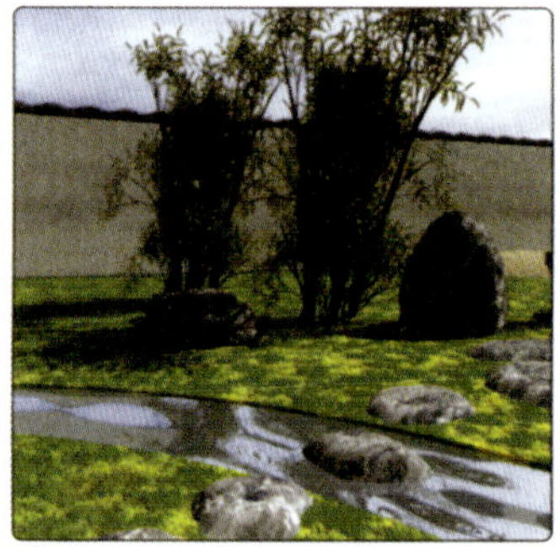

Der Weg führt nun über Trittsteine durch den kleinen Bach. Vorsicht! Die Füße achtsam setzen! Auf der anderen Seite wartet ein großer Bambusstrauch, Symbol für Demut, Stärke und Langlebigkeit.

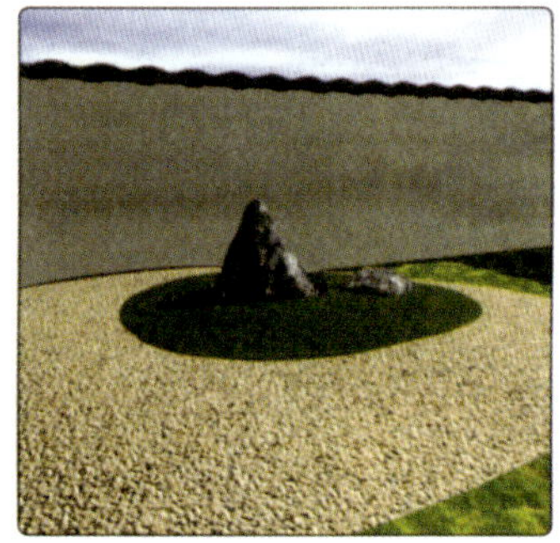

Ein Bereich der Leere und Stille lädt den Geist zu innerer Einkehr ein: Eine Steinformation symbolisiert hier das ewige, polare Prinzip von Yin und Yang.

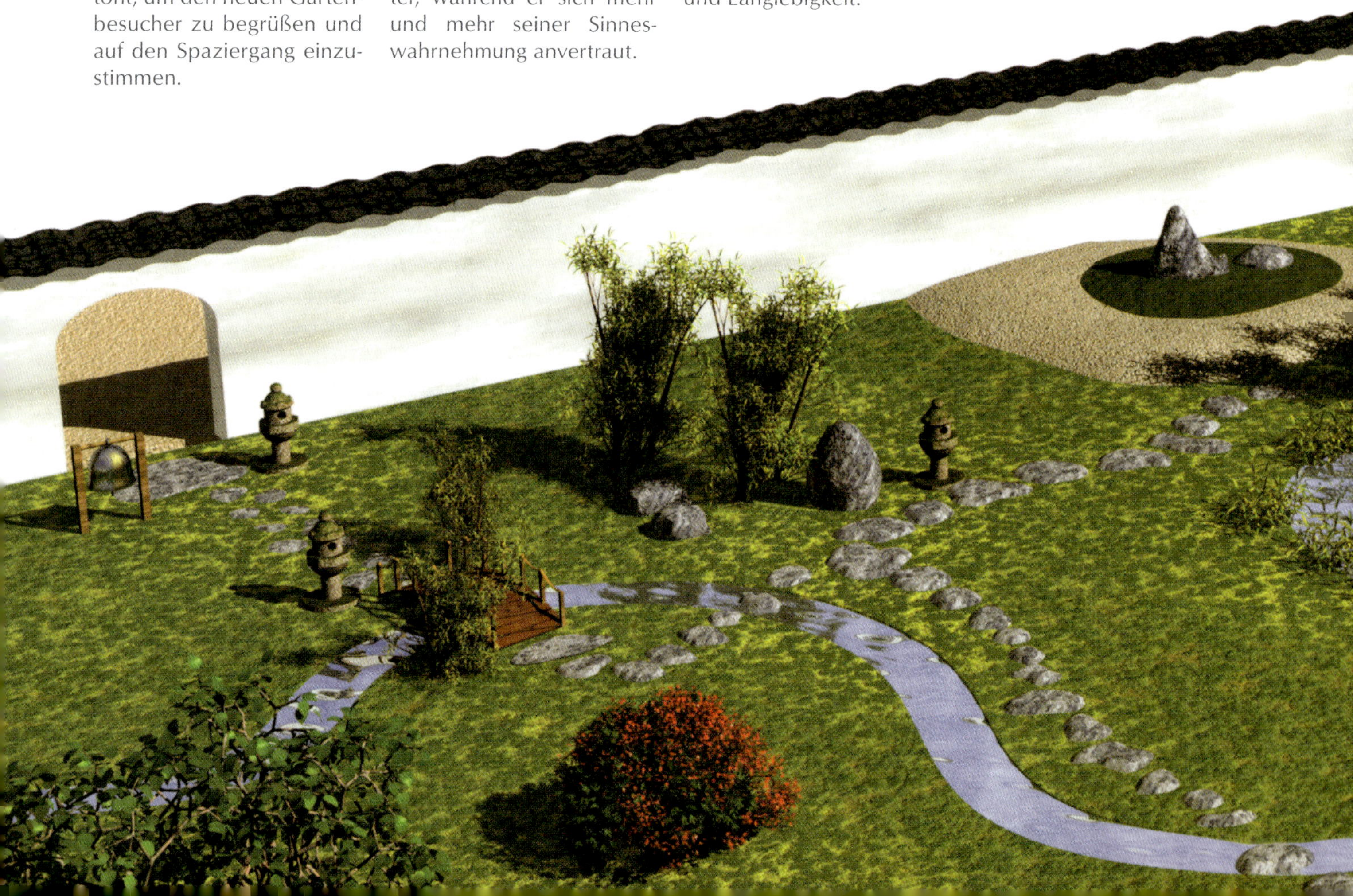

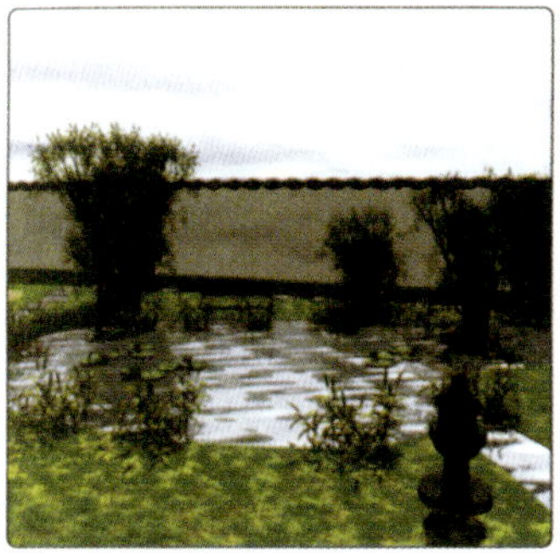

Die anmutige Schönheit der Seerosen im Teich und die Spiegelung der Gräser im Wasser laden zur Kontemplation ein.

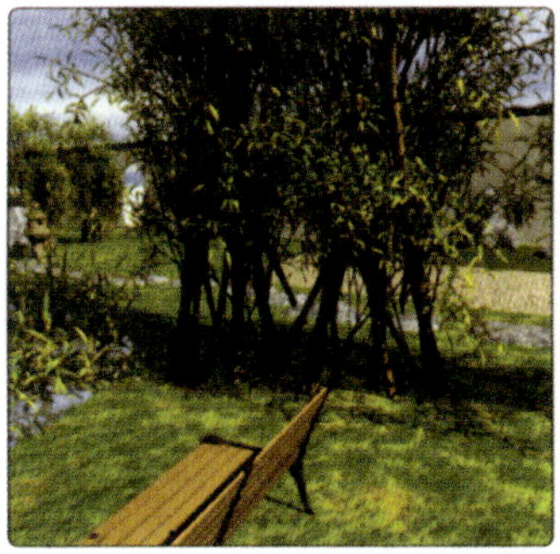

Auf der durch eine kleine Baumreihe geschützten Bank kann der Gartenbesucher verweilen und sich weiter in den Anblick der ihn umgebenden Natur versenken.

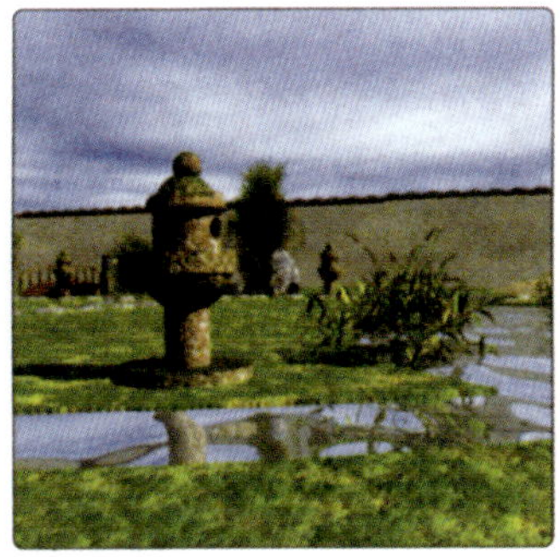

Eine der vielen steinernen asiatischen Lampen beleuchtet auch am Abend diesen Pfad, der am Ufer des Teichs entlangführt.

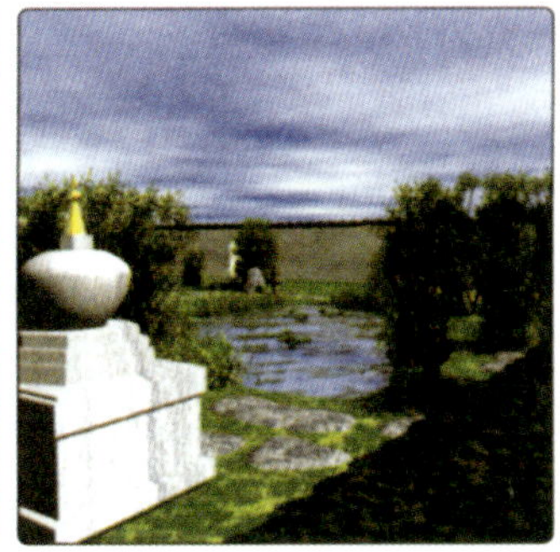

Einen letzten Höhepunkt des Spaziergangs bildet der kunstvoll verzierte Schrein in einem geschützten Bereich, der den Schutzgeistern des Gartens Respekt zollt.

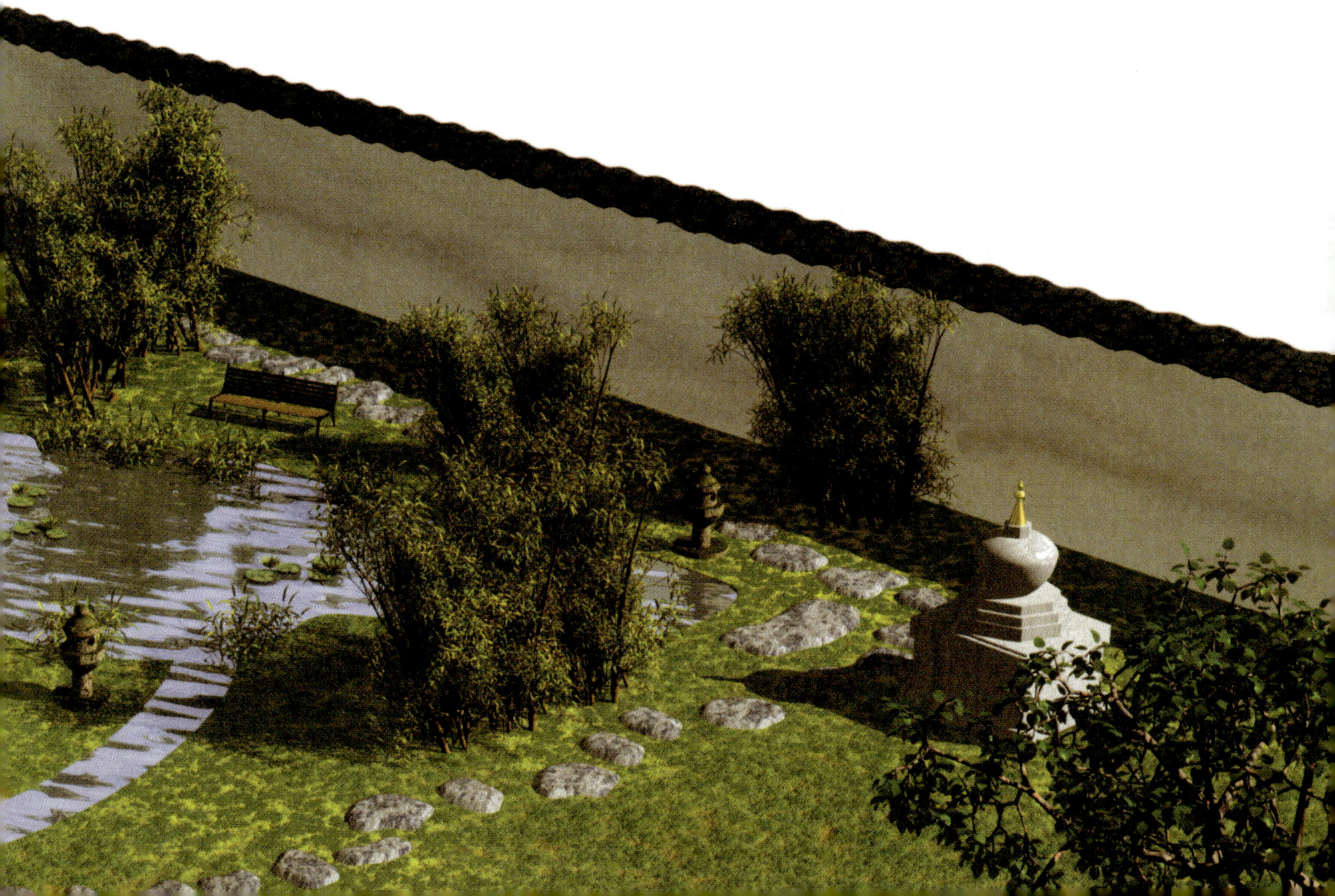

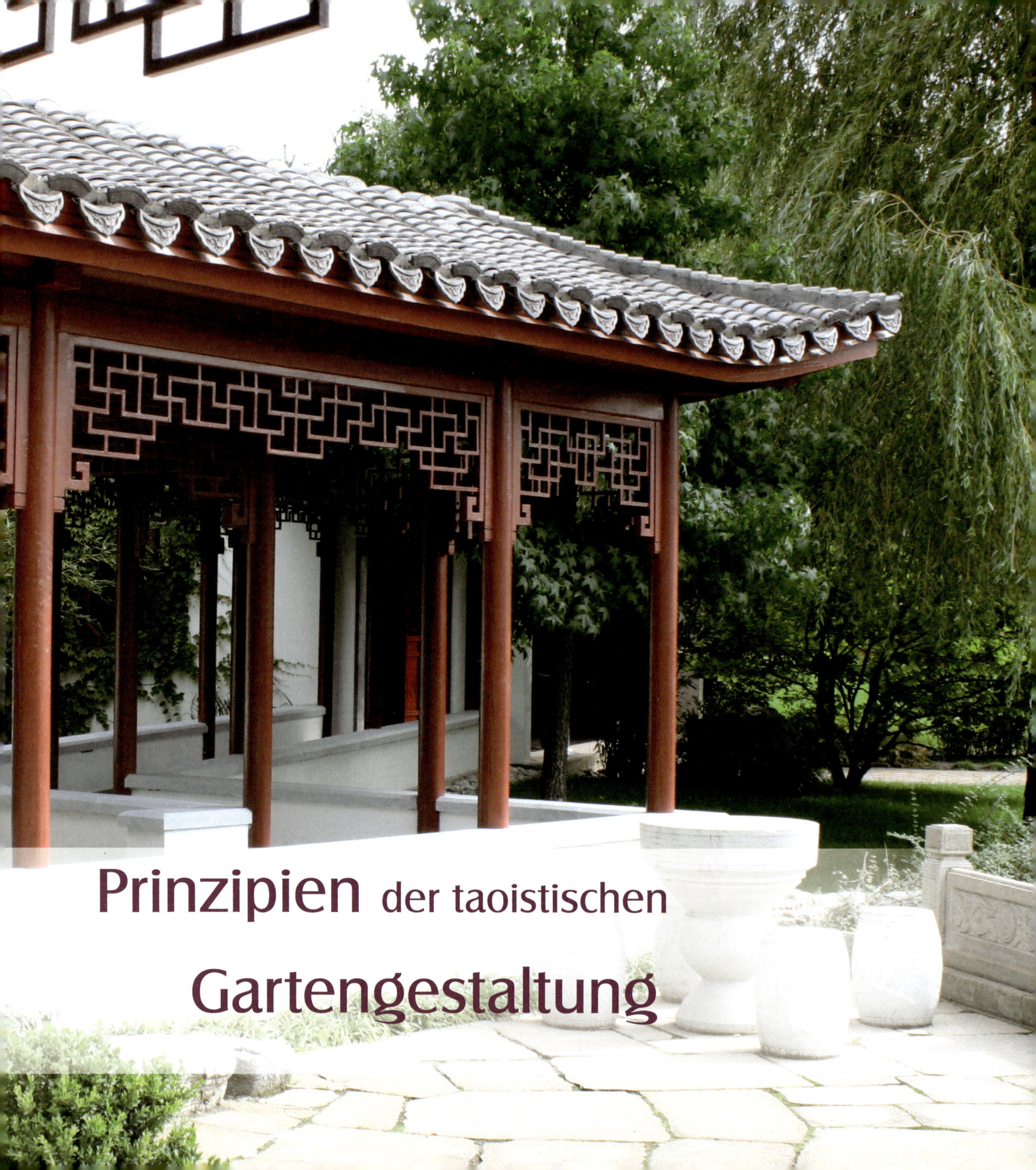

Prinzipien der taoistischen Gartengestaltung

Kapitel 2

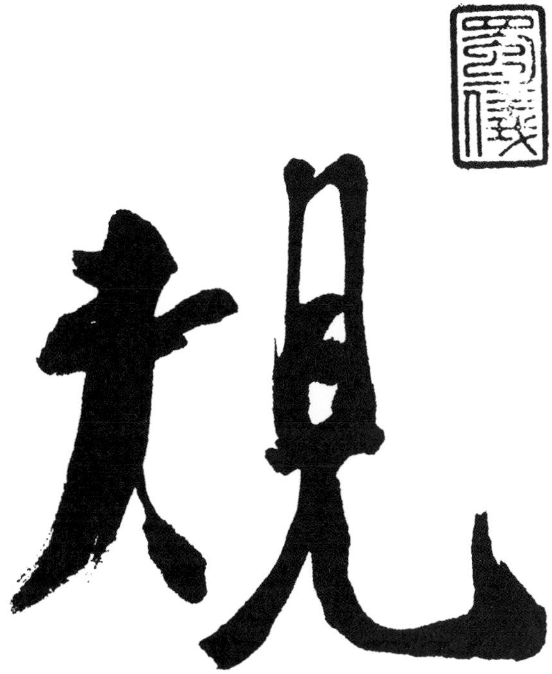

Ein Gärtner, der asiatische Gestaltungsprinzipien einsetzt, sieht es als kreative Herausforderung an, den bestehenden Garten und seine Landschaft so zu gestalten und sich entwickeln zu lassen, dass sich seine wahre Natur enthüllt.

EINE GUTE GARTENGESTALTUNG ist Wissenschaft und Kunst zugleich, sie fordert unseren Geist, unsere Intuition und unterstützt unser spirituelles Wachstum. Ein Garten, in dem eine Naturlandschaft nachempfunden wird, ist nicht so schwer anzulegen, wie allgemein angenommen wird. Der Schlüssel liegt darin, die vorhandene Fläche – ob Garten oder Fensterbrett – richtig zu nutzen, indem man die Gestaltungselemente nach dem Vorbild der Natur auswählt und anordnet. Wenn Sie über eine Portion gesunden Menschenverstand verfügen, die Natur zu schätzen wissen und die Naturgesetze beherzigen, dürfte es Ihnen nicht schwerfallen, die folgenden Prinzipien umzusetzen. Sie brauchen nicht jahrelang zu studieren, um Ihre gärtnerische Kreativität zu wecken. Übung macht den Meister!

Die acht Grundprinzipien

Im Folgenden werden Grundprinzipien der asiatischen Gartengestaltung und des Feng Shui erläutert. Manche Regeln wirken vielleicht einfach, doch wenn ihre tiefere Bedeutung erfasst und umgesetzt wird, dann wird der Garten lebendig und gewinnt an Tiefe. Auf spezielle Fachterminologie wurde bewusst weitgehend verzichtet.

Erstes Prinzip: Harmonie mit der Natur

Es gibt ein Hauptprinzip bei der traditionellen Gestaltung eines Tao-Gartens: Er sollte mit der Natur in Einklang stehen. Von Menschenhand geschaffene Landschaften und Landschaften der Natur sollten miteinander verschmelzen. Der chinesische Gärtner lässt zu, dass Landschaft, Pflanzen und Steine ihre einzigartigen natürlichen Merkmale behalten. Die taoistische Praxis legt Wert auf das Naturbelassene. Der Mensch kann zwar etwas verändern oder neu gestalten, jedoch auf einfache Art und Weise und in Übereinstimmung mit der Natur – nicht gegen sie.

Bei der Gestaltung eines Landschaftsgartens sollte besonders darauf geachtet werden, die bestehenden Strukturen und Gegebenheiten der Natur zu erhalten, und zu überlegen, wie sie am besten genutzt werden können, um eine Umgebung zu erschaffen, die Harmonie und sanfte Energiebewegungen fördert.

Wenn Sie also einen Garten anlegen, berücksichtigen Sie bereits vorhandene natürliche Strukturen wie Steine, Felsen oder Bäume, bevor Sie wesentliche Änderungen wie einen größeren Aushub vornehmen, was die natürliche Harmonie leicht zerstören könnte.

Die Drachenader

Kleine Hügel, Teiche und arrangierte Felsformationen im taoistischen Garten wirken wie natürlich entstanden, sind aber das Ergebnis eines sensiblen Naturverständnisses, kombiniert mit menschlicher Kunstfertigkeit.

Eine bereits vorhandene Mulde beispielsweise, die wie ein Tal wirkt, sollte als „Miniaturtal" für die Qi- und Wasserenergie (siehe auch Seite 32) erhalten bleiben.

Falls an dieser Stelle von Natur aus kein Wasser fließt, kann nachträglich ein kleiner Bachlauf angelegt werden. Eine solche Vertiefung mit fließendem Wasser wird im Feng Shui auch als „Drachenader" bezeichnet. Der kraftvolle Ort kann den Mittelpunkt eines Gartens bilden, um den herum die übrigen Strukturen gestaltet werden.

Auch wenn ein Garten und alle Bäume, Pflanzen und Elemente von Menschenhand angelegt oder gestaltet sind, scheint alles letztlich der Natur zu entstammen und ist mit ihr in Resonanz.

Die natürliche Schönheit erhalten

Die Chinesen erhalten gern die natürliche Schönheit und Art der Natur, wie beispielsweise die Krone eines Baumes. Man versucht auch nicht, die Form von Zweigen und Stamm zu verändern. Sie bleibt wie von der Natur geformt: gerade, schief, gewunden, kurz oder lang, fest oder weich.

Das gleiche Prinzip gilt in den Miniatur- und **Penjing**-Gärten (jap. **Bonsai**). Die Bäume werden beschnitten und mit Kupferdrähten oder Schnüren in Form gebracht – aber nicht, um die Natur zu verändern, sondern ganz im Gegenteil, um bestimmte Naturformen so getreu wie möglich abzubilden. So wird immer darauf geachtet, dass Stämme, Äste und Zweige ganz natürlich aussehen und die typischen Eigenschaften sowie die charakteristische Form der Pflanze erhalten bleiben. Auch versucht man, die zwergwüchsigen Pflanzen gealtert erscheinen zu lassen. So werden sie zum Symbol für Langlebigkeit. Eine Penjing-Eiche kann nur 20–50 Zentimeter hoch sein, im Verhältnis aber wie ein großer Baum wirken, der zwischen 200 und 1 000 Jahre alt ist.

Auch wenn manch einer behauptet, dass Penjing-Bäume verkrüppelt sind und leiden – grundsätzlich ist gegen die Schnitt- und Verdrahtungstechniken nichts einzuwenden, solange der Gärtner mit der Pflanze kommuniziert (siehe auch Kapitel 5, Seite 115).

Dieses erste und wichtigste Prinzip der taoistischen Gartengestaltung, die Harmonie mit der Natur, ist dem traditionellen westlichen Gartenkonzept exakt entgegengesetzt. Denn die ursprüngliche Naturform der Pflanzen wird hier häufig stark verändert. Man betrachte nur die künstlich wirkenden Barockgärten oder auch ganz gewöhnliche europäische Vorgärten: Die Pflanzen werden beschnitten und in eine meist geometrische Form gebracht. Diese von Menschenhand geschaffenen Formen gelten oft als schöner als die natürlicher Wuchsform der jeweiligen Pflanzenart. Durch die künstliche Form können Sträucher und Bäume ihre eigentliche Natur jedoch nicht zum Ausdruck bringen, und das mindert ihre Lebensenergie. Auch Pflanzen haben Emotionen – wenn eine Pflanze zu stark oder falsch beschnitten wurde, strahlt sie Angst aus. Und das kann sicher nicht im Sinne eines Gartengestalters sein, der möglichst viel positive Energie in seinem Garten haben möchte.

Zweites Prinzip: Gleichgewicht von Yin und Yang

Ein zentrales Element des Taoismus ist die Polarität von Yin (das Weibliche, Weiche, Sanfte, Passive) und Yang (das Männliche, Kraftvolle, Gewaltsame, Aktive). In der Natur gibt es immer Kontraste und Gegensätze, die sich jedoch ergänzen und gemeinsam harmonischer und kraftvoller wirken, als wenn nur einer der Pole vorhanden ist. Ein Beispiel: Ein einzelner verwitterter Felsen (Yin) steht bewegungslos in einem offenen Bereich des Gartens, daneben wachsen Lotosblüten aus dem Wasser empor (Yang). Hier ergänzen sich die beiden Aspekte, denn die Lotosblüten verleihen dem Felsen Leben und Bewegung. Oder: In einem sehr ruhigen meditativen Bereich des Gartens (Yin) ertönt das Wassergeräusch des hier entlangfließenden Baches (Yang).

Das Verhältnis zwischen den beiden Polen Yin und Yang kann mit der Beziehung zwischen zwei glücklichen Eheleuten verglichen werden. Jeder Partner hat seinen eigenen Standpunkt, und trotzdem leben beide in Harmonie vereint zusammen.

„Ein Garten, der sich nicht nach den vorhandenen Hügeln,
Bächen und alten Bäumen richtet,
sondern nur von Menschenhand angelegt ist,
kann nicht von Interesse sein.
Das Wunder der Gärten liegt darin,
auf welche Weise die Landschaft genutzt wird,
und nicht wie sie geschaffen wurde."

Ausspruch eines alten chinesischen Gartenmeisters

Das eine ist im anderen enthalten

Wenn wir beim Prinzip von Yin und Yang etwas mehr in die Tiefe gehen, wird offensichtlich, dass es kein reines Yin oder Yang gibt – immer ist im Yin ein kleiner Teil Yang enthalten und umgekehrt. So ist in der Bewegung (Yang) auch die Passivität (Yin) vorhanden. Ein Stein ist beispielsweise hart (Yang) und statisch (Yin), während das Wasser des Baches weich (Yin) und in Bewegung (Yang) ist. Pflanzen sind einerseits weich und biegsam (Yin), im Vergleich zu einem statischen Stein sind sie jedoch in Wachstum und Bewegung begriffen (Yang).

Wenn ein Garten beispielsweise stark Yin-betont und damit weich und zart gestaltet ist, wirkt er schwach, weil das kraftvolle Qi fehlt. Es ist daher notwendig, mit der Spannung zwischen den beiden Polaritäten zu arbeiten: Hügel, Steine, Felsen (Yang) verbinden sich harmonisch mit biegsamen Pflanzen und bewegtem Wasser (Yin). Aus diesem Grund sind Hügel, Steine, Felsen, Wasser und Pflanzen die Hauptmerkmale eines Tao-Gartens

Der Kontrast zwischen Yin und Yang wird bei der Gartengestaltung bewusst eingesetzt.

Weitere Qualitäten von Yin und Yang sind:

Yang – Yin
männlich – weiblich
hart – weich
massiv – hohl
bewegt – ruhig
gerade – krumm
offensichtlich – verborgen
prächtig – schlicht
offen – geschlossen
hell – dunkel
gewölbt – flach
laut – leise
heiß – kühl
spitz – gerundet

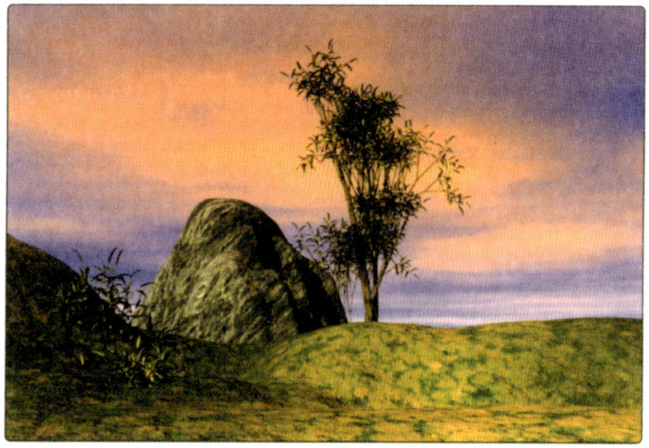

Abbildung 2.1:
Harter Felsen (Yin) mit biegsamem Bambus (Yang), der sich im Wind bewegt

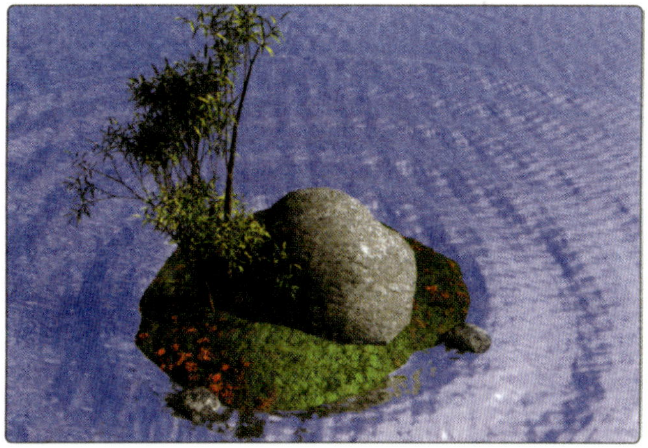

Abbildung 2.2:
Felsen (Yang), Wasserkräuseln (Yin) und Pflanze (Yin)

Drittes Prinzip: Leere und Stille

Leere und Stille sind zwei Aspekte der Natur, die im Garten wahrgenommen werden können. Ein Tal oder eine Senke können leer sein, sie besitzen aber gleichzeitig das „Qi des Wasserflusses" – hier könnte auch Wasser fließen. Es herrscht Leere und doch Fülle. Ein Raum mag leer sein und bietet genau dadurch unzählige Möglichkeiten, ihn zu nutzen. Die ruhigen Bereiche im Garten bilden einen wichtigen Gegenpol zu den Orten, an denen Kinder spielen, wo gearbeitet wird oder man sich trifft und unterhält. Jeder Garten sollte einen solchen stillen Bereich haben.

Leere und Stille bilden den ausgleichenden Pol zu Geschwindigkeit, Bewegung und Aktivität. Die Leere erzeugt innere Ruhe, daher kann ein Betrachter der

Leere in einen tiefen meditativen Zustand gelangen und erreichen, dass sich Körper, Denken und Gefühle beruhigen und geistiger Friede einkehrt – ein Schritt auf dem Weg zur Erleuchtung.

Der Bereich der Leere ist immer Yin-betont. Im Garten kann Leere durch einen Teich, einen offenen Bereich, eine Sand- oder Felsmulde repräsentiert werden. Ein kleiner Yang-Impuls verleiht ihr die Inspiration, die Andeutung einer Möglichkeit. Dieser kann durch (Yang-)Steine, durch Pflanzen oder eine nachempfundene Landschaft gegeben werden, welche seitlich des leeren Bereichs angelegt werden sollten.

Eine weitere Möglichkeit, Stille und Leere in Ihren Garten zu holen – sei es ein großer oder ein Miniaturgarten –, ist ein Hügel mit Höhlenöffnungen. Er fügt dem Aspekt der Leere etwas Geheimnisvolles hinzu. Der Betrachter kann hineinsehen, seine Fantasie spielen lassen oder je nach Größe sogar ein- und ausgehen. Weil die Höhlenwände durchbrochen sind, kann zudem das Qi wie auch in einer Mulde frei fließen.

Im Gegensatz zu diesem schlichten Prinzip wird in der westlichen Gartengestaltung oft Wert auf eine Vielzahl großer und schwerer Objekte und Strukturen gelegt – ein Garten voller Blumen, mit zahlreichen Beeten, Gartenhaus, Bänken und Brunnen. Diese Art von Garten macht viel Arbeit und lässt gleichzeitig der Vorstellungskraft und Kreativität des Betrachters wenig Raum, weil die einzelnen Bereiche mit zu vielen Gegenständen oder Pflanzen zugestellt sind.

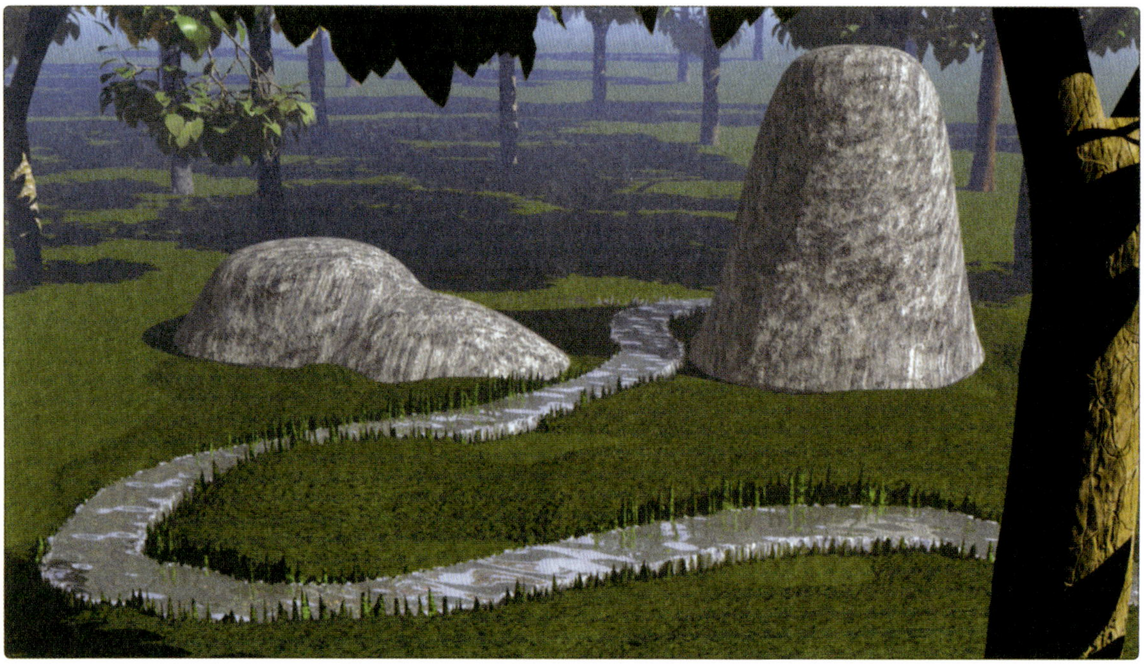

Abbildung 2.3:
Leere und Stille: Ein Bach schlängelt sich zwischen zwei Steinen hindurch, von denen der linke Yin- und der rechte Yang-Qualitäten hat (weitere Details zu Steinen im Kapitel 4, Seite 74).

Der Garten soll den Geist stimulieren

Ein traditioneller Tao-Garten strebt nach Schlichtheit und Kreativität, er soll den Geist und die Gedanken stimulieren und die Vorstellungskraft des Betrachters anregen. Ein einzelner großer Stein kann einen Menschen darstellen, der in Meditation oder Kontemplation versunken ist oder als Hügel betrachtet werden, der sich am Horizont erhebt. Eine stille und beschauliche Gartenlandschaft ist ein geeigneter Rückzugsort vom modernen Leben, das oft voller Stress ist. Der Gartenbenutzer wird durch diesen Ausgleich sorgenfreier, friedlicher, weniger angespannt und hat bessere Aussichten auf ein langes und gesundes Leben. Mit seiner im Einklang mit der Natur stehenden Gestaltung, die die kraftvolle Naturenergie erhält und nutzt, unterstützt ein nach den persönlichen Bedürfnissen gestalteter Garten das klare Denken und den Erfolg des Menschen.

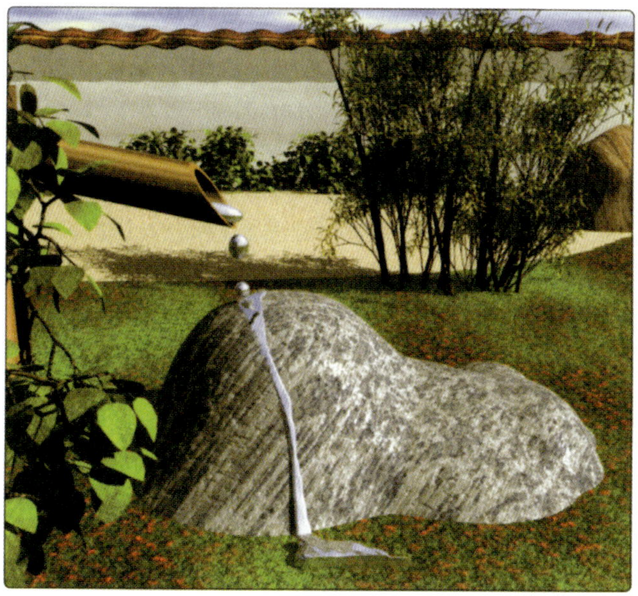

Abbildung 2.4:
Leere und Stille: Ein einzelner, ruhender Stein (Yin), auf den Wasser aus einem Bambusrohr tropft (Yang)

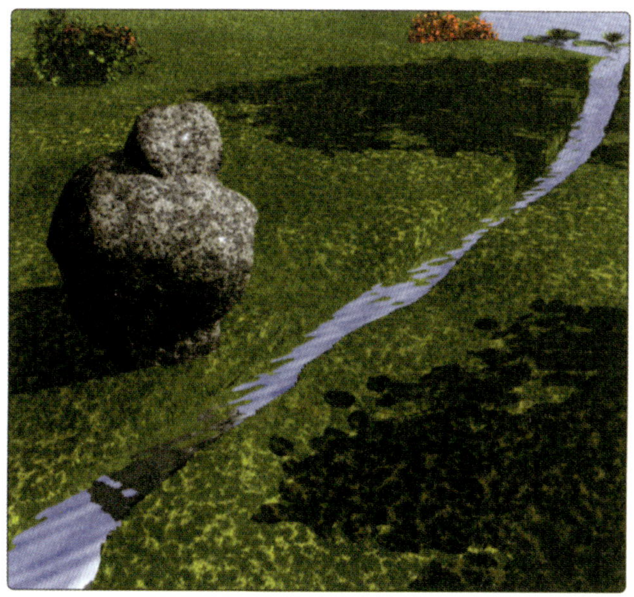

Abbildung 2.5:
Leere und Stille: Ein einzelner schlichter Stein wirkt wie ein Zen-Meister (Yin), der tief in Meditation versunken ist. Durch den vorbeifließenden Bach entsteht eine sanfte Bewegung (Yang).

„Schaffe Leere bis zum Höchsten,

wahre die Stille bis zum Völligsten."

Lao Tse

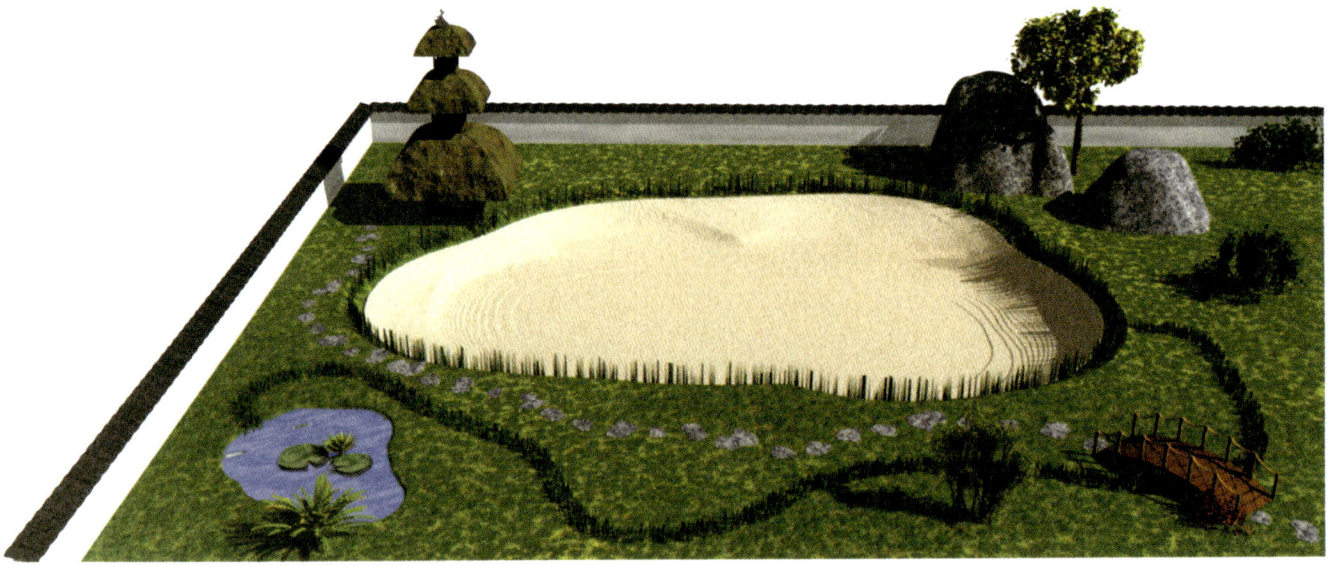

Abbildung 2.6:
Ein Garten im taoistischen Stil: Die Mulde in der Mitte repräsentiert den Bereich der Leere – er könnte beispielsweise mit Sand oder feinem Kies ausgekleidet auch als ein „trockener" See betrachtet werden (siehe auch das Unterkapitel „Trockenes Wasser" auf Seite 111).

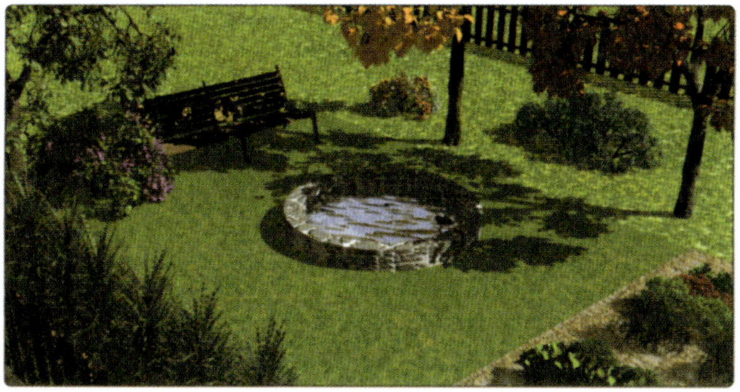

Abbildung 2.7:
Ein Garten im westlichen Stil

Abbildung 2.8:
Leere und Stille: Der Stein sieht aus wie ein Mensch, der friedlich im blühenden Garten schläft. Er kann aber auch wie ein Hügel am Horizont wirken.

Viertes Prinzip: Harmonie der Größenverhältnisse

Vor 20 Jahren hatte ich ein Erlebnis, das mir eindrücklich verdeutlichte, wie relativ Größenverhältnisse sind. Ich betrachtete ein reiskorngroßes Stück Elfenbein mehr als eine Stunde lang, um den riesigen Garten zu bewundern, der darin eingeritzt war. Die Miniaturschnitzerei zeigte eine Bergszene mit drei Hügeln, drei Häusern, fünf Menschen, fünf Enten und drei Hühnern. Des Weiteren waren ein See mit drei Fischen und einem Frosch, verschiedene blühende Pflanzen und ein Bambushain abgebildet. Diese Landschaft konnte ich nur durch eine Lupe mit starker Vergrößerung erkennen.

Größe ist relativ

Dies ist ein ganz wichtiger Punkt: Die Größe von Gärten und Landschaften ist relativ, je nachdem wie man sie betrachtet oder wahrnimmt. Ein riesiger Garten oder Park kann 1000 Hektar groß sein, von einem Berggipfel aus gesehen wirkt diese Fläche wie ein Bild, das 50–60 cm groß ist. Ein Miniatur-Themengarten kann im Vergleich zu einem normalen Garten winzig wirken. Er ist vielleicht nur drei Quadratmeter groß, hat aber so viele Details und Symbole, dass man mehrere Tage damit verbringen kann, diesen Miniaturgarten zu erfassen. Eigentlich ist der Garten vom Maßstab her „groß", und man brauchte eine Million Worte, um ihn beschreiben. Das bedeutet, dass Ihr Garten auf dem Balkon oder Ihr Miniaturgarten unter dem Fenster die gleiche Tiefe und Symbolik beinhalten kann wie ein Gartengrundstück von mehreren Hektar Größe.

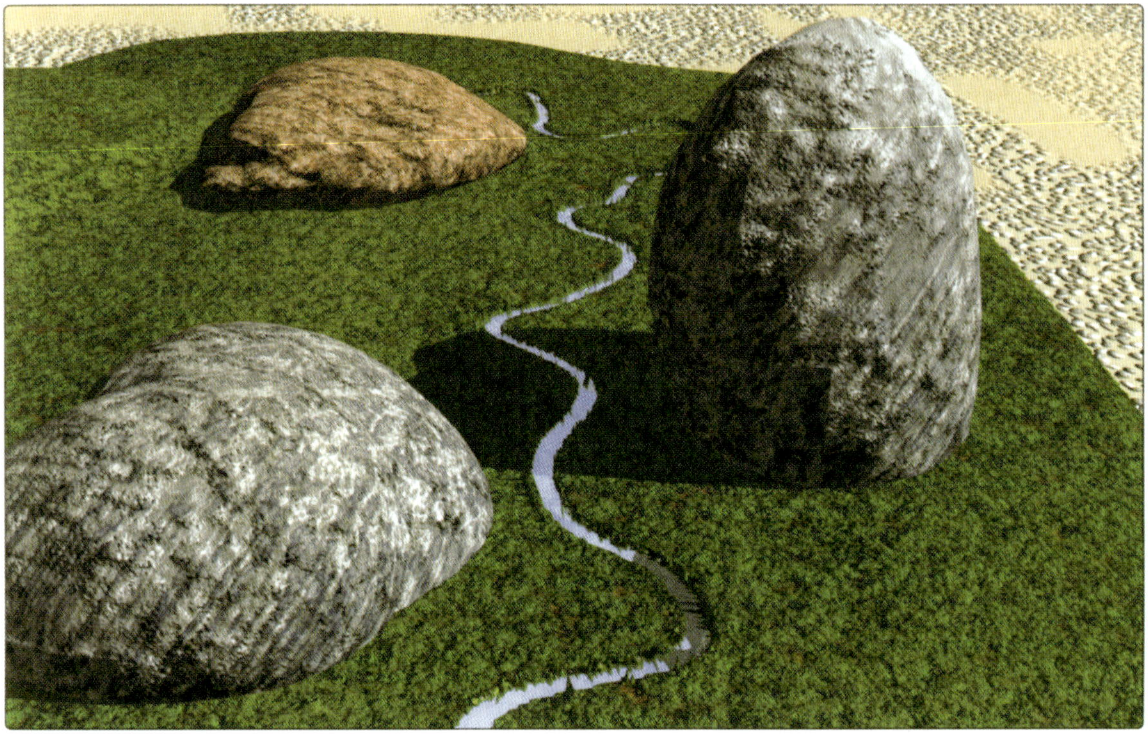

Abbildung 2.9:
Die Steine sind groß und dominieren zu stark; der Bach ist zu schmal und führt nicht genügend Wasser. Daher fehlt es an anregender Yang-Energie.

Ein Gegenstand mag klein sein, aber es kommt darauf an, nach welchem Maßstab man ihn betrachtet. Ein schmales, fingerlanges Blatt kann für einen Menschen bedeutungslos sein, aber ins Wasser gesetzt, kann es viele Ameisen sicher flussabwärts transportieren. Nach menschlichem Maßstab haben die Ameisen auf diese Weise Tausende von Kilometern zurückgelegt.

Egal, welche Größe Ihr Garten hat – sie sollten immer darauf achten, dass die Proportionen stimmen. Der neu gestaltete Garten und die hinzugefügten Elemente sollten sich an die Größenverhältnisse der bereits existierenden Landschaft und Form anpassen. Wenn beispielsweise große Bäume oder Felsen auf dem Grundstück vorhanden sind, sollte ein Bach oder ein neu angelegter Teich im Verhältnis dazu nicht zu winzig wirken.

Das Prinzip der drei Proportionen

Um einem Garten Tiefe zu verleihen, sollte das „Prinzip der drei Proportionen" berücksichtigt werden. Durch unterschiedliche Perspektiven und Proportionen kann man eine Landschaft in jeder beliebigen Größe entstehen lassen. Die drei Proportionen, die in jedem Garten vorhanden sein sollten, können Sie nachvollziehen, wenn Sie in der freien Natur zum Beispiel einen Berg aus unterschiedlicher Entfernung betrachten.

Mit den Augen tasten wir einen Gegenstand nach den drei Proportionen ab. Je nachdem wie groß diese im Verhältnis zur restlichen Landschaft erscheinen, nehmen wir den Gegenstand als größer oder kleiner wahr. Wenn Sie das Prinzip der drei Proportionen befolgen, können Sie die folgenden Beispiele auf einem Tablett oder im Garten nachbauen und unterschiedliche Perspektiven erzeugen.

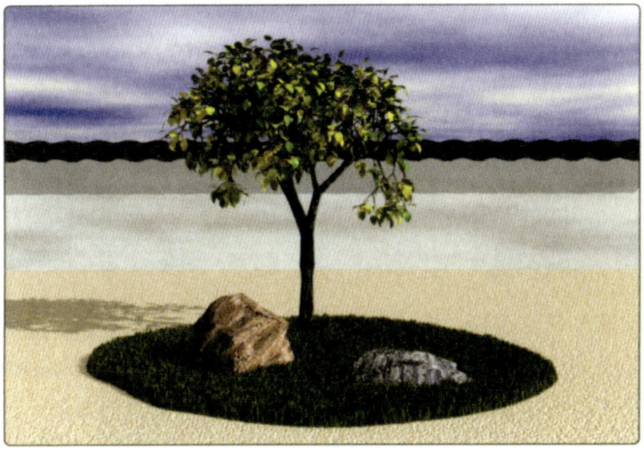

Abbildung 2.10:
In diesem Garten ist ein großer Baum zu erkennen, davor befinden sich zwei kleine Steine oder Felsen.

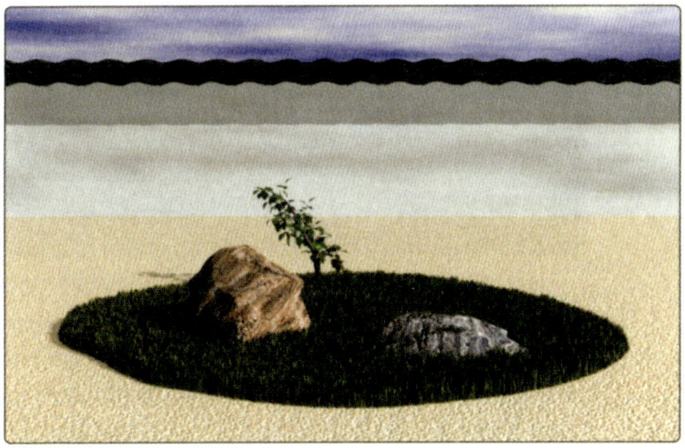

Abbildung 2.11:
Zwei große Steine stellen zwei hohe Berge in der Ferne dar. Dahinter befindet sich ein kleinerer Baum, der je nach Größe des Baums die Tiefenperspektive der Gartenlandschaft verändert.

Die drei Proportionen

1. Die **Höhe** (chin. Gao Yuan): Sie blicken zu einem majestätischen Berg auf, der sich vor Ihnen erhebt.
2. Die **Tiefe** (chin. Shen Yuan): Sie betrachten verschiedene Details des Berges: Täler, Einschnitte usw.
3. Die **Breite** (chin. Kuan Yuan): Sie sehen, wie weit sich der Berg zu den Seiten hin erstreckt.

Fünftes Prinzip: Auf den ersten Blick ist nicht alles zu erfassen

Häufig wird ein großer Tao-Garten in mehrere kleinere und größere Themengärten aufgeteilt, um den Besucher auf vielfältige Weise zu inspirieren. So kann beispielsweise ein großer See in einem kleineren Themengarten im Verhältnis zum gesamten Garten gleichzeitig wie ein kleiner Teich wirken. Dabei sind nicht alle Gärten auf einmal zu überblicken, weil sie durch Hügel oder Bäume voneinander abgetrennt sind. Das macht den Gartenbesuch anregend und abwechslungsreich.

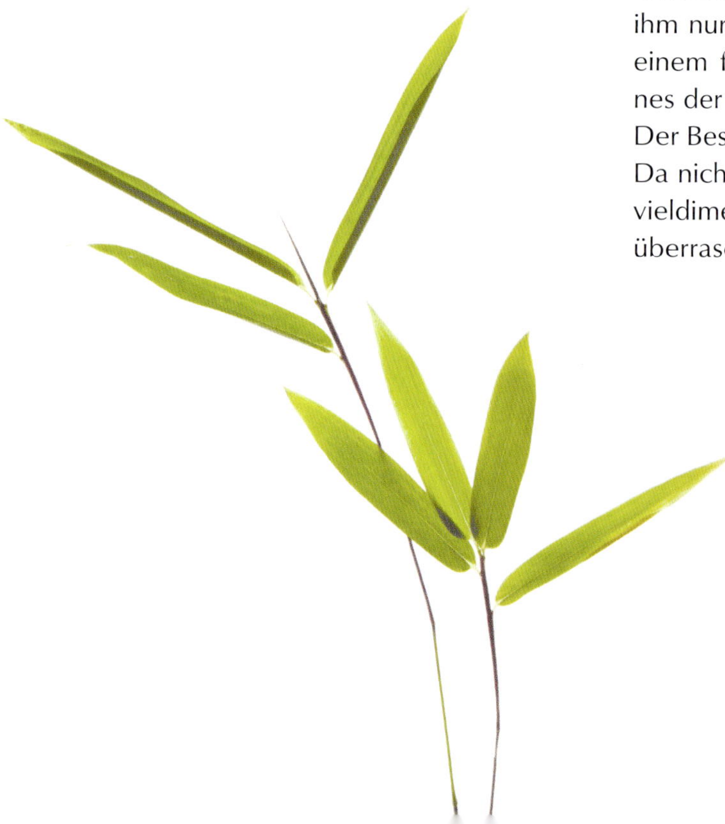

In diesem Beispiel beinhaltet ein großer Garten drei verschiedene kleine Gartenbereiche. Alle sind durch gewundene Wege miteinander verbunden.

Wenn der Besucher oben links den Garten betritt, erblickt er zuerst eine nachempfundene Berglandschaft. Folgt er dann dem geschwungenen Weg, entdeckt er die dahinter verborgene Gruppe flacher Steine, die er als Meditationsplatz nutzen kann. Der hinter den Bäumen liegende „trockene" Wassergarten, den er danach erreicht, lädt den Besucher zur weiteren Kontemplation ein.

Beim Betreten eines solchen Gartens erlebt der Besucher eine Landschaft im Miniaturformat oder in tatsächlicher Größe, die sich immer weiter vor ihm entfaltet. Er kann nicht alles auf einmal überblicken. Die Geheimnisse der einzelnen Bereiche offenbaren sich ihm nur nach und nach – wie eine Szenerie, die von einem fahrenden Auto aus zu sehen ist. Dies ist eines der wichtigsten Ziele eines chinesischen Gartens: Der Besucher soll nur wenige Dinge auf einmal sehen. Da nicht alles gleichzeitig enthüllt wird, erlebt er eine vieldimensionale Gartenlandschaft, die ihn inspiriert, überrascht und seine Fantasie anregt.

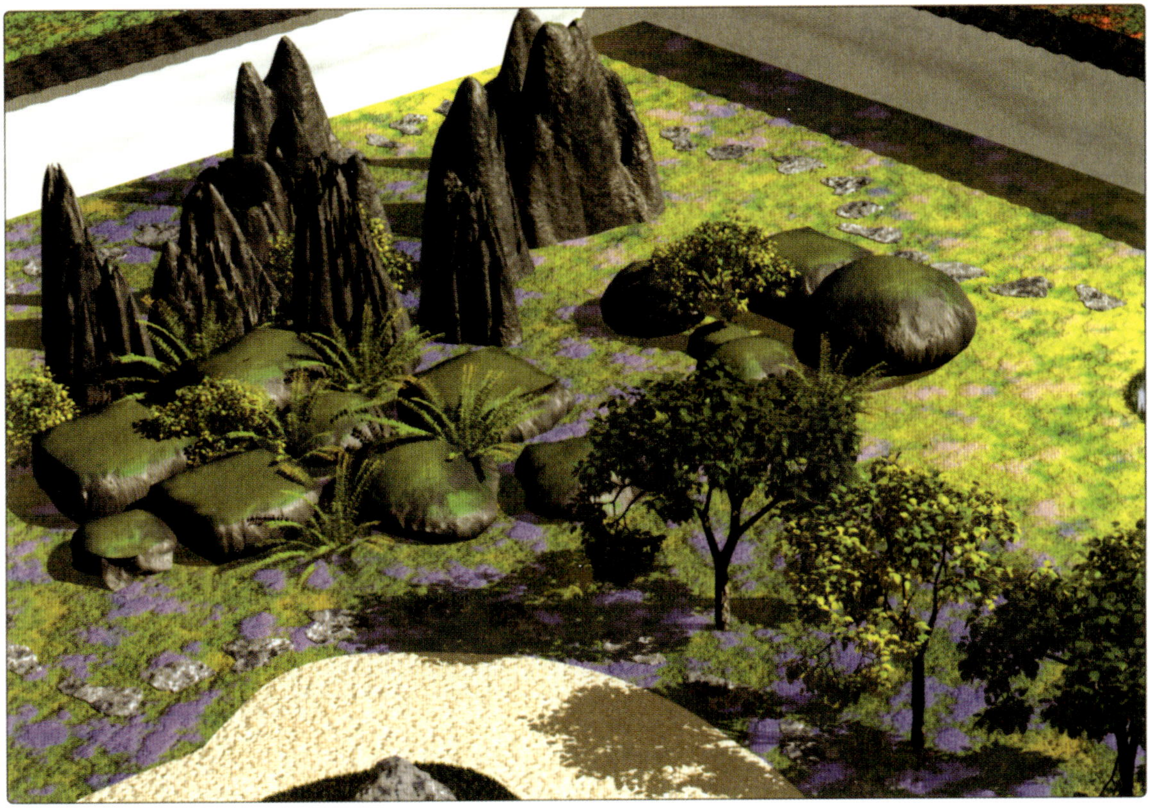

Abbildung 2.12:
Drei Gärten ein einem: links ein Steingarten, etwas weiter rechts der Meditationsplatz und im Vordergrund ein „trockener" Wassergarten.

Sechstes Prinzip: Das Kleine birgt das Große

Sie können die Kraft und das Wesen eines Berges bereits kennenlernen, wenn Sie einen einzelnen Stein eingehend und aufmerksam betrachten. In den klassischen chinesischen Gärten wird oft die Methode des „Kleinen, welches das Große birgt" benutzt, um die wahre Form, den Charakter und die Größe der Natur zum Ausdruck zu bringen, die sich ebenso im eigenen Garten entfaltet.

Selbst ein Garten auf einem kleinen Balkon, im Hinterhof oder auf dem Fensterbrett, der winzige Landschaftsformen, Hügel, Bäche, Seen usw. zeigt, ist eine Nachbildung der Natur und trägt somit ihre Kraft und Qualität in sich. Gerade in einer Miniaturlandschaft kommen die bereits erwähnten **Penjing**-Bäumchen sehr gut zur Geltung. Sie stehen zum Beispiel auf Steinen oder auf andere Weise erhöht, um einen Wald oder eine ganze Hügellandschaft darzustellen.

Die Kunstfertigkeit der chinesischen Gartenmeister, denen später die japanischen Meister folgten, besteht darin, einen wie mit einer Kamera festgehaltenen Bildausschnitt einer Naturlandschaft zu erfassen, im Maßstab zu übertragen und danach einen kleinen Garten anzulegen. Der Garten wirkt so, als ob man das Bild einer weiten Landschaft auf Postkartengröße übertragen hätte.

Als es noch keine Fotoapparate gab, malte der Künstler gekonnt eine besonders schöne oder exotische Aussicht oder einen schönen Fluss mit all seinen Merkmalen in der richtigen Perspektive und Proportion. Danach legte er zu seinem eigenen Vergnügen oder zur Freude anderer einen kleinen Garten an, der eine Interpretation der gleichen oder einer ähnlichen Naturlandschaft zeigte.

So fing er den Geist einer Landschaft ein, in Verbindung mit seiner eigenen Vision davon.

„Wer weiß, ob ein, zwei oder drei Blätter
besser als zehntausend sind.
Wenn man ein, zwei oder drei kennt,
genügt das, um die zahllosen Blätter zu kennen.
Wenn man eine rote Aprikosenblüte sieht,
reicht das aus, um den kommenden Frühling
zu erleben.
Es ist nicht nötig zu warten,
bis der gesamte Baum blüht!"

Ausspruch eines alten Zen-Meisters

Siebtes Prinzip: Die Energie folgt der Absicht

Die Gestaltung eines Gartens ist mit Landschaftsmalerei zu vergleichen, sie ist nicht einfach eine Kopie der Natur. Dabei ist die Absicht die Meisterin aller Schöpfung. Das bedeutet, dass in der Malerei ebenso wie bei der Gartengestaltung die Absicht und Herangehensweise (chin. **Li Yi**) des Gestalters ein Bild entstehen lassen, das sein Denken widerspiegelt. Wenn die Absicht stark inspiriert und von einer starken, lebendigen Vision beseelt ist, dann wird das Ergebnis diese Vision zeigen. Hat die Absicht des Gestalters nur durchschnittliches Niveau, wird auch das Ergebnis kaum mehr als mittelmäßig sein.

Wenn Landschaft und Absicht harmonieren, wenn also die Natur und die Gedanken des Gärtners vereint sind, kann eine bestimmte Stimmung durch die feine, spirituelle Kunst der Gartengestaltung zum Ausdruck gebracht werden. Der Betrachter dieser Gartenkunst wird so fasziniert sein, dass er nicht gestört werden möchte und sich womöglich sogar weigert, den Ort wieder zu verlassen. Er ist auf der spirituellen, emotionalen und physischen Ebene ganz gefangen genommen. Die Fähigkeit, die Absicht des Künstlers zu erfassen, wird als **„Yi Ting"** bezeichnet – der Betrachter wird vom Geist des Künstlers berührt und inspiriert.

Das Naturgemälde ist mehr als die Natur

Auch wenn das Gemälde der Natur ähneln mag, so ist es weit mehr als die Natur. Der Designer und Künstler hat die Natur beträchtlich verbessert und auch den Geist beziehungsweise die Essenz der Natur in seiner Schöpfung eingefangen. Das Bild ist nicht gleich der Form. Die Form wird benutzt, um die innere Essenz herauszufiltern und so dem Betrachter zugänglich zu machen. Daher sind metaphorische Bildwerke so ausdrucksstark und ansprechend.

In der Yuan-Dynastie (1221–1369 n. Chr.) malten die Künstler beispielsweise gern Nadelbäume, die wie Drachen aussahen, und Steine, die wie Tiger wirkten. Sie wollten damit erreichen, dass das Bild oder der Geist der Form als Drache oder Tiger wahrgenommen wurde. Dieser Ansatz folgte der taoistischen Philosophie, nach der die Idee und das Bild eingefangen und die Form vergessen wurde. Idee und Absicht sind sehr wichtige Element in der klassischen chinesischen Kunst – wie auch in der chinesischen Gartengestaltung.

Achtes Prinzip: Übung macht den Meister

Der östliche Lernprozess unterscheidet sich grundlegend vom westlichen: Während die Asiaten sich einer Materie nur zu etwa 20–30 % über die Theorie nähern und hauptsächlich durch die Praxis, durch stetes Üben und aus Fehlern lernen, besteht der westliche Lernprozess zu 70–80 % aus Theorie; es wird bedeutend weniger praktisch gearbeitet.

Aber gerade die Praxis ist bei der Gartengestaltung von großer Bedeutung. Zwar schadet natürlich auch eine Portion Theorie nicht, aber bevor Sie beginnen, einen asiatischen Garten im größeren Maßstab zu gestalten, ist es empfehlenswert, vor allem die Praxis zu vertiefen – wie im folgenden Kasten beschrieben:

- Studieren Sie die Werke der alten Gartenmeister – ihren Stil, ihre Ausdrucksweise, die Gartenelemente, die Umsetzung ihrer Ideale, die beabsichtigten Bedeutungen und Interpretationen. Gehen Sie in asiatische Gärten und Gartengeschäfte, besorgen Sie sich Bildbände zum Thema.
- Beobachten Sie Naturlandschaften, Land- und Bergformationen. Halten Sie den schönsten Punkt oder die Aussicht – mit der Kamera oder durch eine Zeichnung einfach in ihrem Gedächtnis – fest und übertragen Sie dieses Bild auf einen Miniaturgarten oder einen größeren Garten (siehe auch Punkt 4).
- Zeichnen Sie asiatische Gärten auf Papier. Zeichnen und malen Sie so lange, bis Sie ein gutes Gefühl für den Stil und die Art der Darstellung haben. Dann können Sie Ihre Entwürfe auch auf einen richtigen Garten übertragen. Es gibt auch eine Reihe preiswerter Computerprogramme zum Thema Garten, mit denen Sie experimentieren können. Ihren Entwurf können Sie zur Übung als Miniaturgarten nachbauen.
- Bauen Sie Miniaturgärten auf einem Tablett oder im Deckel eines Schuhkartons. Sie benötigen feinen Sand, einige unterschiedlich geformte Kieselsteine und Miniaturen von Pflanzen (zum Beispiel aus dem Modelleisenbahnbedarf). Sie können auch auf dem Balkon oder im Wintergarten eine Fläche von wenigen Quadratmetern nutzen, um immer wieder neue Gartenformationen anzulegen. Seien Sie dabei experimentierfreudig! Sie können mühelos so lange Veränderungen vornehmen, bis Sie mit Ihrem Garten zufrieden sind.
- Fotografieren Sie Ihre eigenen und andere Gärten aus unterschiedlichen Perspektiven, und schauen Sie die Bilder immer wieder an, um die Entwicklung des Gartens und damit Ihre eigenen Fortschritte bei der Umsetzung Ihrer Gartenprojekte zu verfolgen – sei es Ihr Miniaturgarten im Schuhkarton oder auf dem Balkon oder ein größeres Projekt im Garten hinter dem Haus oder bei einem Kunden.
- Folgen Sie einem Gartenmeister, und helfen Sie ihm dabei, bestehende Gärten zu pflegen. So entwickeln Sie ein Gefühl für die unterschiedlichen Elemente. Häufig macht ein engagierter Gartenbauer eine mehrjährige Lehre bei einem erfahrenen Gartenmeister, um Erfahrungen zu sammeln und die unterschiedlichen Niveaus von Gartengestaltung zu erleben. Hinterfragen Sie, warum der Gartenmeister diese Gestaltung und keine andere gewählt hat, um auch den tieferen Sinn zu erforschen.
- Lernen Sie verschiedene Techniken bei einem Gartenmeister, und bringen Sie immer mehr Ihre eigene Kreativität sowie Kundenwünsche mit ein, um einen einzigartigen, originellen Garten zu erschaffen.

Feng Shui in der Gartengestaltung

Sie haben nun die acht Grundprinzipien der asiatischen Gartengestaltung kennengelernt. Bei diesen Prinzipien geht es vorwiegend darum, Landschaften zu erschaffen, die in Harmonie mit der Natur sind und diese auf kunstvolle Weise nachempfinden. Gehen wir nun noch einen Schritt weiter.

Aus der Sicht des Feng Shui besitzt ein wirkungsvoll gestalteter Garten nicht nur eine harmonische und kraftvolle Ausstrahlung, sondern er fördert den Qi-Fluss und zieht dadurch mehr Vitalenergie und Sauerstoff an. Die Bewohner eines Hauses profitieren davon nicht nur, wenn sie sich draußen im Garten aufhalten. Auch im Haus fördert die verstärkt vom Garten hereinfließende Energie Gesundheit und Harmonie der Bewohner.

In diesem Kapitel sollen die Grundprinzipien des Feng Shui kurz beschrieben werden. Die Umsetzung wird in den nachfolgenden Kapiteln weiter erläutert.

Die chinesische Lehre des Feng Shui (dt. Wind und Wasser) befasst sich mit der Wechselwirkung zwischen Mensch und Natur. Wie wirken unterschiedliche Umgebungen auf den Menschen, und wie wirkt sich sein Zuhause auf ihn aus, das im übertragenen Sinne als seine zweite Haut betrachtet werden kann? Das Grundstück, auf dem sich der Garten befindet, bildet die nächste „Hautschicht" des Menschen. Damit wirkt der Garten zweifach auf ihn ein: direkt, wenn der Mensch sich draußen im Garten aufhält, und indirekt, wenn er sich im Haus befindet, weil das Haus ebenfalls von der unmittelbaren Umgebung beeinflusst wird. Insgesamt gibt es zwölf Disziplinen im Feng Shui, nach denen Gebäude und Umwelt untersucht werden. Im Rahmen dieses Gartenbuches werden die für die Gartengestaltung relevanten Punkte behandelt: Das Konzept des kosmischen Qi, das Prinzip von Yin und Yang, die Lehre der Fünf Elemente, angreifende Strukturen, Richtlinien des Landschafts- und des Kompass-Feng-Shui sowie spezielle Kraftpunkte im Garten.

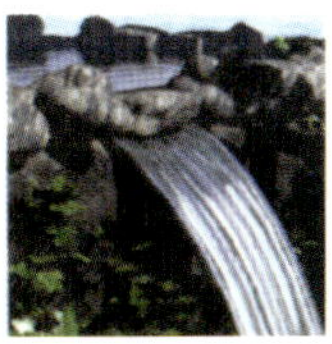

Das kosmische Qi

Kosmisches Qi (gespr. **tschi**) ist die Energie, die alle Lebewesen durchströmt und ihnen Leben einhaucht. Man kann es sich als winzige Partikel vorstellen, die im Kosmos entstehen und auf die Erde gelangen, wo sie sich mit Sauerstoff verbinden. Qi ist nicht nur im Körper aller Lebewesen, sondern auch in der Erdatmosphäre oder tief im Boden zu finden. Dort, wo viel Qi vorhanden ist, wie beispielsweise in Wäldern, in der Nähe von Wasser und blühenden Blumen, ist die Luft frischer und der Sauerstoffgehalt höher. So wirkt ein Garten als zusätzliche Lunge für Haus und Bewohner. Wenn der Garten nach Feng-Shui-Prinzipien gestaltet wird und seine verschiedenen Kraftpunkte aktiviert sind, fließt die Qi-Energie noch kraftvoller, wodurch die Bewohner noch besser unterstützt werden. Das Qi kann verstärkt und gelenkt werden. Gelenkt wird es durch Strukturen wie Wege, Mauern und Hügel. Bewegtes Wasser oder Pflanzen ziehen verstärkt Qi an.

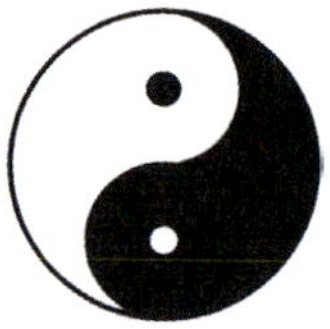

Das Prinzip von Yin und Yang

Yin und Yang stehen für die Gegensätze oder Polaritäten von allem, was auf der Erde und im Universum existiert. Welche Eigenschaften Yin und Yang jeweils zugeordnet werden und wie wichtig deren Ausgewogenheit bei der Gartengestaltung ist, haben wir schon im zweiten Prinzip gesehen. Im Garten-Feng-Shui wenden wir dieses Prinzip beispielsweise bei der Auswahl von Pflanzen oder Steinen an, um mehr Harmonie zu schaffen (siehe Kapitel 4, Seite 86, und Kapitel 5, Seite 123).

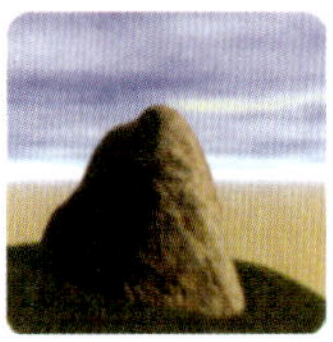

Die Fünf Elemente

Die taoistischen Meister und Weisen erkannten bereits vor langer Zeit, dass alles, was auf der Erde existiert, den fünf Elementen Wasser, Holz, Feuer, Erde und Metall zugeordnet werden kann. Treffen die fünf Elemente aufeinander, können sie sich gegenseitig positiv beeinflussen und stärken oder aber auslaugen und zerstören. Die Wirkung der Elemente wird beim Gartendesign in Zusammenhang mit dem Kompass-Feng-Shui (siehe Kapitel 3) und bei der Auswahl von Steinen und Felsformationen (Kapitel 4) berücksichtigt.

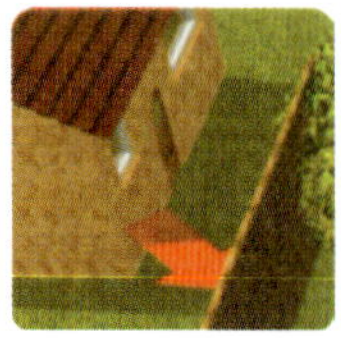

Angreifende Strukturen

Von allem, was spitz und scharfkantig geformt ist, geht eine stark negative Energie aus, die den Menschen, Pflanzen oder auch ein Gebäude angreifen und beeinträchtigen kann. Solche Formen finden wir bei Steinen, den Außenmauern von Häusern, dem dreieckigen Giebel des Gartenhäuschens usw. Diese angreifenden Strukturen sollten vermieden oder neutralisiert werden. Wann das nötig ist und wie das geht, erfahren Sie in den nachfolgenden Kapiteln.

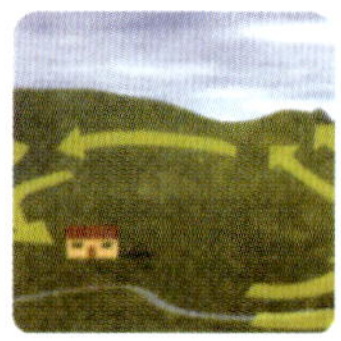

Die Praxis des Landschafts-Feng-Shui

Wie der Name schon sagt, werden in dieser Disziplin des Feng Shui Landschaftsformationen, Strukturen und Formen unserer Umgebung untersucht. Da Formen und Strukturen den Qi-Fluss wesentlich beeinflussen und der Mensch auf eine möglichst hohe Qi-Energie sowie Sauerstoff angewiesen ist, hat das Landschafts-Feng-Shui eine hohe Priorität. Zu den Schwerpunkten dieser Disziplin gehören die ideale Landschaft (Die Formation der Fünf Tiere), die Rückendeckung des Hauses, der **Mingtang** (der offene Bereich und freie Blick auf der Hausvorderseite) sowie die Gestaltung mit Wasser (siehe Kapitel 3, Seite 46).

Die Praxis des Kompass-Feng-Shui

Mithilfe des Kompass-Feng-Shui können die Landschaft und Strukturen der Umgebung noch feiner mit dem Gartendesign abgestimmt und bewertet werden. Jede Himmelsrichtung beinhaltet eine Vielzahl von Bedeutungen und wird einem Trigrammsymbol zugewiesen, das seinen Ursprung im alten chinesischen Orakelsystem des I-Ging hat. Das Gartengrundstück wird mit dem Kompass eingemessen, um festzustellen, in welcher Himmelsrichtung die einzelnen Gartenbereiche liegen. Die einzelnen Himmelsrichtungen stehen in Zusammenhang mit bestimmten Elementen, Farben oder Familienmitgliedern, was Rückschlüsse darauf ermöglicht, welche Gestaltungselemente für den jeweiligen Gartenbereich passend beziehungsweise für die Bewohner des Hauses hilfreich und förderlich sind (siehe Kapitel 3, Seite 56).

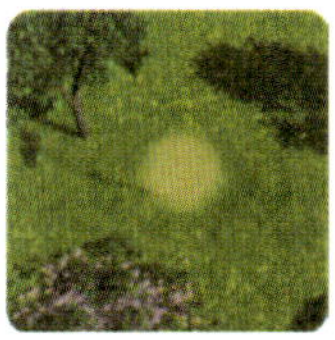

Die Landseele **Ti-ling** oder der Herzpunkt des Gartens

Für jeden Gartengestalter und anderen Besitzer ist es auch sehr wichtig, das Konzept des **Ti-ling** zu verstehen. Alles, was sich im Garten befindet – Landschaftsformationen, die Gartenerde, Pflanzen, Bäume, Lebewesen –, bildet die Gartenseele oder das Herz (**Ti-ling**). Jedes Grundstück, aber auch jedes Gebäude besitzt ein Herz oder eine Seele, die jedoch häufig aus Unwissenheit nicht respektiert oder erst gar nicht erkannt werden. Dieses Herz kann mit bestimmten Gegenständen wie Steinen, Skulpturen, Pflanzen oder Wasser betont und „aktiviert" werden. Wenn es auf diese Art und Weise gewürdigt wird, wachsen und gedeihen die Pflanzen im Garten erst so richtig, und die Hausbewohner werden verstärkt mit belebender Energie versorgt.

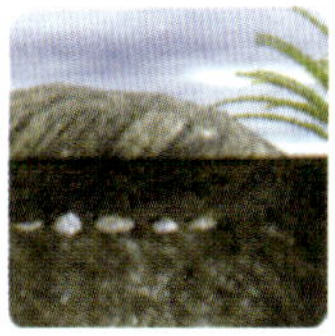

Weitere Kraftpunkte im Garten

Wer eine feine Wahrnehmung hat oder einen Feng-Shui-Berater mit entsprechenden Kenntnissen engagiert, kann weitere Punkte im Garten bestimmen wie beispielsweise den Yin- und den Yang-Punkt, den positivsten und den negativsten Punkt und weitere spezielle Kraftpunkte, Energiewirbel usw. Der Herzpunkt und weitere Energiepunkte werden im nachfolgenden Kapitel detailliert erläutert.

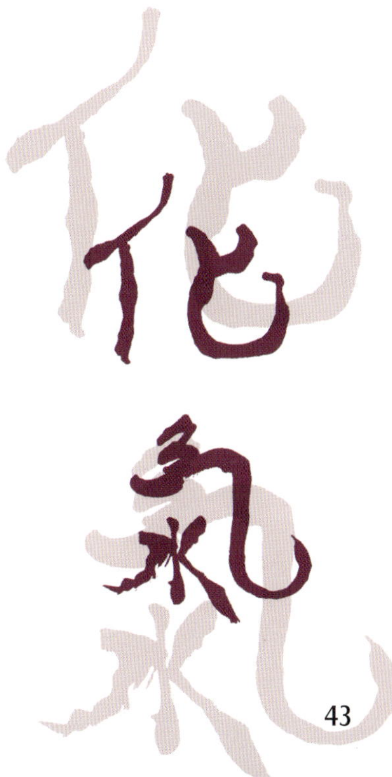

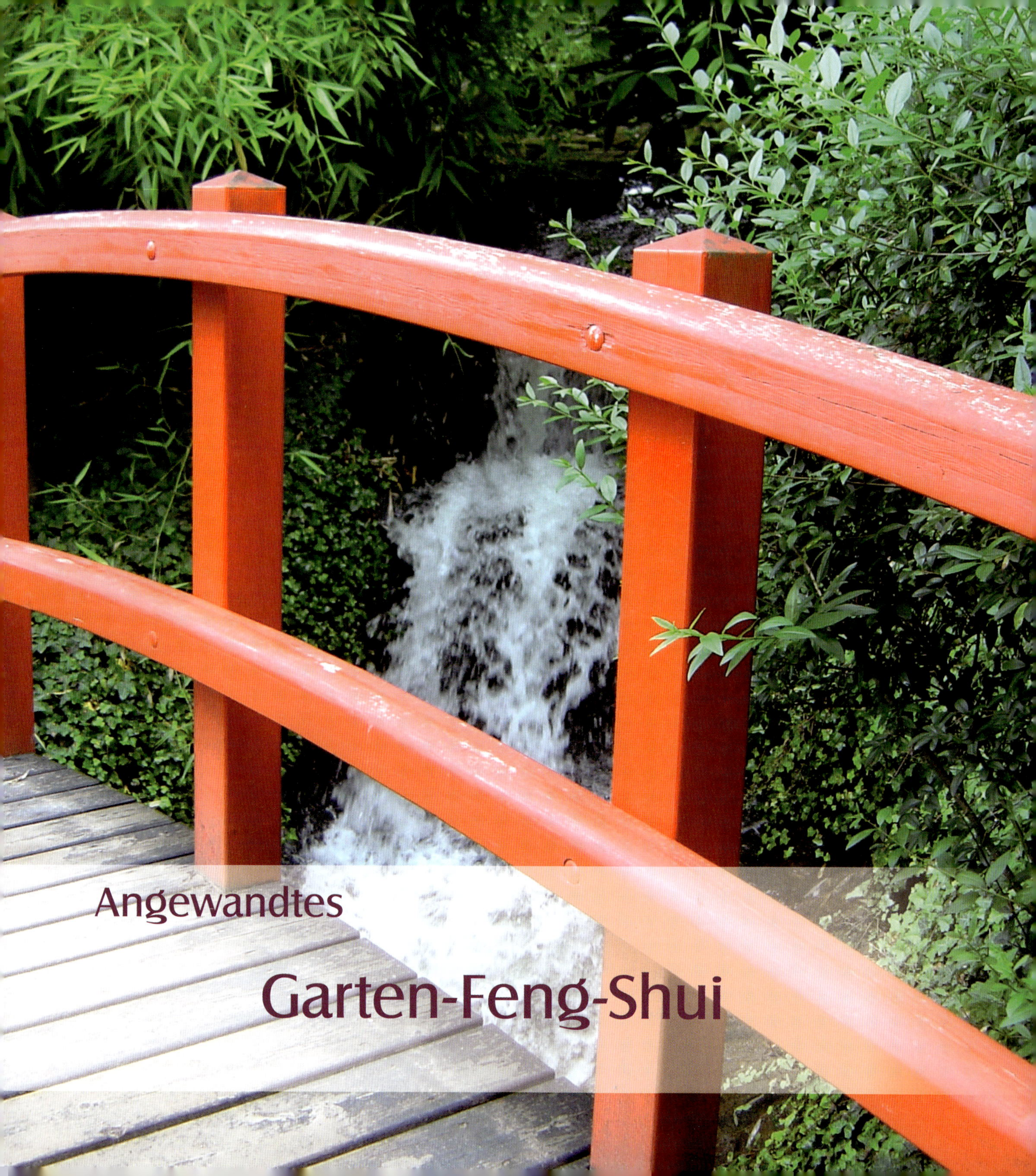

Angewandtes

Garten-Feng-Shui

Kapitel 3

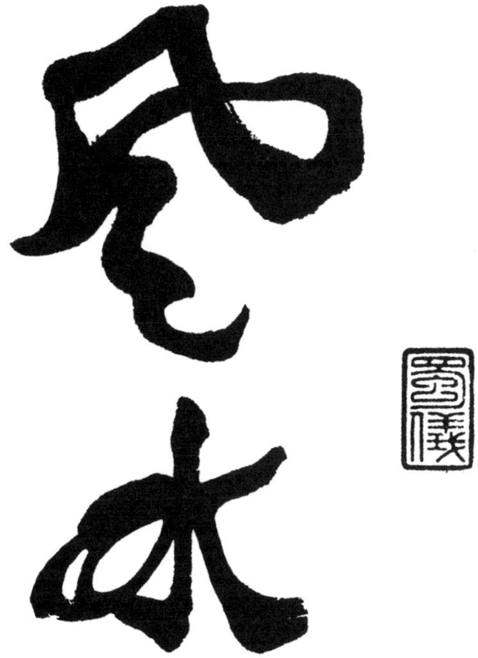

In der Praxis des Feng Shui geht es darum, bewusst den Gesetzen und Regeln der Natur zu folgen. Im Einklang mit der Natur des Gartens findet der Mensch zu seiner inneren Harmonie.

Wie schon im vorigen Kapitel angedeutet, basiert eine harmonische Gartengestaltung zum einen auf den taoistischen Prinzipien, die sich vor allem mit natürlichen Landschaftsformationen befassen. Sie lehren uns, uns auf die gegebenen Energien von Bergen, Bäumen und anderen Elementen der Landschaft einzustimmen und sie in unserem Garten zu nutzen beziehungsweise nachzugestalten.

Die taoistischen Lehren helfen uns gewissermaßen, den Naturgeist einzufangen und ihn in unserem Garten lebendig zu halten.

Doch ein richtiger Energie-Garten entsteht erst, wenn wir auch die Prinzipien des Feng Shui hinzunehmen. Hierbei werden das individuelle Grundstück sowie die Landseele mit den ihr eigenen Energiestrukturen berücksichtigt. Kraftpunkte und Ener-

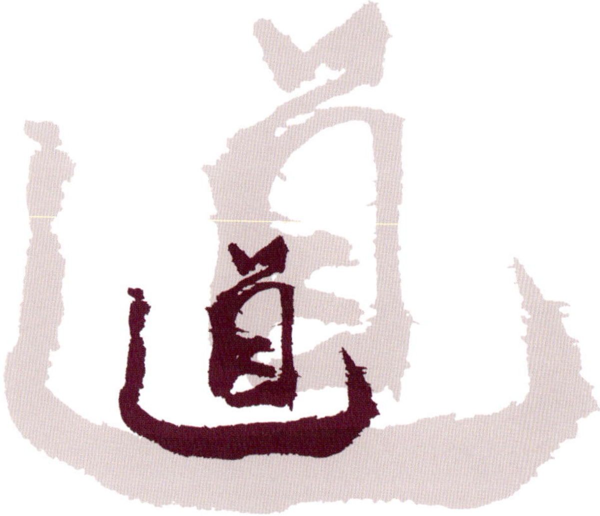

gieströme werden ganz bewusst wahrgenommen, markiert und aktiviert. So wird der Garten zu einem wahren Qi-Versorger nicht nur für jeden, der einen solchen Garten betritt und nutzt. Der Feng-Shui-Garten bildet darüber hinaus die Kraftquelle für die Bewohner des Hauses, zu dem der Garten gehört. Er entscheidet mit über Erfolg, Wohlstand und Gesundheit der Bewohner und kann gezielt dafür eingesetzt werden, ganz bestimmte Aspekte in ihrem Leben zu unterstützen.

Die Grundprinzipien, die im Folgenden erläutert werden, sollen als Richtlinien dienen, mit denen Sie Ihren Garten frei nach Ihren persönlichen Bedürfnissen gestalten können.

Landschafts-Feng-Shui

Das Landschafts-Feng-Shui befasst sich mit den gegebenen Strukturen der Umgebung. Weil diese den Qi-Fluss maßgeblich beeinflussen, sind sie für die Benutzer des Gartens beziehungsweise die Bewohner des dazugehörigen Hauses von besonderer Wichtigkeit.

Die Formation der Fünf Tiere

Die ideale Landschaft wird im Feng Shui durch die Formation der Fünf himmlischen Tiere dargestellt. Sie sollte sowohl im Gebäude, auf einem Grundstück als auch im Garten selbst vorhanden sein. Zum besseren Verständnis stellen Sie sich vor, dass Sie draußen im Freien stehen, das Haus befindet sich hinter Ihnen, und Sie blicken geradeaus in den Garten. Zu Ihrer Linken befindet sich die Drachenseite, die die männliche Kraft repräsentiert. Dort sollten sich eine größere Erhebung oder hohe Bäume befinden. Zu Ihrer Rechten befindet sich die Tigerseite, die für die weibliche Energie steht. Eine geringe Erhebung oder niedrig wachsende Pflanzen sollten hier zu finden sein. Drache und Tiger bilden einen Schutz (auch vor Wind) für die Schlange in der Mitte, die das Haus repräsentiert. Auf der Rückseite des Gebäudes sollten sich eine größere Erhebung oder hohe, dicht zusammenstehende Bäume befinden, die wie eine große Schildkröte eine starke Rückendeckung und ebenfalls Schutz bieten. Vor dem Haus öffnet sich die Landschaft ohne Erhebungen und gewährt einen freien Blick über die Landschaft. Dieser Bereich wird dem Phönix zugeordnet; er wird aber auch als „heller Raum" oder **Mingtang** bezeichnet.

Die tieferen Bedeutungen der Fünf Tiere könnten allein ein Buch füllen. Doch wir wollen uns hier auf die Aspekte beschränken, die für dieses Buch von Bedeutung sind. Die Fünf Tiere werden traditionell auch bestimmten Himmelsrichtungen zugeordnet. So steht der Drache für den Osten, der Tiger für den Westen, die Schildkröte für den Norden und der Phönix für den Süden. Die Schlange in der Mitte verweilt an diesem stillen und kraftvollen Ort in tiefer Meditation und Kontemplation. Optimal ist es daher, wenn die Hausfront tatsächlich nach Süden weist.

Wer das Glück hat, eine solche Formation zu finden oder bereits darin zu leben, wird von kraftvollem Qi genährt, verfügt über hohe Vitalität, lebt in Wohlstand und hat viele Nachkommen. Traditionell leben daher

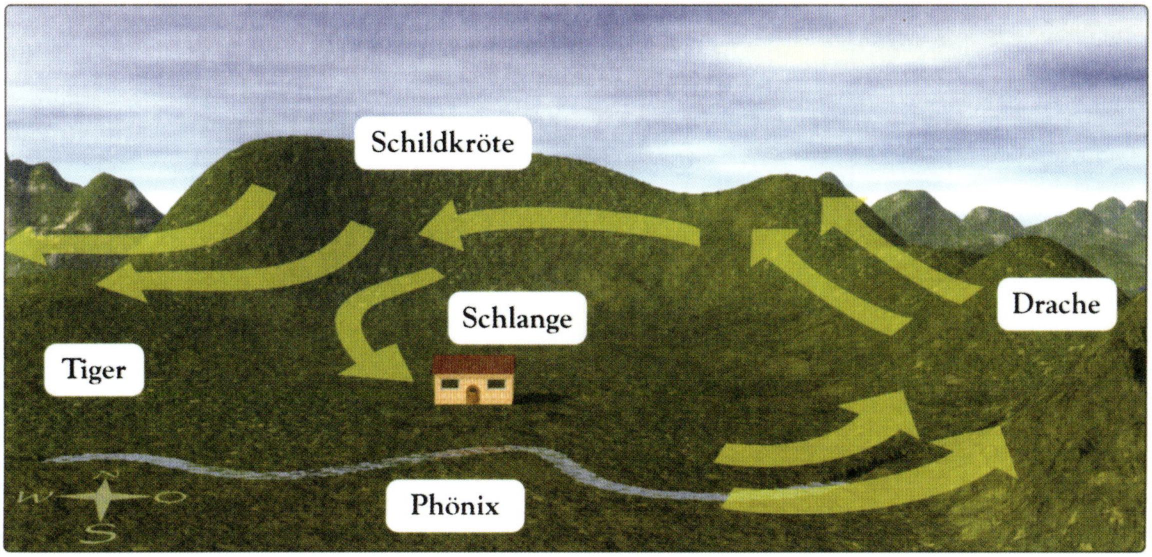

Abbildung 3.1:
Die Formation der Fünf Tiere in einer Landschaft. Sie ähnelt auch der Gebärmutter, einem Symbol der Fruchtbarkeit, oder dem Hufeisen, einem westlichen Glückssymbol.

viele Chinesen am Nordufer des Jangtsekiang oder des Gelben Flusses. Die Hausfront ist so nach Süden zum Fluss hin ausgerichtet, und der offene Blick zum Wasser stellt den Phönix dar.

Wenn die Strahlen der Morgensonne auf das Wasser des Flusses fallen, entstehen Millionen winziger Regenbogen. Dieses belebende Regenbogen-Qi fließt in die Umgebung und versorgt die Bewohner mit kraftvoller Energie, die auch Gesundheit, Wohlstand und Kindersegen unterstützt.

Ein solcher Platz ist in der Natur allerdings nicht so einfach zu finden. Daher können Sie diese Landschaft auch künstlich anlegen. Erhebungen, die jeweils den Drachen, die Schildkröte und den Tiger repräsentieren, können durch einen aufgeschütteten Erdwall, einen Zaun, eine Mauer oder eine Gruppe von Bäumen und Büschen angelegt werden. So können Sie auf einfache Weise von der Formation der Fünf Tiere profitieren.

Tiger- und Drachenseite tauschen

Beachten Sie auch, dass die Drachenseite nicht notwendigerweise auf der linken Seite liegen muss. Wenn der Wind beispielsweise verstärkt von rechts weht, können Sie auch Drachen- und Tigerseite „tauschen“, um damit das Haus besser abzuschirmen. Je nach Lage des Grundstücks und des Gebäudes müssen die Tiere auch nicht unbedingt in den traditionellen Himmelsrichtungen liegen.

Natürlich ist es besonders günstig, wenn die Hausfront wie oben erwähnt nach Süden zeigt. Wichtig sind vor allem die geschützte Lage sowie der Qi-Fluss um das Haus herum. Sie haben absolute Priorität.

Der Qi-Fluss ist auch vom Sonnenlicht abhängig, was ein weiterer Grund sein kann, auf der klassischen Drachenseite niedrigere Bäume oder Büsche anzupflanzen oder eine kleinere Erhebung in Form eines Walls oder Zauns anzubringen, wenn so mehr Sonnenlicht in Haus und Garten gelangt.

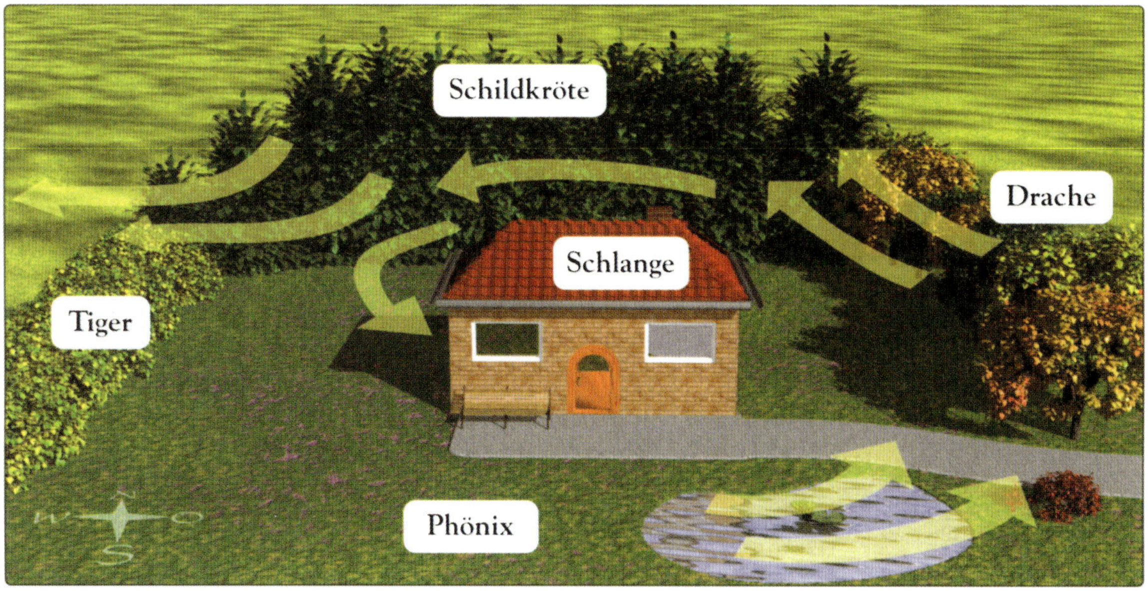

Abbildung 3.2:
Die Formation der Fünf Tiere im Garten. Unterschiedlich hohe Bäume und Büsche symbolisieren die Tiere und sorgen für entsprechenden Qi-Fluss.

Doch noch wichtiger als Drache und Tiger sind der Phönix **(Mingtang)** und die Schildkröte (Rückendeckung des Hauses). Sie werden deshalb noch ausführlicher behandelt.

Mingtang – der freie Bereich vor dem Gebäude

Mingtang ist der Oberbegriff im Feng Shui, der einen offenen, freien Bereich vor oder im Eingangsbereich des Gebäudes beschreibt. Es wird weiterhin zwischen dem äußeren und dem inneren Mingtang unterschieden.

Den weiten und offenen Bereich vor dem Haus, der auch dem Phönix zugeordnet wird, bezeichnet man als äußeren Mingtang. Wenn Sie mit dem Rücken zur Tür stehen und nach draußen sehen, sollte Ihr Gesichtsfeld im Bereich der in Abbildung 3.3 gezeigten Hufeisenform durch nichts eingeschränkt werden. Das bedeutet, dass Sie im Leben eine Perspektive haben, Gelegenheiten erkennen und ergreifen und somit zu Wohlstand und Erfolg gelangen können.

Der Bereich, den man betritt, wenn man durch die Haustür hereinkommt, wird innerer Mingtang genannt. Stellt man sich das Haus als Organismus vor, dann ist die Haustür der Mund und der innere Eingangsbereich der Hals oder die Luftröhre. Über einen größeren inneren Mingtang kann naturgemäß mehr belebendes Qi in das Gebäude einströmen und damit auch mehr Vitalität und Wohlstand bringen. Der Eingangsbereich oder das Foyer sollten deshalb möglichst breit und offen sein.

Im Idealfall sollten hier mindestens zwei Menschen mit ausgebreiteten Armen nebeneinander stehen können.

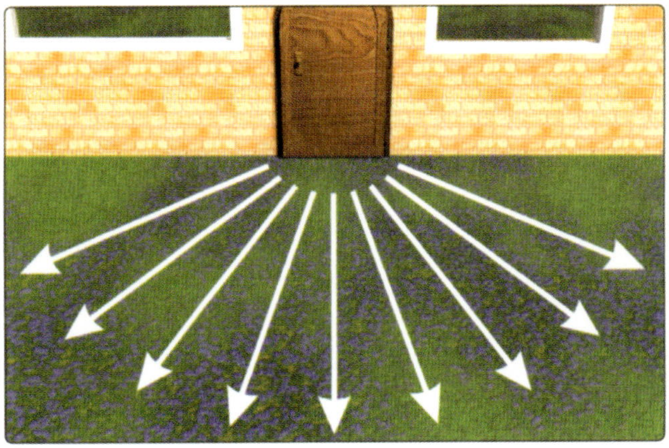

Abbildung 3.3:
Der äußere Mingtang des Hauses

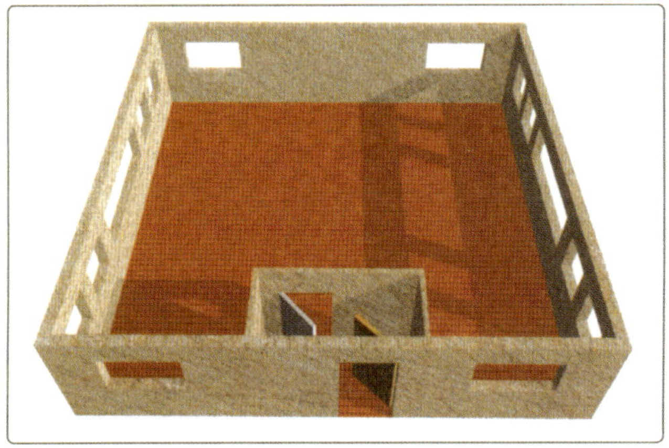

Abbildung 3.4:
Ein zu kleiner innerer Mingtang

Im Gegensatz dazu erschwert ein zu kleiner und enger innerer Mingtang im übertragenen Sinne die Atmung des Hauses und damit die Aufnahme von belebendem Qi. Die Bewohner verfügen daher über weniger Energie und haben nicht so leicht Erfolg. Sie müssen dafür härter arbeiten als andere.

Die Rückendeckung des Hauses

Gemäß der Formation der Fünf Tiere entspricht die Rückendeckung des Hauses der Schildkröte. Sie stellt die höchste Erhebung dar und soll dem Gebäude – und damit natürlich auch dessen Bewohnern – wie eine „Rückenlehne" Unterstützung und Schutz bieten. Wie beim **Mingtang** wird auch hier zwischen innerer und äußerer Rückendeckung unterschieden.

Im Idealfall hat das Gebäude auf der der Schildkröte zugewandten Seite zumindest im mittleren Bereich eine feste Wand. Dies wäre die innere Rückendeckung. Im Freien sollte sich hinter dem Haus eine etwas größere Erhebung befinden, um es auf der äußeren Ebene vor negativer Energie und starkem Wind und Wetter zu schützen.

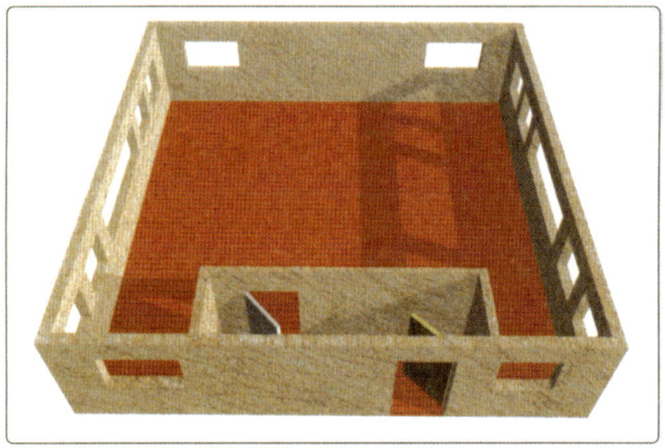

Abbildung 3.5:
Der innere Mingtang des Hauses. In einem großen Eingangsbereich kann sich mehr belebendes Qi aus dem Garten sammeln und weiter ins Haus fließen.

Die Rückseite des Gartens bestimmen

Wie wird nun die Rückseite des Gartens bestimmt, die gleichzeitig als Rückendeckung des Hauses dienen sollte? Normalerweise befindet sie sich gegenüber vom **Mingtang**, also gegenüber der Haupteingangstür des Hauses. Das würde bedeuten, dass die Rückseite des Hauses dort liegt, wo auch die Rückseite des Gartens ist, die durch einen hohen Zaun, eine hohe Mauer oder dicht stehende hohe Bäume verstärkt wird und das Haus energetisch schützt. Aufgrund der Grundstückslage und der Gebäudeumgebung ist dies jedoch nicht immer der Fall.

Damit Sie den Mingtang und die Rückendeckung (Rückseite) von Gebäude und Grundstück auch richtig festlegen können, werden im Folgenden anhand von Beispielen sieben Richtlinien erläutert. Diese beiden Aspekte des Gartens haben nämlich einen ganz entscheidenden Einfluss auf den Qi-Fluss und damit auf die Gesundheit, das Wohlbefinden und den Erfolg der Hausbewohner.

Der Garten wirkt damit noch in einer weiteren Ebene: Er erfüllt nicht nur die Funktion eines Inspirations- und Erholungsortes, sondern schafft Strukturen, die den Qi-Fluss um das Haus herum verbessern und verstärken. Damit kann der Garten das Haus und die Bewohner durch die entsprechende landschaftliche Gestaltung auf der Grundlage der Feng-Shui-Prinzipien noch viel wirkungsvoller unterstützen.

Die Rückendeckung entspricht im Landschafts-Feng-Shui symbolisch dem Schildkrötenberg. Sie wird in den folgenden Abbildungen abwechselnd durch Bäume, einen Erdwall, einen festen Zaun oder eine Mauer dargestellt.

Das hier dargestellte Einfamilienhaus könnte auch ein Mehrfamilienhaus oder ein Wohnblock sein, die Grundprinzipien des Landschafts-Feng-Shui bleiben immer die gleichen.

Normalerweise lässt sich sehr schnell erkennen, welche Richtlinie auf den eigenen Garten angewendet werden kann und soll.

In manchen Fällen gilt es abzuwägen, welches Kriterium Priorität hat. Lassen Sie Ihre Intuition entscheiden, was wichtiger ist, beispielsweise die Ausrichtung zur Straße oder eine gute Aussicht. Im Zweifelsfall konsultieren Sie einen versierten Feng-Shui-Berater.

Richtlinie 1: Es kommt darauf an, wo sich der **Mingtang** des Gebäudes befindet.

Qi und Sauerstoff haben im Feng Shui Priorität. Je größer und offener der **Mingtang** ist, desto mehr günstiges Qi kann ins Gebäude einfließen. Deshalb ist es sinnvoll, den Mingtang zu verlegen, wenn sich auf der entsprechenden Hausseite ein weiter, offener Blick bietet.

So haben die Hausbewohner mehr Weitblick und Perspektiven im Leben. Auch ein See, ein Fluss oder anderes Gewässer auf der Seite des Mingtang sind günstig, da sie – ebenso wie eine Straße mit vorbeifahrenden Autos und Passanten – Bewegung, Lebendigkeit und offene Möglichkeiten symbolisieren. Die Rückseite des Hauses sollte dagegen immer ruhig und geschützt liegen.

Wie oben bereits erwähnt, haben Qi-Fluss und damit ein offener, weiter Mingtang Priorität. Sollte das bedeuten, dass die Rückseite des Hauses zur Straße hin liegt (wie in Abbildung 3.17), so ist es wichtig, die Rückendeckung besonders stabil zu gestalten. Denn die Bewegtheit der Straße schwächt die Rückendeckung des Hauses. Geeignet sind zum Beispiel hohe Mauern, dichte Hecken oder ähnliche Maßnahmen.

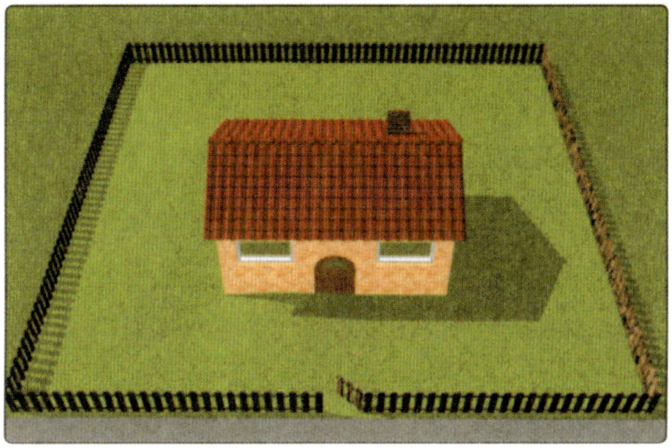

Abbildung 3.6:
Der Mingtang des Hauses liegt zur Straße hin. Gegenüber befindet sich die Rückseite des Gartens.

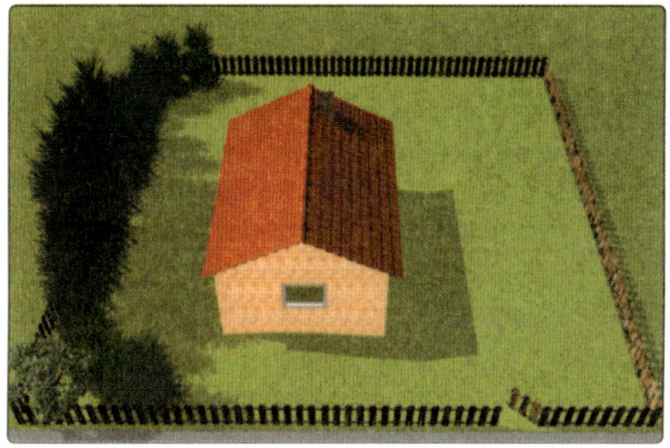

Abbildung 3.8:
Je nach Lage des Hauses kann die Straße auch seitlich vom Grundstück verlaufen.

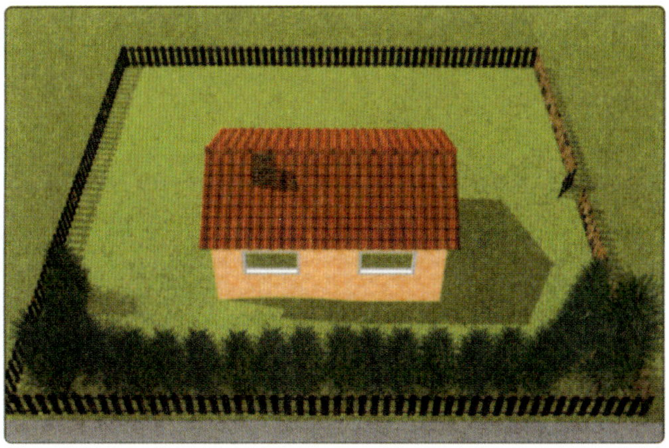

Abbildung 3.7:
Der Eingang des Hauses liegt hier auf der Gartenseite, weil der Mingtang zum Garten hin größer ist. Pflanzen ziehen verstärkt Qi an, und die Luft ist meist frischer und sauberer.

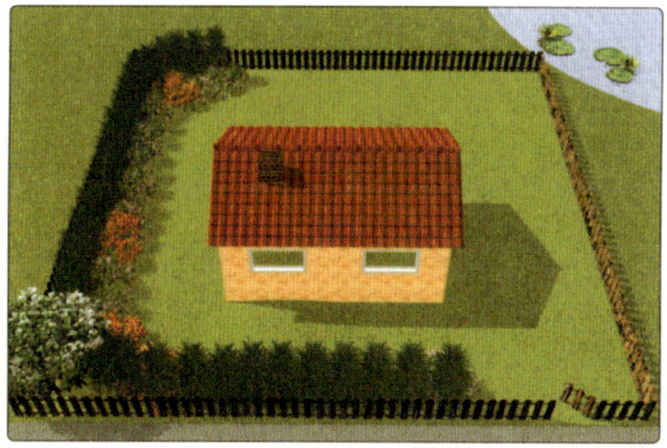

Abbildung 3.9:
Die Rückseite des Gartens liegt über Eck, um die gute, vom See kommende Qi-Energie zu sammeln und zu halten.

Richtlinie 2: Es kommt darauf an, aus welcher Richtung gutes Qi fließt.

Ein größerer Fluss, ein See, ein großer Park oder eine große offene Grünfläche ziehen auch im Umkreis von bis zu einigen 100 Metern verstärkt Qi an. Daher ist es günstig, den Mingtang gleichzeitig so auszurichten, dass das positive Qi aus der weiteren Umgebung verstärkt zum Haus hinfließen kann. Die Rückseite des Gartens liegt damit automatisch auf der gegenüberliegenden Hausseite.

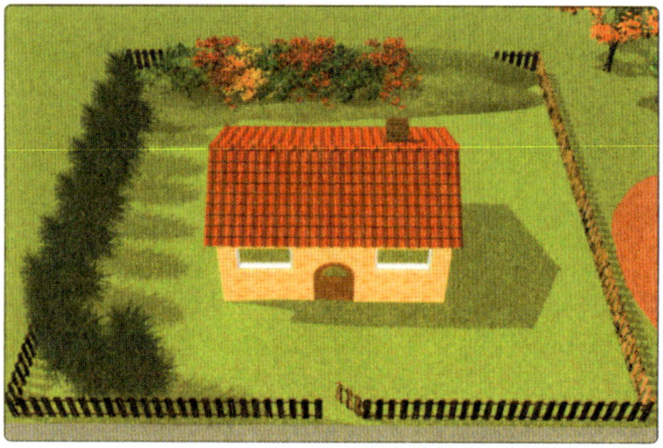

Abbildung 3.10:
Die Rückseite des Gartens wird hufeisenförmig erweitert, um das günstige, vom Park einfließende Qi einzufangen.

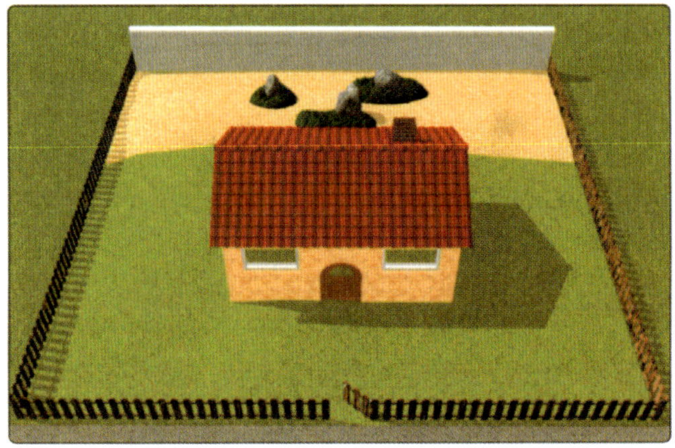

Abbildung 3.12:
Ein auf der Rückseite angelegter Zen-Garten wirkt durch die hohe Mauer und die zusätzlich platzierten Steine als stabile Rückendeckung.

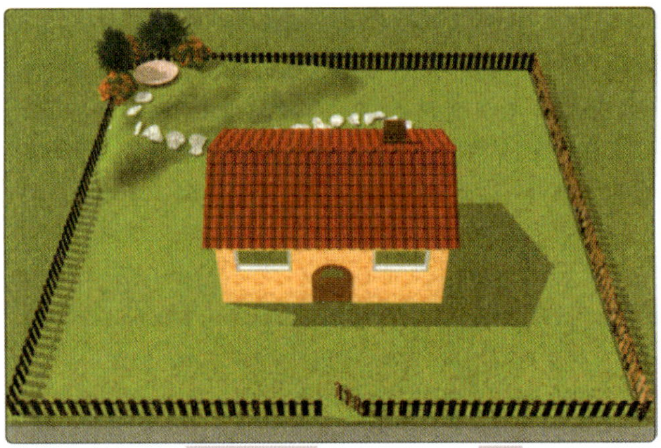

Abbildung 3.11:
Die Erhebung auf der Rückseite des Gartens ist gleichzeitig ein Ort zur Meditation.

Richtlinie 3: Die Lage der Rückseite richtet sich nach dem Gartentyp.

In manchen Fällen ist es nicht möglich, aufgrund der Gartengestaltung über die gesamte Rückseite des Gartens eine hohe Mauer oder Erhebung anzulegen. Daher sollte darauf geachtet werden, dass sich in diesem Fall in der Mitte der Hausrückseite eine feste Wand befindet, damit die Rückendeckung des Hauses – und damit der Hausbewohner – gewährleistet ist.

Richtlinie 4: Die Windrichtung bestimmt mit, wo die Rückseite des Gartens liegt.

Ein ständig wehender starker Wind wird als ungünstig betrachtet. Er lässt mehr Turbulenzen im Hausbereich entstehen und kann zu Gesundheitsproblemen bei den Bewohnern führen. Um Abhilfe zu schaffen, werden im Feng Shui auch Bäume oder Windschutzzäune empfohlen. Dabei sollten Sie beachten, dass diese wiederum das Landschafts-Feng-Shui um das Haus herum beeinflussen.

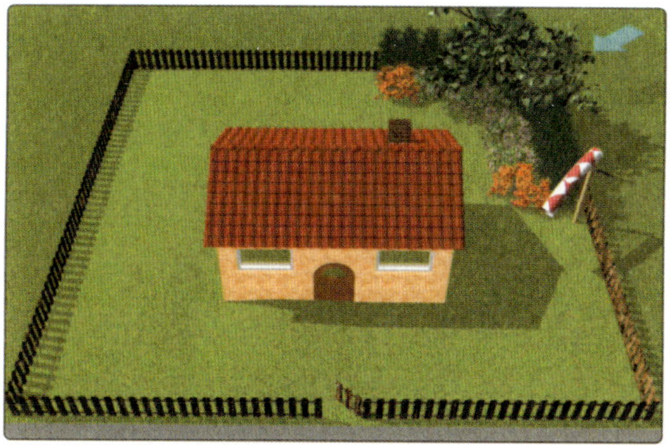

Abbildung 3.13:
Eine hohe Rückendeckung schützt vor starkem Wind auf der Wetterseite. Daher liegt die Rückseite des Gartens über Eck.

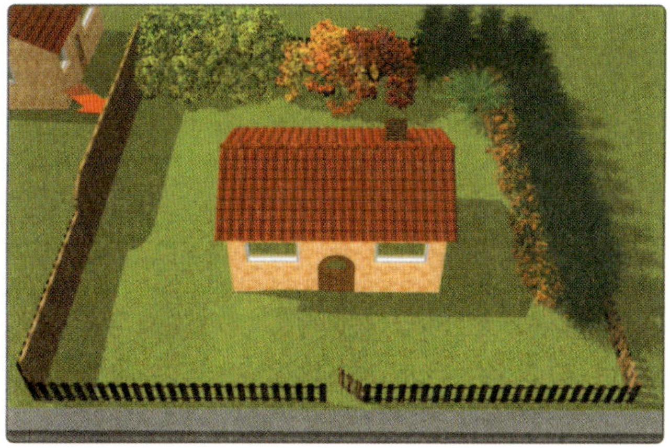

Abbildung 3.15:
Dieses Haus wird vom spitzen Winkel des Nachbarhauses angegriffen. Doch der Zaun auf der Tigerseite bietet einen wirkungsvollen Schutz.

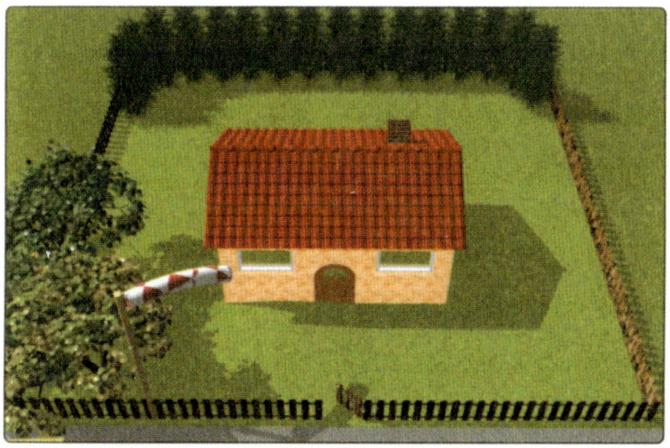

Abbildung 3.14:
Die Windrichtung bestimmt, ob eine zweite Erhebung zum Schutz des Hauses notwendig ist.

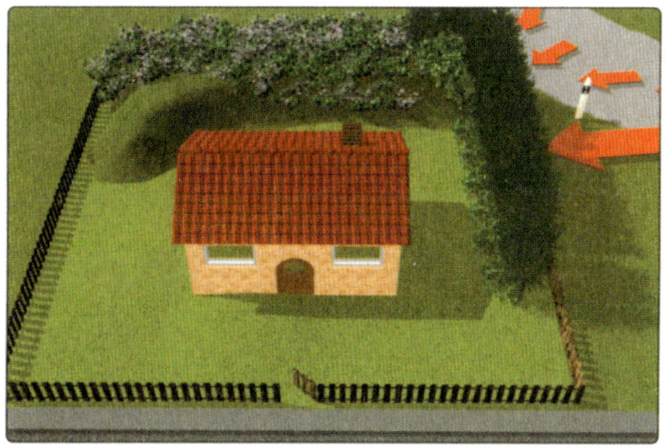

Abbildung 3.16:
Das Gebäude braucht eine weit ausgedehnte, starke Rückendeckung zum Schutz vor der starken angreifenden Energie der Straßenbiegung.

Richtlinie 5: Angreifende Strukturen und Gegebenheiten der Umgebung bestimmen die Position der Rückendeckung.

Angreifende Strukturen strahlen eine negative Energie aus, die durch Büsche, Bäume oder Zäune abgeschirmt werden sollte (siehe Abbldungen 3.15 und 3.16). Aber auch die Energie von einer in der Nähe vorbeiführenden Straßen- oder Flussbiegung kann das Haus attackieren und sollte mit den genannten Maßnahmen abgeblockt werden.

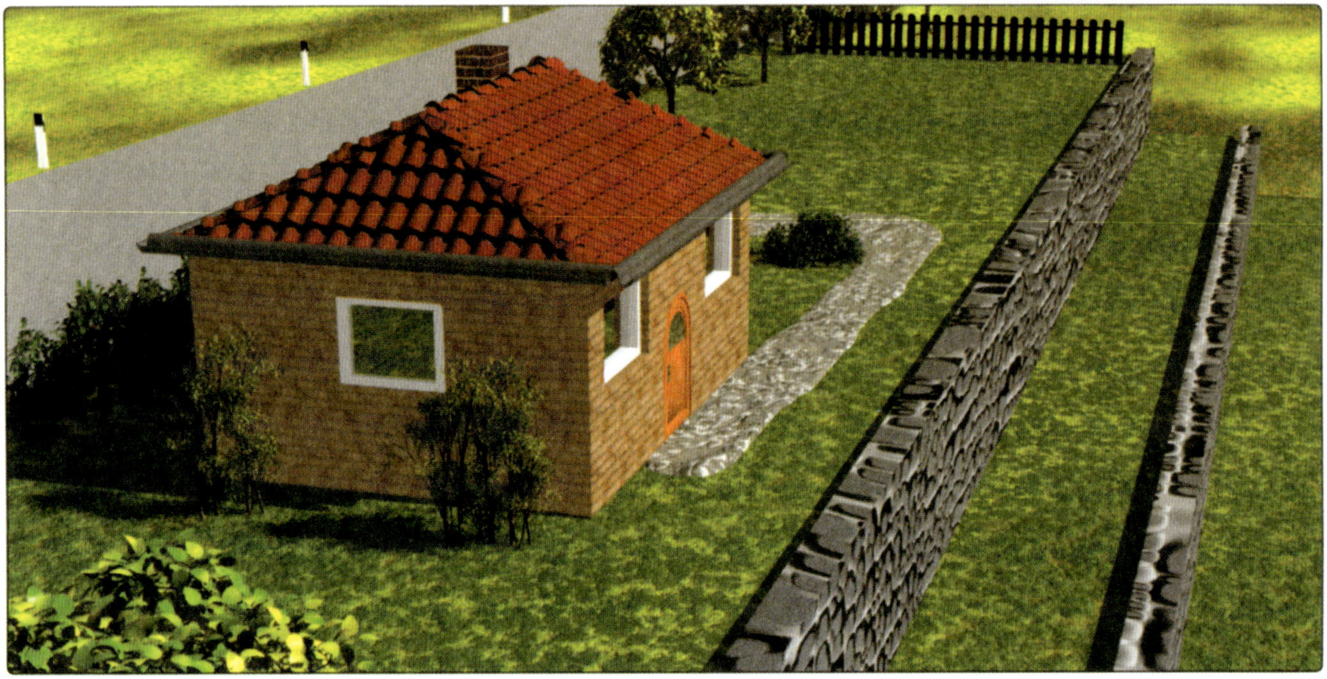

Abbildung 3.17 (oben):
Ursprünglich war die Hausfront zur Straße hin ausgerichtet. Das Haus hatte keine Rückendeckung, und das Qi floss dahinter weg. Die Lösung bestand darin, die Eingangstür zum Hang zu verlegen. Am besten wird der Hang terrassenförmig angelegt. Auf diese Weise fließt das Qi nicht so schnell vom Gebäude weg.

Abbildung 3.18 (unten):
In diesem Beispiel wurde die Ausrichtung des Hauses zur Straße hin beibehalten. Die Rückseite des Gartens ist dem Hang zugewandt. Hier wurde eine hohe Erhebung in Form eines bepflanzten Erdwalls angelegt. Sie wirkt stabilisierend und verhindert, dass das Haus energetisch den Hang hinabrutscht.

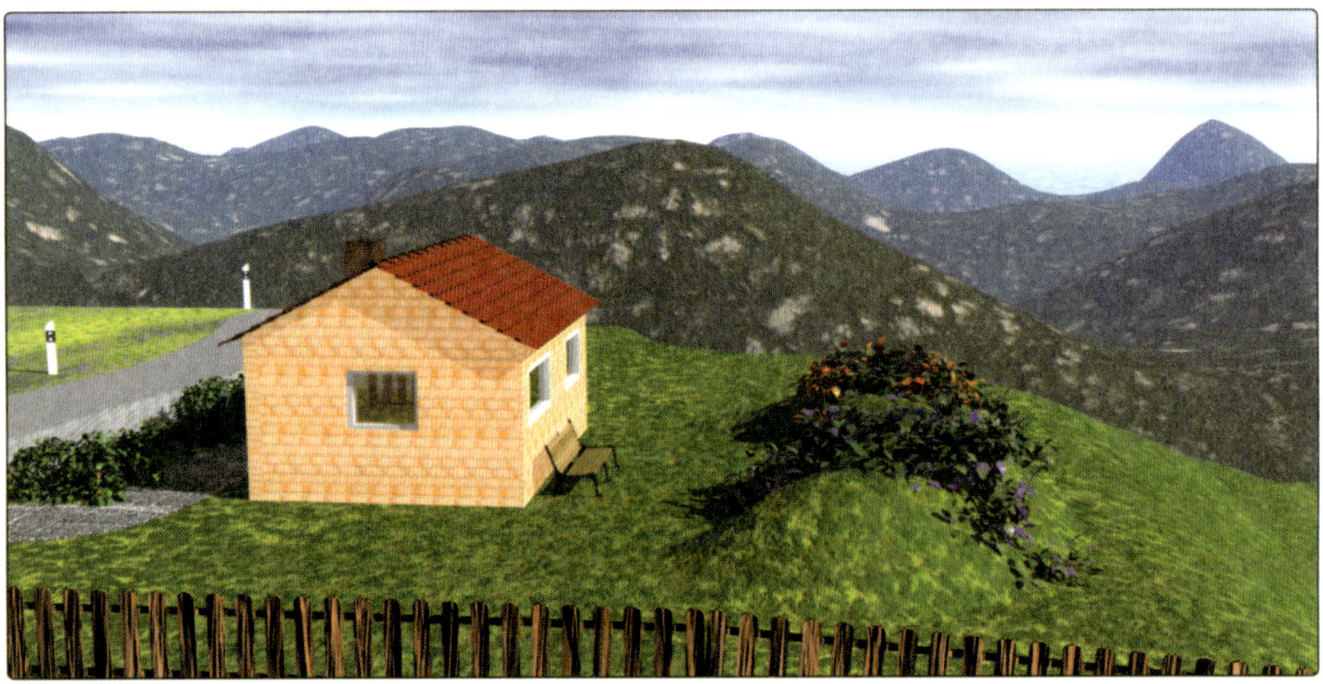

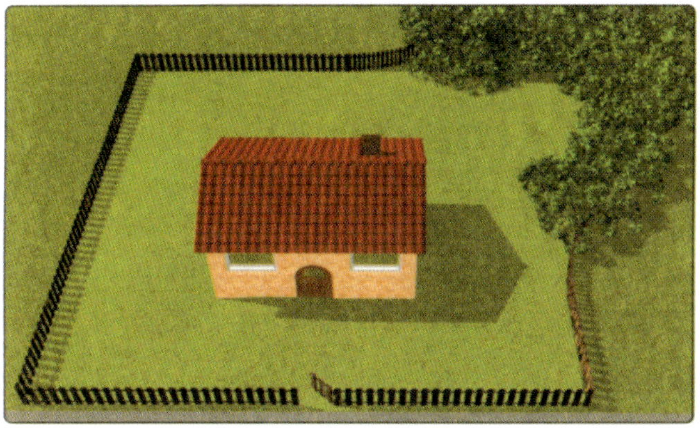

Abbildung 3.19:
Die Rückseite des Gartens ist gleichzeitig die geeignete Maßnahme zur Harmonisierung der Grundstücksform.

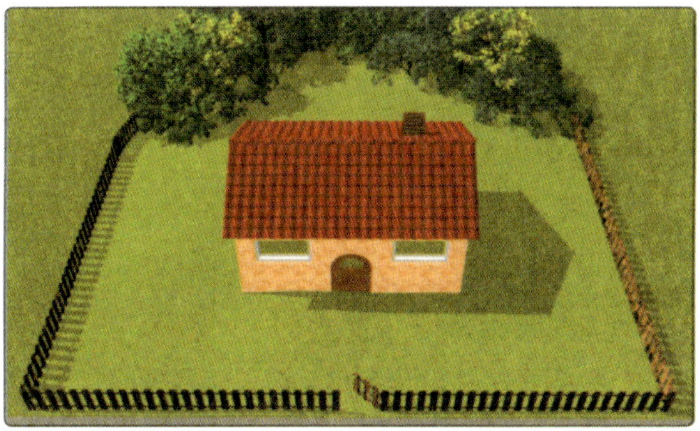

Abbildung 3.20:
Das Grundstück verjüngt sich auf der Rückseite stark, was den Wohlstand der Bewohner beträchtlich verringern kann. Ein Garten, der diesen Bereich durch dichte Bepflanzung „auffüllt", lässt einen gleichmäßigeren Grundriss entstehen.

Richtlinie 6: Die Form des Grundstücks bestimmt mit, wo die Rückseite des Gartens liegt.

Eine unregelmäßige Grundstücksform kann durch Erhebungen oder Bepflanzungen ausgeglichen werden, womit sich eine harmonischere Form ergibt, die auch die Harmonie der Hausbewohner fördert.

Richtlinie 7: Der Lauf der Sonne bestimmt, wo sich die Rückseite des Gartens befindet.

Eine hohe Erhebung oder Bepflanzung auf der Rückseite des Gartens kann – je nach Lauf der Sonne – zu viel Schatten spenden. Damit wird auch der Qi-Fluss verringert, was sich ungünstig auf die Hausbewohner auswirkt. In der Tabelle auf Seite 57 können Sie sehen, welche Himmelsrichtung welchem Familienmitglied zugeordnet ist.

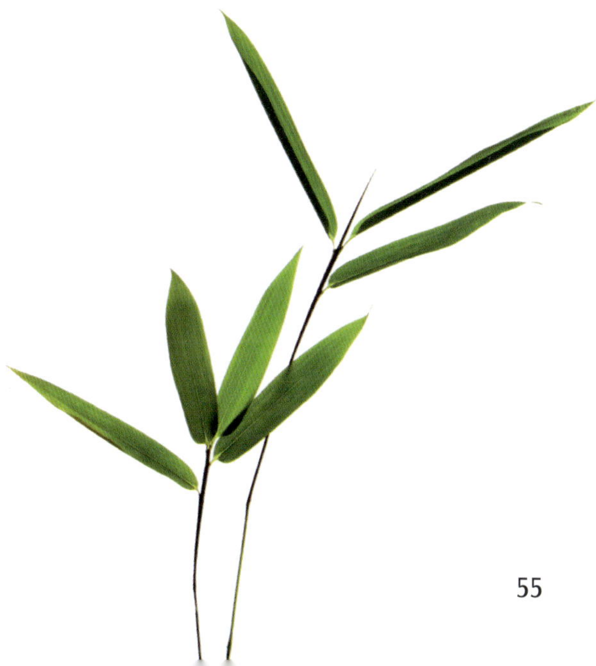

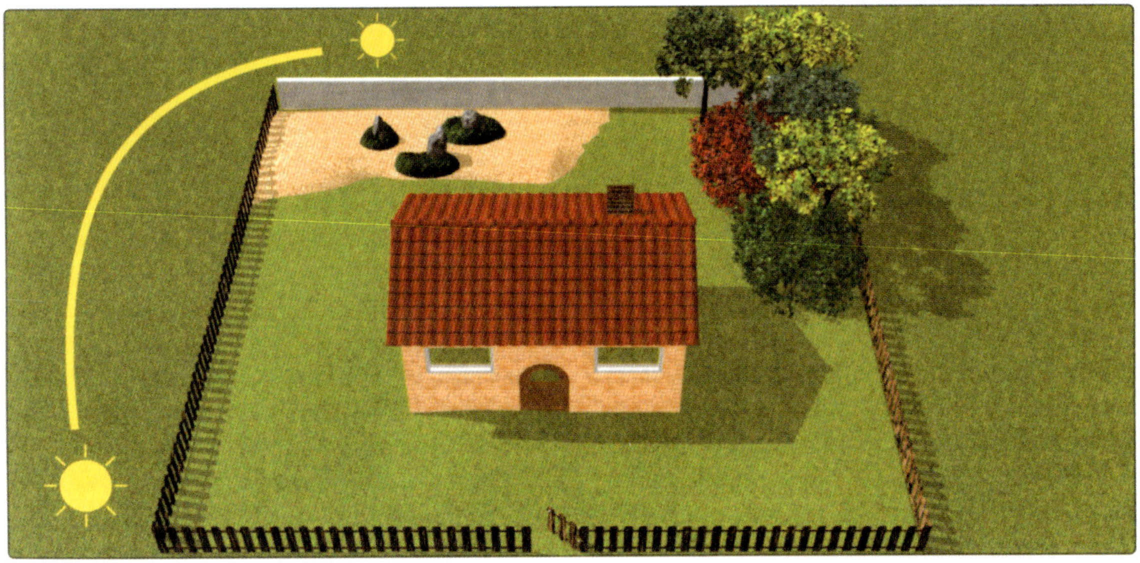

Abbildung 3.21:
Auf der Rückseite des Gartens befinden sich auf einer Seite hohe Bäume und Pflanzen. Um mehr von der Sonneneinstrahlung zu profitieren, ist der andere Teil der Rückseite in Form eines Zen-Gartens mit einer niedrigeren Mauer und nicht zu hohen Steinen gestaltet.

Angewandtes Kompass-Feng-Shui

Die viel zitierte „Wohlstandsecke" nach Feng Shui ist vielen Lesern sicherlich ein Begriff. Auf der Grundlage des „Drei-Türen-Systems", auch „System der acht Lebensziele" genannt, werden der Grundriss des Hauses oder einzelne Räume jeweils von der Tür aus betrachtet und bestimmten Lebensbereichen zugeordnet.

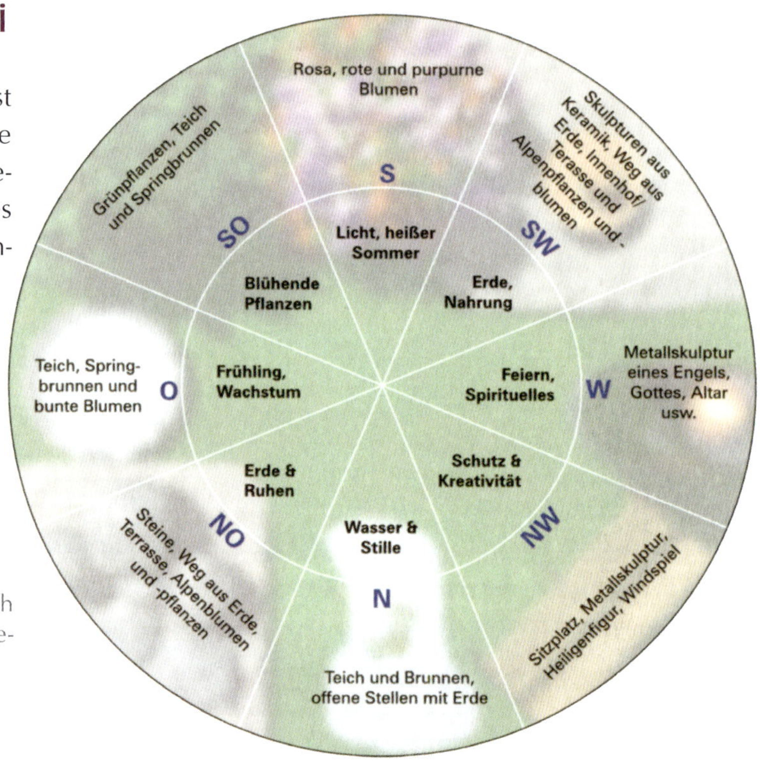

Abbildung 3.22:
Der Feng-Shui-Kompass zeigt an, welcher Gartenbereich gemäß der Himmelsrichtungen für welche Aktivitäten, Gestaltungsmerkmale und Pflanzen geeignet ist.

Die acht Trigramme

Wenn Sie ein bestimmtes Lebensthema und damit einen speziellen Bereich im Haus „aktivieren“ wollen, können Sie mit der entsprechenden Absicht bestimmte Gegenstände oder Symbole platzieren, die Sie beim Erreichen Ihres Ziels unterstützen sollen. Unabdingbare Voraussetzung hierfür ist, dass sich im Aktivierungsbereich eine feste Wand befindet, damit sich das einfließende Qi sammeln und halten kann.

Das ist im Freien jedoch nicht möglich. Auch wenn in den entsprechenden Bereichen Mauern oder Pflanzen vorhanden sein sollten, gibt es trotzdem ständige Luftbewegungen, die grundsätzlich verhindern, dass sich das Qi wie in geschlossenen Räumen für Aktivierungszwecke konzentrieren kann.

Daher müssen wir uns im Garten des Systems der acht Trigramme bedienen, die mit den Himmelsrichtungen arbeitet. Im Folgenden finden Sie eine Tabelle mit Schlüsselbegriffen zu den acht Trigrammen sowie einige Hinweise, wie Sie Ihren Garten in den Bereichen der einzelnen Himmelsrichtungen gestalten können.

Beachten Sie aber unbedingt, dass das Kompass-Feng-Shui bei der Gartengestaltung erst an dritter Stelle steht. An erster Stelle stehen immer Qi-Fluss und Sauerstoff, die durch das an zweiter Stelle stehende Landschafts-Feng-Shui und die dadurch entstehenden Strukturen beeinflusst werden.

Diese Zuordnungen zu den acht Trigrammen finden im Garten-Feng-Shui Anwendung. Die Trigramme beziehen sich immer auf lebende Familienmitglieder. Bei mehr als drei Kindern gibt es ein ältestes, mehrere mittlere und ein jüngstes Kind.

Trigramm	Himmelsrichtung	Element	Farbe	Familienmitglied
KAN	Norden	Wasser	Blau	mittlerer Sohn
KEN	Nordosten	Erde	Braun, Gelb, Orange	jüngster Sohn
CHEN	Osten	Holz	Grün	ältester Sohn
SUN	Südosten	Holz	Grün	älteste Tochter
LI	Süden	Feuer	Rot, Violett	mittlere Tochter
KUN	Südwesten	Erde	Braun, Gelb, Orange	Mutter
TUI	Westen	Metall	Gold, Silber, Weiß	jüngste Tochter
CHIEN	Nordwesten	Metall	Gold, Silber, Weiß	Vater

Wie Sie in der Tabelle und im Kompass auf den vorigen Seiten sehen können, ist es möglich, in den einzelnen Himmelsrichtungen mit verschiedenen Farben zu arbeiten. So können Sie beispielsweise im Süden mehr rote oder violette Blumen pflanzen. Sie müssen sich aber nicht strikt an diese Farbzuordnungen halten. Ein Beet mit bunten Blumen zieht mehr Qi an als eines mit einfarbigen Blumen und kann sich überall im Garten befinden.

Eine Anmerkung zum Holzelement: naturbelassenes Holz ist als neutral zu betrachten und kann in allen Himmelsrichtungen verwendet werden. Sie müssen Ihr Gartenhäuschen oder Ihren Aussichtspunkt, der beispielsweise im Süden liegen kann, daher nicht notgedrungen in roter Farbe streichen.

Trigramme und Familienmitglieder

Meiner Erfahrung nach ist der Zusammenhang zwischen Trigrammen und Familienmitgliedern nicht zu unterschätzen. Gibt es in der Familie einen ältesten Sohn, sollten alle Pflanzen und Bäume im Osten gesund und kräftig sein, was im Gegenzug Gesundheit und Erfolg des Sohnes unterstützt. Ein kranker Baum weist auf Gesundheitsprobleme des ältesten Sohns hin, insbesondere wenn dessen Zimmer so liegt, dass er auf diesen Baum blickt. Es ist daher unbedingt notwendig, den Baum gesund zu pflegen oder zu entfernen – der Gesundheitszustand sowie der berufliche Erfolg des Sohnes werden sich dann verbessern. Auch wenn im Osten Steine oder Skulpturen aufgestellt werden, sollten diese eine positive Ausstrahlung haben und harmonisch geformt sein. Sie sollten keine scharfen Kanten und Ecken aufweisen. Große, wuchtige Steine und Statuen können eine regelrecht erdrückende Wirkung haben (siehe auch Fallbeispiel im Kasten). Aber auch schmutzige, sumpfige Wasserbecken in dieser Himmelsrichtung wirken sich ungünstig auf den Wohlstand des ältesten Sohnes aus.

Bevor Sie mit tieferen Grabungsarbeiten beginnen, vergewissern Sie sich, dass das Familienmitglied, das der entsprechenden Himmelsrichtung zugeordnet ist, bei guter Gesundheit ist. Es gibt Fälle, in denen es kranken oder schwachen Familienmitgliedern schlechter ging, nachdem ein Aushub für ein Schwimmbad gemacht wurde. Hat man jedoch weniger als 30 Zentimeter tief gegraben, stellten sich keine ungünstigen Wirkungen ein.

Ein Stein als Störfaktor

Eine mir bekannte Familie erlebte die folgende Geschichte: Sie ließ einen scheinbar harmlosen großen flachen Stein in den Südosten ihres Gartens legen. Diese Richtung entspricht der ältesten Tochter. Später stellte man fest, dass sie als ältere der zwei Töchter durch die erdrückende und blockierende Wirkung des Steins in ihrem Wachstum und ihrer Entwicklung behindert worden war. Nachdem die Mutter den Stein intuitiv in den Nordosten verlegt hatte (die Familie hatte keinen jüngeren Sohn), um für Haus und Garten eine Rückendeckung zu schaffen, zeigte die älteste Tochter plötzlich bessere Lernergebnisse und wurde lebhafter und extrovertierter.

Die Trigramme mit dem Kompass ermitteln

Häufig wird der Fehler gemacht, den Garten von der Eingangs- oder Hintertür des Hauses aus einzumessen. Der Gartenbereich ist jedoch eine verkleinerte Abbildung des Gesamtgrundstücks und muss gesondert betrachtet werden (siehe Abbildung 3.23). Schmale bepflanzte Streifen seitlich des Hauses werden bei dieser Messung nicht berücksichtigt, sondern es wird nur die größte Gartenfläche betrachtet.

Markieren Sie dazu zuerst den Mittelpunkt des Gartengrundstücks. Bei symmetrischen Grundrissformen ist dies der Schnittpunkt, der entsteht, wenn Sie die vier Ecken des Gartens durch Geraden miteinander verbinden. Es ist einfach, ihn zu ermitteln.

Schwieriger ist die Bestimmung des Mittelpunkts bei unregelmäßigem Gartengrundriss. Sie können wie bei den Beispielen 3.19 und 3.20 Ausbuchtungen durch Bepflanzungen abtrennen und brauchen dann nur den neu entstehenden symmetrischen Grundriss auszumessen. Oder Sie gehen in diesem Fall nach Ihrem Gefühl und schätzen die Lage des Punktes in etwa ab. Sie können den gewählten Punkt auch mit dem Pendel überprüfen. Stehen Sie im Mittelpunkt des Gartengrundstücks, bestimmen Sie die Himmelsrichtungen, und skizzieren Sie eine Kompassscheibe.

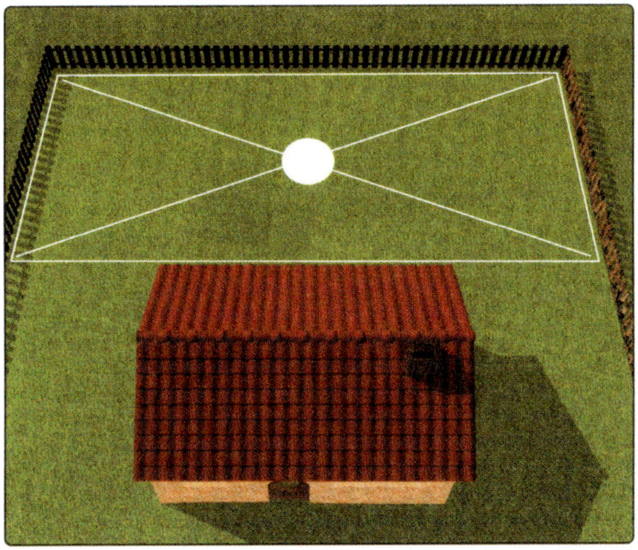

Angreifende Strukturen

Von scharfen Kanten geht eine negative, aggressive Energie aus, die wie ein Pfeil angreifen kann. Je nach Art des Angriffs reagiert der Mensch mit Unbehagen bis hin zu gesundheitlichen Problemen. Achten Sie daher auf Ecken und Kanten von Hauswänden, Gartenhäuschen, Dachgiebeln, Blumenkästen und -kübeln, Beetformen, Skulpturen usw. – vor allem wenn diese auf Ihr Haus oder auch auf Orte im Garten weisen, an denen Sie sich häufig aufhalten.

Mögliche Maßnahmen:

- **Runden oder schleifen Sie Ecken und Kanten ab.**
- **Verkleiden Sie Kanten mit Rundleisten.**
- **Stellen Sie einen harmonisch geformten Gegenstand davor.**
- **Schützen Sie sich mit einer Mauer, einem Spaliergitter oder einer dichten Bepflanzung.**
- **Oder beseitigen Sie wenn möglich das scharfkantige Objekt.**

Weitere „Angreifer" sind der frei sichtbare gerade Stamm eines Baumes oder Pfostens. Sie sollten nicht auf der Höhe des Hauseingangs oder eines Fensters stehen, weil sie dort negative Probleme im Mundbereich (Entsprechung der Haustür) oder an den Augen (Entsprechung der Fenster eines Gebäudes) der Bewohner verursachen können. Beachten Sie, dass nur die gerade Struktur im Feng Shui als angreifendes Symbol betrachtet wird. Sobald der Stamm etwas krumm ist oder ein gerader Stamm oder Pfosten von Blättern, Büschen, einem Zaun oder Ähnlichem verdeckt wird, hat er keine schädliche Wirkung.

Abbildung 3.23:
Bestimmung des Schnittpunkts bei einer rechteckigen Gartenform

Wasser im Garten

Wasser lässt Leben entstehen. Hier hat die Evolution begonnen. Selbst in schmutzigem Wasser sind Lebewesen zu finden. Wo Wasser vorhanden ist, wachsen auch Pflanzen, und es siedeln sich Menschen und Tiere an. Insbesondere in der Nähe von fließendem Wasser fühlen wir uns erfrischt und aufgeladen.

Wenn Wasser in Bewegung ist, entsteht Reibung und damit eine elektromagnetische Strahlung, die verstärkt Qi anzieht. Deshalb ist Wasser einer der wichtigsten Faktoren im Feng Shui. Je stärker das Wasser in Bewegung ist und je kräftiger es sprudelt oder schäumt, desto mehr Qi wird angezogen. So ist es empfehlenswert, im Garten einen Brunnen aufzustellen oder einen Teich, einen Swimmingpool oder sonstige Wasserbecken anzulegen. Brunnen sollten kräftig sprudeln, denn dünne Rinnsale symbolisieren mangelnde Kraft und geringen Wohlstand. (Denken Sie hierbei an den Einfluss auf die Hausbewohner, wie auf Seite 57 beschrieben.)

Auch in einem Teich sollten sich ein oder mehrere Sprühköpfe befinden, die das Wasser zusätzlich beleben. Ruhigere Wasserflächen in manchen Bereichen bilden nach dem Prinzip von Yin und Yang einen Gegenpol. Sie wirken im Freien sehr schön als Spiegel. Eine sich in einem Teich spiegelnde Baumgruppe kann Landschaften im Wasser entstehen lassen und zur Kontemplation anregen.

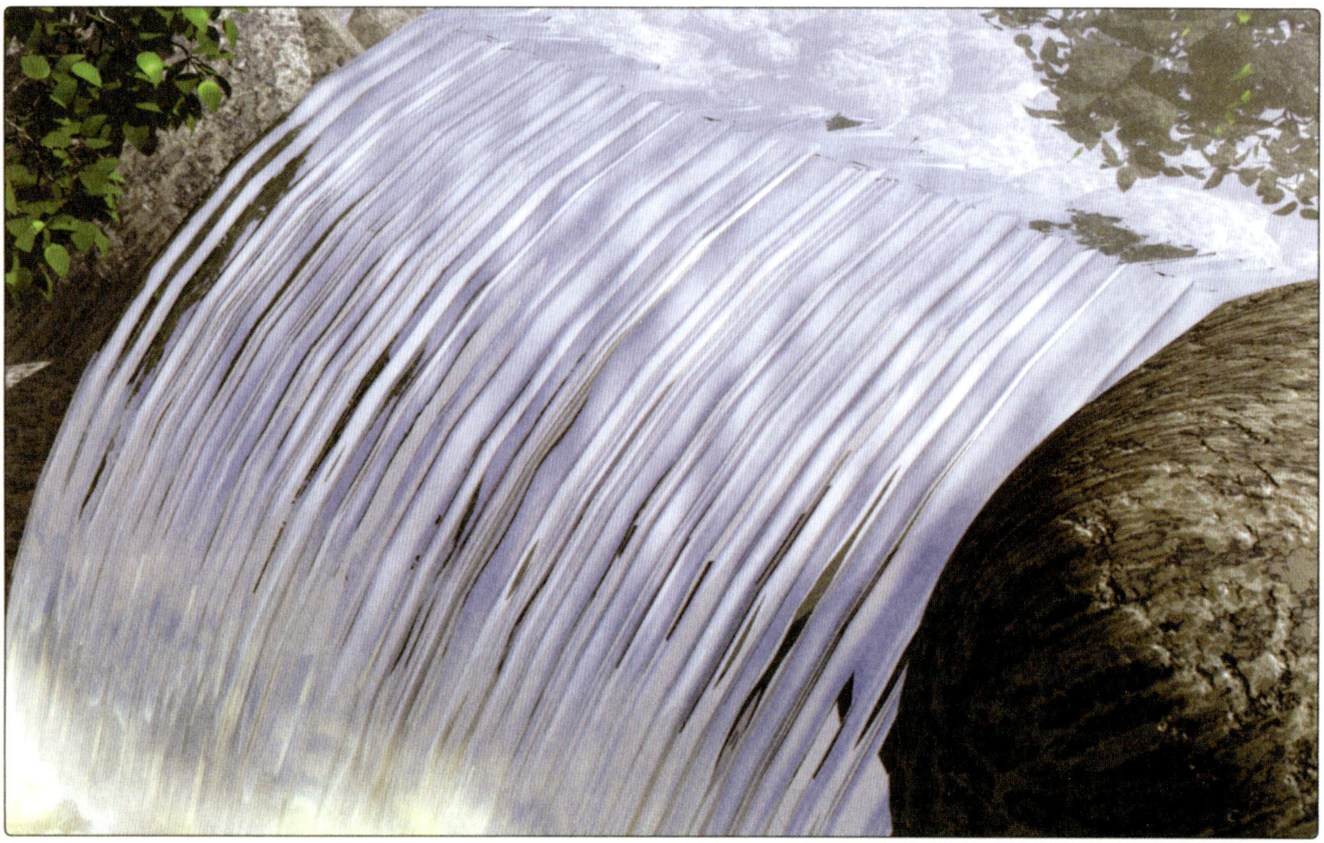

Abbildung 3.24:
Günstig: Ein breiter, durchgehender Wasserfall symbolisiert Fülle und erzeugt starke Energiemuster, die wiederum reichlich Qi und Sauerstoff in den Garten ziehen.

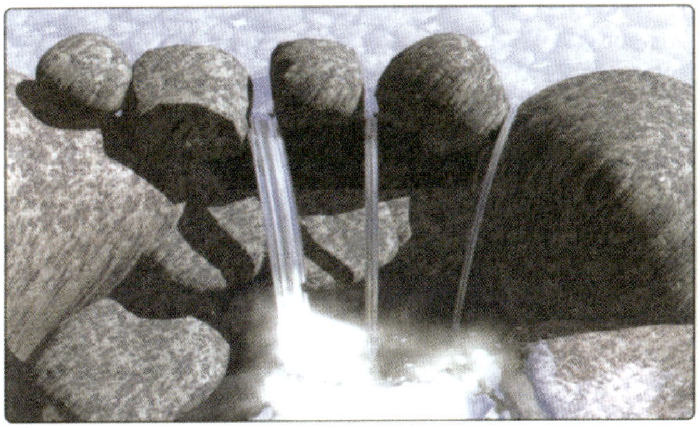

Abbildung 3.25:
Der Wasserfall ist in drei Teile zerschnitten, und das wenige Wasser fließt ungleichmäßig ab, was für eine geringere Fülle und Energie steht.

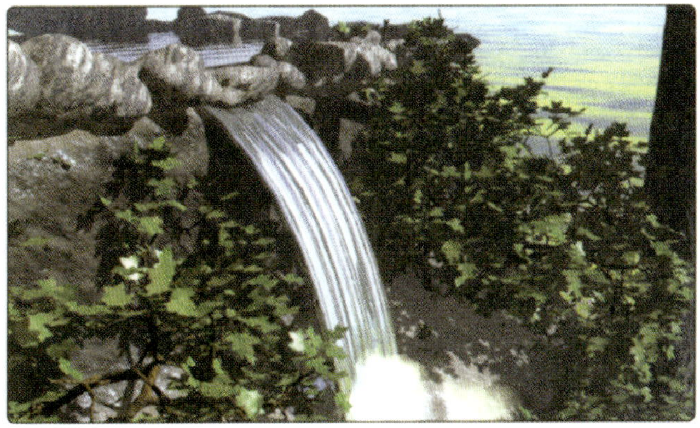

Abbildung 3.26:
Der starke Wasserstrahl, der nur in einem Bereich austritt, hat eine aggressive Energie.

Wasser symbolisiert Wohlstand

Das Wasser im Garten sollte so sauber wie möglich sein, denn es symbolisiert Ihren Wohlstand. Ins Wasser gefallene Blätter sollten entfernt und übermäßig starkes Pflanzenwachstum reguliert werden. Außerdem sollte alles Wasser im Garten auf das Haus zufließen, um den Bewohnern zu vermehrtem Reichtum zu verhelfen. Der kontinuierliche und reichliche Fluss in Richtung Haus zeigt an und sorgt dafür, dass die dort Lebenden gut versorgt sind.

Je nach Landschaftsformation im Garten stellt auch ein Wasserfall einen belebenden Blickfang dar. Er kann zum Beispiel eine Verbindung zwischen einer höher gelegenen Quelle und einem tiefer liegenden Bachlauf herstellen. Das Wasser sollte dabei breit und gleichmäßig fließen und nicht von Steinen durchschnitten werden, sodass sich mehrere kleine Rinnsale bilden.

In welchem Bereich sollte Wasser im Garten vermieden werden?

In der Literatur liest man häufig, dass sich im Süden des Gartens kein Wasser befinden sollte, da dies einen Elementekonflikt zwischen Wasser und Feuer (Süden) ergäbe. Dieses Prinzip ist in geschlossenen Räumen zu beachten, weil sich hier energetische Turbulenzen stärker manifestieren. Im Freien ist gegen Wasser im Süden jedoch nichts einzuwenden. Fällt Sonnenlicht auf das Wasser, entstehen mit dem Wasserdampf kleine Regenbogen und damit das äußerst günstige Regenbogen-Qi.

Ein Wasserbecken, Teich, Wasserfall oder Brunnen sollte sich jedoch auf keinen Fall im Bereich der mittleren Hausrückseite befinden, weil dies die Rückendeckung des Hauses schwächt. Die Folge wären mangelnde Stabilität und Geldprobleme der Bewohner, weil Qi verstärkt vom Wasser angezogen und das Haus daher schlechter versorgt wird. Die beste Wirkung hat Wasser auf der Vorderseite oder auch seitlich des Hauses, weil das vom Wasser angezogene Qi so durch den **Mingtang** leichter und schneller ins Gebäude eindringen kann.

Eine bevorzugte Form für Wasserbecken ist die Nierenform, die zum Haus hin ausgerichtet ist und wie eine Umarmung wirkt. Wenn Sie einen kleineren Garten haben, wirkt ein Wasserlauf optisch größer, wenn er möglichst geschlängelt und gewunden ist. Außerdem wird ein Wasserlauf in dieser Form nach Feng Shui als günstig betrachtet, weil das Wasser von Natur aus langsamer fließt und sich das Qi in den Kurven stärker sammeln kann.

Nasses und trockenes Wasser

Im Feng Shui wird des Weiteren zwischen nassem und trockenen Wasser unterschieden. Das Qi wird einerseits vermehrt von der Bewegung und Reibung echten Wassers angezogen, andererseits zieht auch symbolisch dargestelltes Wasser Qi an, wenn auch in geringerem Maße. In Tao- und Zen-Gärten findet man häufig mit Kieseln oder kleinen Schieferplatten angelegte „Bäche" oder „Wasserfälle", die die Wasserbewegung recht realistisch darstellen. Mit einem Rechen in Kies oder Sand gezogene wellenförmige Linien sind ebenfalls ein wirkungsvolles Wassersymbol. Natürlich wirkt echtes Wasser immer noch kraftvoller als trockenes. Trotzdem ist trockenes Wasser je nach Arbeitsaufwand und Thema Ihres Gartens eine interessante Alternative. Weitere Informationen zu trockenem Wasser finden Sie in Kapitel 4 (ab Seite 111).

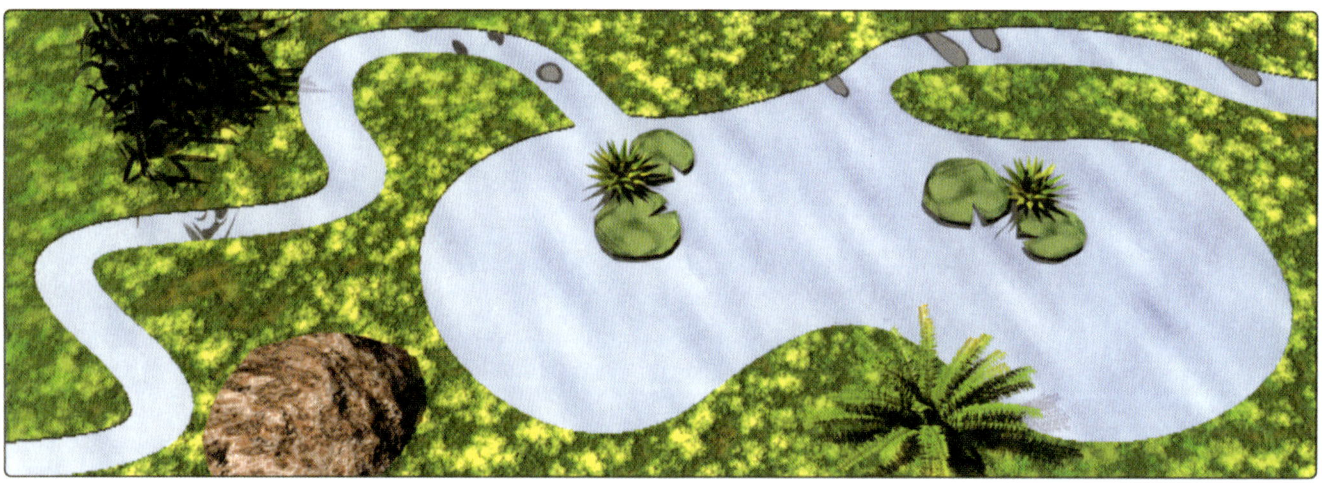

Abbildung 3.27:
Ein günstiger, weil sanft geschwungener Wasserlauf mündet hier in einen nierenförmigen Teich und fließt auf der anderen Seite wieder heraus.

Energiepunkte im Garten

Das Prinzip des menschlichen Körpers lässt sich auf die Grundstücke und Gebäude übertragen. Genau wie der Mensch Seele und Herz sowie weitere Organe besitzt, weist das Land hier Energiepunkte auf. Die wichtigsten sollen nachfolgend erläutert werden.

Ti-ling – Herz und Seele des Gartens

Neben dem Landschafts-Feng-Shui, das für eine geschützte und vorteilhafte Lage des Hauses sowie einen günstigen Qi-Fluss sorgt, ist der Herzpunkt (**Ti-ling**) ein ganz wesentliches Merkmal eines lebendigen Gartens. Viele Gärten, deren Herzpunkt nicht aktiv ist, wirken tot oder sind von Unkraut überwuchert, und man gewinnt den Eindruck, dass Bäume, Pflanzen und Blumen nicht richtig gedeihen und miteinander in Kommunikation stehen. Die Pflanzen und Tiere des Gartens kämpfen jeder für sich um mehr Erd-Qi, anstatt es miteinander zu teilen und sich gegenseitig in ihrem Wachstum zu unterstützen. Pflanzenelfen und die Gruppenseele der Pflanzen können ebenfalls nicht kooperieren. Ein Schlüsselfaktor ist hier der nicht identifizierte und aktivierte Herzpunkt.

Ein Garten wird für Menschen geschaffen. Wenn der Mensch ein Herz und eine Seele hat, sollte der Garten, der für ihn angelegt wird, diese Merkmale ebenfalls aufweisen. Der Herzpunkt wirkt als Brennpunkt für Menschen, Pflanzen, Insekten, Würmer und andere Lebewesen, damit sie miteinander kommunizieren, interagieren, wachsen und sich regenerieren können. Am Ti-ling findet ein ständiger Energieaustausch statt – wer Energie benötigt, kann sie aus ihm schöpfen; wer überschüssige Energie hat, gibt sie an den Herzpunkt ab und aktiviert ihn damit zusätzlich.

Wie Sie Energiepunkte im Garten lokalisieren

Testen Sie Ihre Sensibilität und Hellfühligkeit, indem Sie langsam im Garten umhergehen. Lassen Sie sich von Ihrem Gefühl leiten, und bleiben Sie an Stellen, an denen Sie eine neue Energiequalität wahrnehmen, länger stehen. Der Herzpunkt des Gartens steht in Resonanz mit dem Herzpunkt des Körpers, daher können Sie ihn in ihrem eigenen Herzen stärker spüren. Manche Menschen hören sogar regelrecht das Herz des Gartens schlagen.

Sie können auch innerlich Fragen stellen, zum Beispiel „Ist dies der Herzpunkt des Gartens?", oder „Welche Energiequalität hat dieser Platz?", und darauf achten, in welchem Körperbereich Sie die Erdenergie besonders stark spüren. Es gibt weitere Punkte im Garten, die mit bestimmten Organen wie zum Beispiel der Lunge in Resonanz stehen. Wenn Sie solche Punkte identifizieren können und ihnen eine besondere Bedeutung zukommen lassen möchten, können Sie diese natürlich ebenfalls markieren.

Setzen Sie all Ihre Sinne ein, um kraftvolle Bodenenergien im Körper wahrzunehmen, zum Beispiel durch ein Kribbeln oder ein Gefühl des Strömens. Vielleicht haben Sie auch ein unangenehmes Gefühl im Bauch, wenn Sie auf einem negativen Punkt stehen. Mithilfe der Rute oder des kinesiologischen Muskeltests können Sie noch genauer abfragen, ob es sich an dieser Stelle um den Yin- oder Yang-Punkt usw. handelt.

Beobachten Sie auch Ihre Haustiere. Gibt es Plätze im Garten, an denen sie sich besonders wohlfühlen? Probieren Sie diese Plätze ebenfalls aus. Auch Kinder sind in der Regel offen und sensibel für energetische Qualitäten. Oft fällt es ihnen besonders leicht, der Herzpunkt und weitere Energiepunkte zu finden.

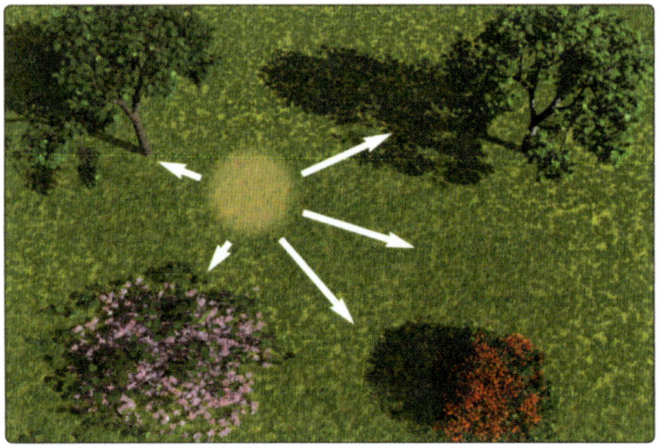

Abbildung 3.28:
Herzpunkt, der mit den verschiedenen Pflanzen des Gartens in Verbindung steht

Den Herzpunkt aktivieren

Der Herzpunkt muss nicht unbedingt exakt in der Mitte des Gartens liegen. Häufig können Sie ihn mit der im Kasten beschriebenen Methode im näheren Umkreis des Schnittpunktes des Gartengrundstücks finden (siehe auch Seite 59).

Er muss geschützt liegen, man darf nicht auf ihn treten oder ihn bepflanzen. Der **Ti-ling** ist der Sitz der Seele des Gartens, daher muss er entsprechend markiert und gehütet werden. Sie können auf diesem Punkt eine ästhetisch ansprechende Figur, Skulptur oder auch einen auffälligen Stein platzieren.

Ein großer Rosenquarz würde beispielsweise die Herzqualität gut betonen. Beachten Sie unbedingt, dass auch kein Brunnen genau auf dem Herzpunkt stehen sollte, denn die Pumpen- und Wasserbewegung wäre zu unruhig und aktiv und würde auch das Herz zu stark anregen. Günstig ist es auch, wenn man vom Herzpunkt aus die markierten Yin- und Yangpunkte sehen kann. Auf diese Weise entsteht eine energetische Verbindung.

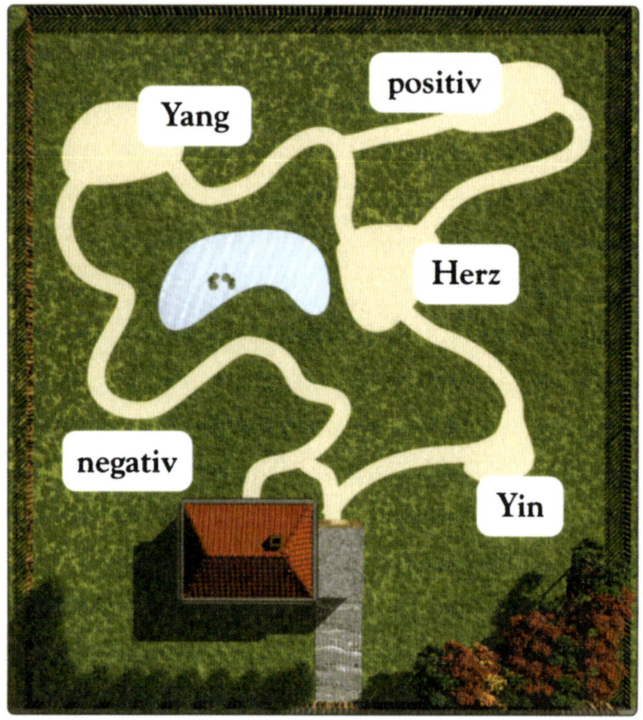

Abbildung 3.29:
Beispiel für die Lage von Energiepunkten im Garten

Yang- und Yin-Punkt des Gartens

Der menschliche Körper überlebt, weil er sich ständig bemüht, seine Yin- und Yang-Energien im Gleichgewicht zu halten. Ebenso besitzt das Land, das als unser Grundstück ausgewiesen und zusätzlich in einen kleineren Gartenbereich unterteilt ist, einen kraftvollen Yang-Punkt (männliche Eigenschaften) und einen ebenso kraftvollen Yin-Punkt (weibliche Eigenschaften), um die Gartenenergien auszubalancieren. Diese beiden Punkte müssen identifiziert und markiert werden (siehe Kasten). Dort aufgestellte Steine oder Figuren helfen, die Punkte zu betonen und zu nähren (mehr dazu in Kapitel 4). Pflanzen, Insekten, Würmer und andere Lebewesen profitieren von der balancierten Yin- und Yang-Energie und können sich gleichmäßig vermehren. Bei einem Ungleichgewicht dieser Energien würden einige wenige Pflanzen, Insekten und Würmer übermäßig stark wachsen und sich vermehren. So könnten ökologische Ungleichgewichte entstehen, die anderen Lebewesen die Gelegenheit nähmen, gesund und kraftvoll zu wachsen, sich zu regenerieren und zu vermehren.

Positive und negative Kraftpunkte

In einem Garten von über 500 Quadratmetern Größe kann man davon ausgehen, dass zahlreiche negative und positive Punkte vorhanden sind, deren Energie vom Boden aufsteigt. Von allen diesen Punkten gibt es immer einen Punkt, der jeweils die stärkste positive oder negative Energie aufweist. Diese Kraftpunkte existieren in jeder Art von Garten, selbst in einem Zen-Garten, der ausschließlich als Ort zur Meditation dient und sehr sauber gehalten wird.

Der positive Kraftpunkt

Der positive Kraftpunkt sollte voll genutzt beziehungsweise aktiviert werden, um mehr kraftvolle positive Energie im Garten zu verbreiten, damit die Pflanzen prächtig wachsen und gedeihen und die Gartenbenutzer mit mehr Energie und Sauerstoff versorgt werden. In diesem Fall können Sie mit Wasser arbeiten – ein sprudelnder Brunnen oder ein Teich mit sauberem, klarem Wasser ist an dieser Stelle besonders günstig.

Sie können auch einen schönen, naturbelassenen Granitstein, einen Mühlstein oder eine flache, runde, quarzhaltige Steinplatte auf den Kraftpunkt legen, um die hier aufsteigende Vitalenergie der Erde im Garten zu verteilen. Um die positive Energie zusätzlich zu verstärken, können Sie unter diesen Stein natürliche Bergkristalle legen, am besten in Form von rund geschliffenen Trommelsteinen. Bergkristall oder Quarz wirken als natürlicher Verstärker, der bekanntermaßen auch im technischen Bereich (Verstärkerboxen, Computer) Anwendung findet. Unter den Stein des Positivpunktes gelegt hilft er, die kraftvolle Energie im ganzen Garten zu manifestieren.

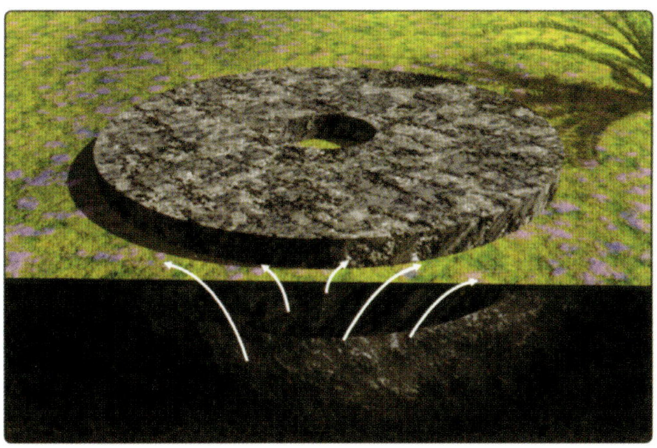

Abbildung 3.30:
Ein Mühlstein aus Granit als Brunnen verstärkt den Positivpunkt.

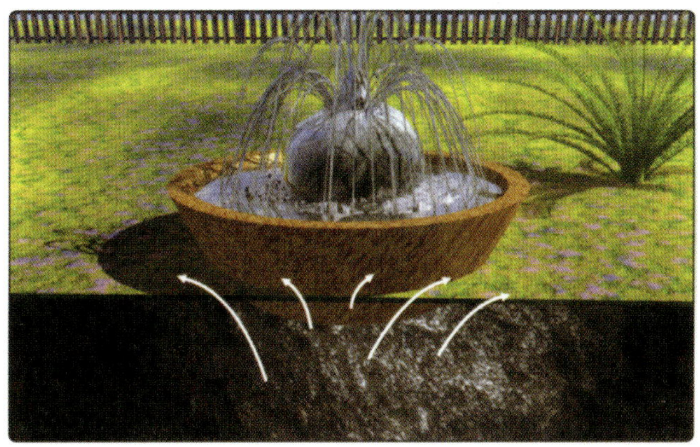

Abbildung 3.31:
Ein Brunnen mit Sprühköpfen verstärkt positive Energie, wenn er sich auf einem positiven Energiewirbel befindet.

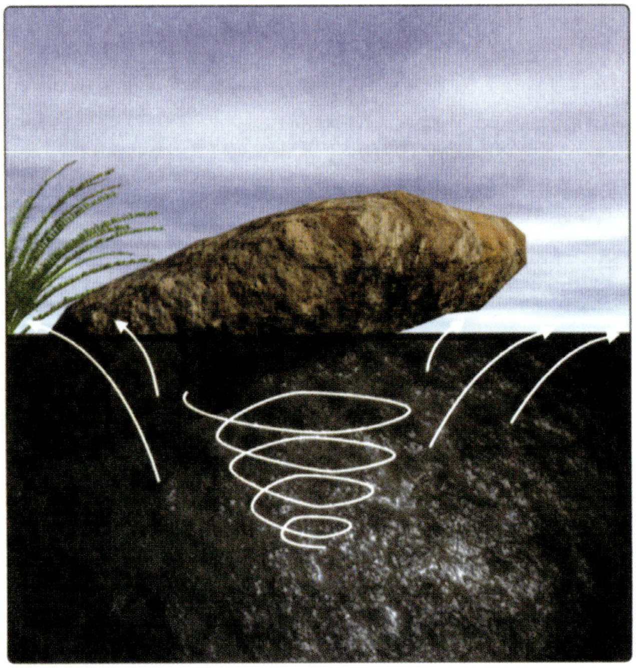

Abbildung 3.32:
Ein flacher Granitstein wird leicht gekippt über die negative Spirale gelegt und lenkt die Negativenergie zu einer Seite ab.

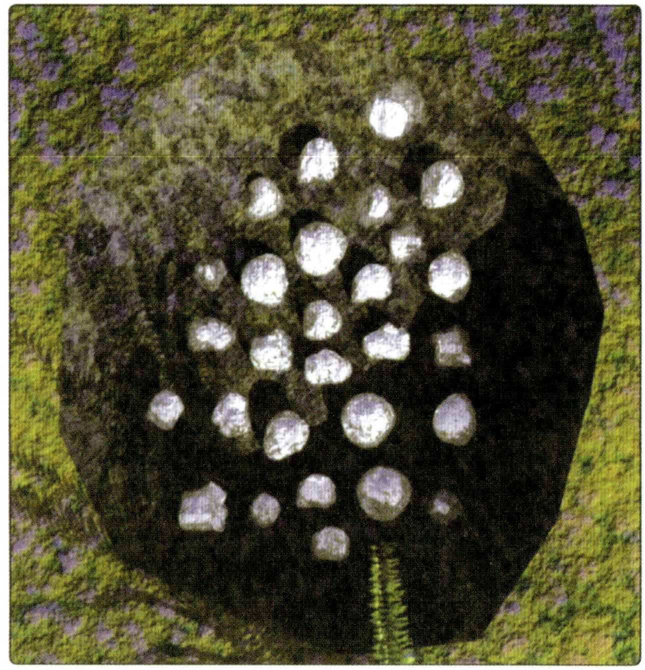

Abbildung 3.33:
Einlegen der Bergkristalle zur Aktivierung des positiven Kraftpunkts, bevor der große Stein aufgelegt wird

Der negative Kraftpunkt

Der negative Kraftpunkt bildet den Gegenpol zum positiven Kraftpunkt und wird am besten offen gelassen oder mit einer Sand- oder Rasenfläche bedeckt. Platzieren Sie an dieser Stelle niemals Bergkristalle, Wasser, Granit oder andere quarzhaltige Stein, denn sie würden die negative Energie verstärken.

Energiewirbel

Eine weitere häufig vorkommende Form der Erdenergie sind sogenannte Energiewirbel. Sie steigen spiralförmig vom Boden auf und werden in positive (rechtsdrehende) und negative (linksdrehende) Wirbel unterteilt. Die Energiebewegung kann mithilfe einer Rute festgestellt werden, sensitive Menschen können die Wirbelbewegung auch mit den Händen wahrnehmen. Positive Energiewirbel können wie der positive Kraftpunkt mit einem Springbrunnen verstärkt werden. Wasserdüsen, die das Wasser feiner versprühen (vergleiche auch Abbildung 3.31) verteilen die günstige Energie nach allen Seiten hin. Auch ein Mühlstein oder eine runde, quarzhaltige Steinplatte wirkt als Energieverteiler.

Negative Wirbel können in ihrer Drehrichtung positiv verändert werden, wenn auf dieser Stelle wie beim positiven Kraftpunkt natürliche Bergkristalle und ein flacher Granitstein (siehe Abbildung 3.34) platziert werden. Wenn Sie die genannten Feng-Shui-Maßnahmen anwenden, achten Sie bitte unbedingt darauf, den Negativwirbel nicht mit dem negativen Kraftpunkt zu verwechseln!

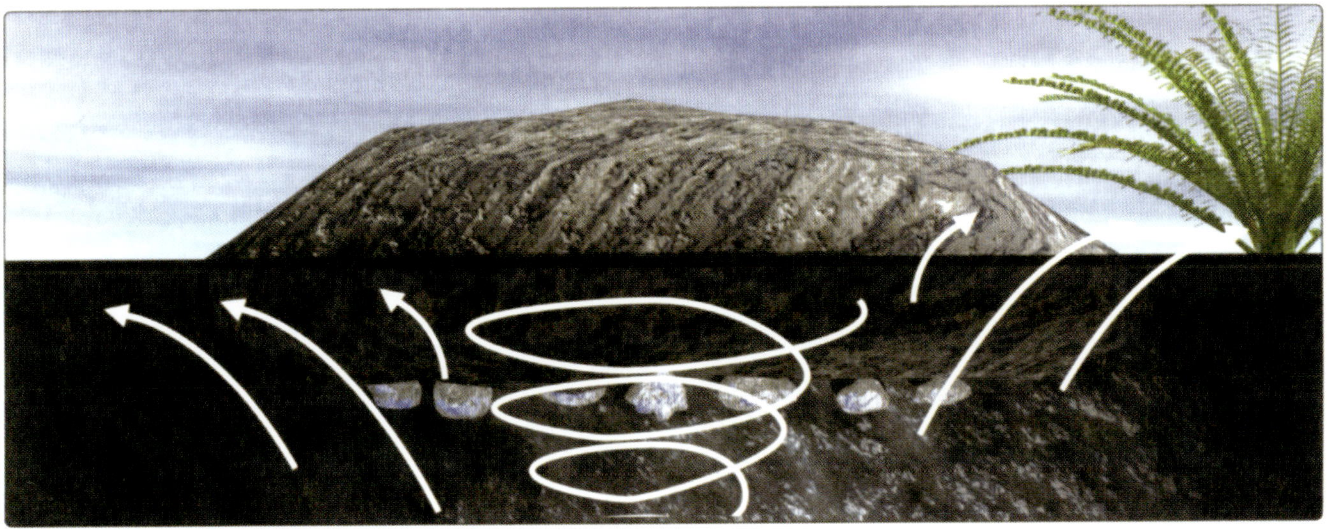

Abbildung 3.34:
Die Energie eines positiven Kraftpunktes kann durch Bergkristalle und einen großen flachen Stein noch verstärkt werden.

Energiepunkte reinigen und aufladen

Wenn Sie mit dem Pendel gut umgehen oder Erfahrung mit dem kinesiologischen Muskeltest haben, können Sie abfragen, ob die einzelnen Energiepunkte belastet beziehungsweise geschwächt sind und gereinigt werden müssen. Auf diese Weise vermeiden Sie auch Verwechslungen zwischen mit ungünstiger Energie belasteten Positivpunkten und tatsächlichen negativen Kraftpunkten des Gartens.

Häufig können die Yin- und Yang-Punkte sehr negativ geladen sein, wenn das Land in der Vergangenheit für ungute Zwecke genutzt wurde. Oder es können an diesen Stellen negative Erdenergien vorhanden sein. Dann müssen die Punkte gereinigt und geklärt werden. Auch der positivste Punkt im Garten kann aus diesen Gründen eine niedrige Energie aufweisen. In diesem Fall kann der negativste Punkt extrem negativ schwingen. Daher ist es unbedingt erforderlich, auf die Energiepunkte im Garten Heilenergie zu übertragen.

Stehen Sie dazu einige Schritte vom Energiepunkt entfernt, heben Sie die Arme etwas, und halten Sie die Hände mit den Handflächen in Richtung Energiepunkt.

Stellen Sie sich nun vor, dass liebevolle und heilende Energie an diesen Punkt fließt, und bitten Sie alle gesunden Pflanzen, das Gras und die Bäume, ihre Liebes- und Heilenergie zu schicken und Sie zu unterstützen.

Sie können über dem Energiepunkt auch getrocknete Salbeiblätter abbrennen und sich dabei vorstellen, dass er gereinigt wird und liebevolle Energie in ihn einströmt.

In manchen Fällen ist der gesamte Garten je nach Nutzung in der Vergangenheit mit Negativenergien belastet. Hier kann ein auf diesem Gebiet erfahrener Feng-Shui-Berater helfen und eine komplette Landreinigung durchführen.

Tipps für Winter-, Miniatur- und Gärten auf dem Balkon

70–90% der Stadtmenschen leben in Wohnungen; in Singapur sind es sogar über 90%. Die meisten Stadtmenschen haben keine Möglichkeit, einen Garten zu pflegen oder Blumen ihrer Wahl anzupflanzen. Daher bietet sich ein Miniaturgarten auf dem Balkon oder auf dem Fensterbrett an. Denn auch wenn Ihr Garten klein ist, haben Sie sich zumindest schon einmal den Traum vom eigenen Garten erfüllt. Die Größe spielt ohnehin keine so große Rolle, wenn man einmal entschieden hat, welchen Zweck der Garten erfüllen soll. Denn Entspannung und Freude verschafft ihnen auch ein Garten im Kleinformat. Natürlich können auf einem kleinen Balkon keine Kinder herumtoben und spielen, und dort findet auch kein großer Obstbaum Platz. Ein großer Garten kann uns ganz anders versorgen. Doch kleine Gärten haben ebenfalls Vorteile, mit denen ein großer Garten nicht konkurrieren kann. Sie machen es uns nämlich einfacher, den Überblick zu behalten. Um die Pflanzen zu pflegen, brauchen Sie viel weniger Zeit. Und wenn Sie Ihren kleinen Garten oder Wintergarten einmal umgestalten möchten, halten sich die Kosten in Grenzen. Pflanzen und Dekorationen können ohne größeren Aufwand umgestellt oder ausgetauscht werden. Nach einem anstrengenden Arbeitstag bietet ein kleiner Garten Ablenkung, Abwechslung und Entspannung. Wenn Sie dann noch ein **Penjing**-Liebhaber sind, wartet eine besonders entspannende Tätigkeit auf Sie, nämlich, sich um die kleinen Bäumchen zu kümmern.

Abbildung 3.35:
Erde, die mit Moos bedeckt ist, repräsentiert die Hügel. Eine größere Pflanzengruppe wirkt wie ein dichter Wald. Eine kleinere Pflanzengruppe stellt einen Wald in einiger Entfernung dar. Steine schaffen eine nackte Felslandschaft, in der widerstandsfähige Alpenpflanzen wachsen.

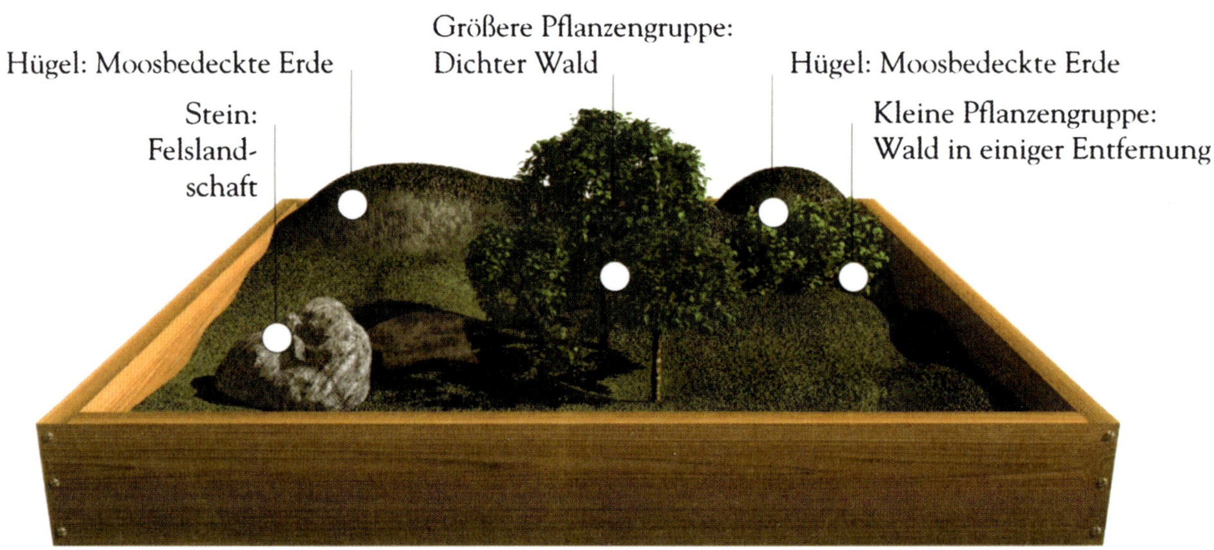

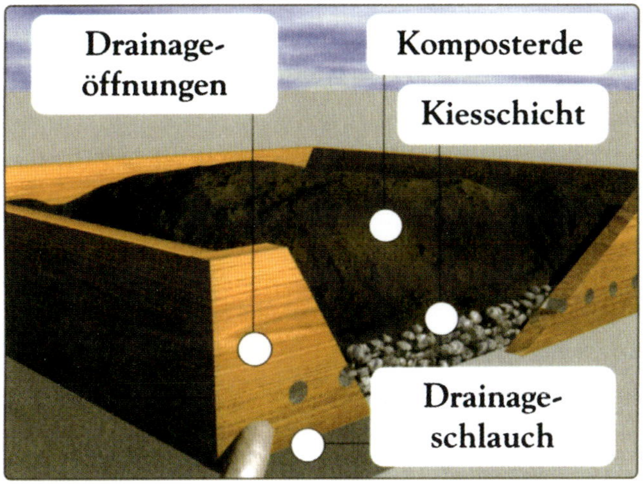

Abbildung 3.36:
Eine dicke Schicht Kies und eine Drainage verhindern Staunässe im Balkongarten.

Basiskonstruktion für Balkon, Terrasse oder Wintergarten

Mithilfe von Teichfolie oder größerer Kunststoffwannen, die mit Erde befüllt sind, können Sie auf Balkon, Terrasse oder im Wintergarten mehrere bepflanzte Ebenen schaffen, die durch Dekorationsgegenstände und unterschiedlich große Pflanzen eine dreidimensionale Wirkung erzeugen. Um Staunässe zu verhindern, sollten Sie zuunterst eine Schicht Kies einfüllen oder zwei bis drei Zentimeter oberhalb des Bodens einige Drainageöffnungen bohren. Direkt am Boden der Folie oder der Kästen kann sich etwas Wasser und Feuchtigkeit sammeln, um die Pflanzen vor dem Austrocknen zu schützen. So können Sie kostengünstig einen kleinen Garten nach Ihren Wünschen entstehen lassen.

Schon ein kleiner Garten verändert die Wahrnehmung

Wenn Sie Pflanzen und Moose in einem Miniaturgarten betrachten, gewinnen Sie bereits eine andere Sichtweise der Natur und Ihrer Umgebung. Denn ein Garten fördert das Vorstellungsvermögen und erweitert die Wahrnehmung. Der Geist wird angeregt, und Antworten auf viele Ihrer Fragen kommen ganz automatisch.

Bei der Naturbetrachtung wird Ihr „Draht nach oben" im Bereich des Scheitelchakras aktiviert und kann Informationen aus dem Universellen Bewusstsein leichter empfangen. Wenn Sie auf diese Art und Weise Ihre Intuition stärken, können Sie klarer und effektiver Entscheidungen treffen.

Die Perspektive im Miniaturgarten

Ein Miniaturgarten auf dem Balkon oder Fensterbrett kann auf zwei verschiedene Weisen gebaut werden. Sie können ihn halbherzig gestalten, indem Sie Pflanzen, Steine und andere Gegenstände beliebig aufstellen. Sie können aber auch die Richtlinien von Feng Shui und der fernöstlichen Gartengestaltung berücksichtigen und Ihren Garten damit interessanter gestalten.

Auf einer Fläche von 1x2 Metern auf dem Balkon kann so eine Landschaft entstehen, in der sich im Hintergrund Hügel erstrecken und kleine Grünpflanzen und blühende Pflanzen im Vordergrund Bäume und Blumen repräsentieren. Wenn Sie die entsprechenden Proportionen und Perspektiven berücksichtigen, erhält dieser Garten die entsprechende Tiefe (siehe auch Seite 35).

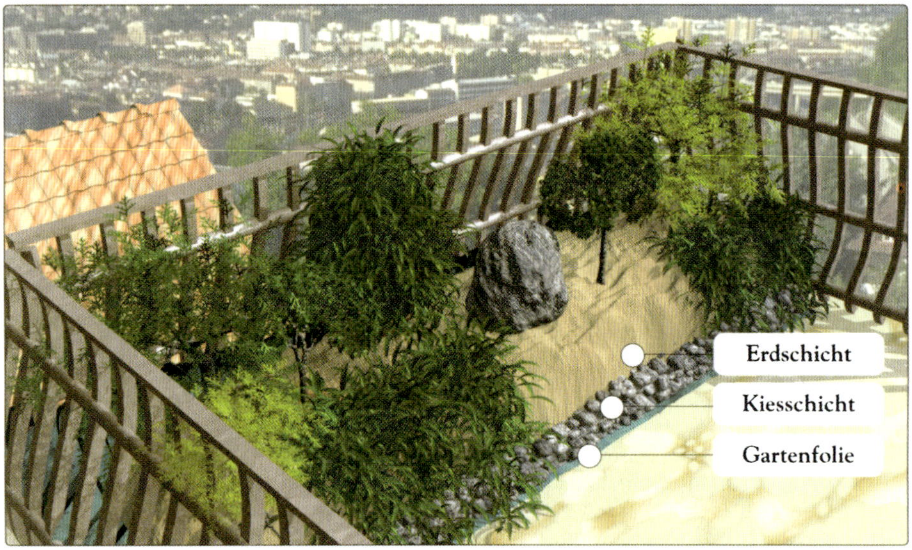

Abbildung 3.37: Querschnitt durch einen Miniaturgarten auf dem Balkon oder im Wintergarten

Tipps für den Wassergarten

Da im Wintergarten ein niedriges Energieniveau herrscht, weil das Qi sehr schnell wieder über die Glasscheiben entweicht, empfiehlt sich in jedem Fall ein Springbrunnen, der verstärkt Energie anzieht und die Luft gut befeuchtet. Auch gesunde starke Pflanzen – je mehr, desto besser – sorgen für mehr Qi-Energie, Sauerstoff und ein gutes Raumklima. Achten Sie außerdem unbedingt darauf, dass der Wintergarten nicht die Rückendeckung des Hauses schwächt. Da er vorwiegend aus Glas besteht, sollte er sich nicht in der Mitte der Hausrückseite befinden, weil die Bewohner ansonsten einen „zerbrechlichen Rücken" haben und gesundheitliche Probleme bekommen können.

Ein Wintergarten sollte auf der Vorderseite oder seitlich am Haus angebaut werden. Ein Wintergarten auf der Hausrückseite seitlich ist nicht so günstig, aber in jedem Fall vertretbarer als genau in der Mitte.

Miniaturgarten auf dem Tablett

Gerade bei einem Miniaturgarten am Fenster spielen Lichteinfall und Temperaturen eine wichtige Rolle. Lassen Sie sich bei Ihrem Gärtner oder im Gartencenter beraten, welche Pflanzen verwendet werden können. Für ein Südfenster bietet sich aufgrund der Wärmeentwicklung auch ein Zen-Garten ohne weitere Bepflanzung an.

Ein perspektivisch gebauter Miniaturgarten kann auch im Bereich eines engen inneren Mingtang des Hauses (siehe dazu Seite 49) optisch mehr Raum schaffen. Stellen Sie ein Tischchen mit dem Garten im Kleinformat gegenüber der Eingangstür oder seitlich davon auf, und beleuchten Sie es effektvoll. So erhält auch ein enger Flur mehr Tiefe.

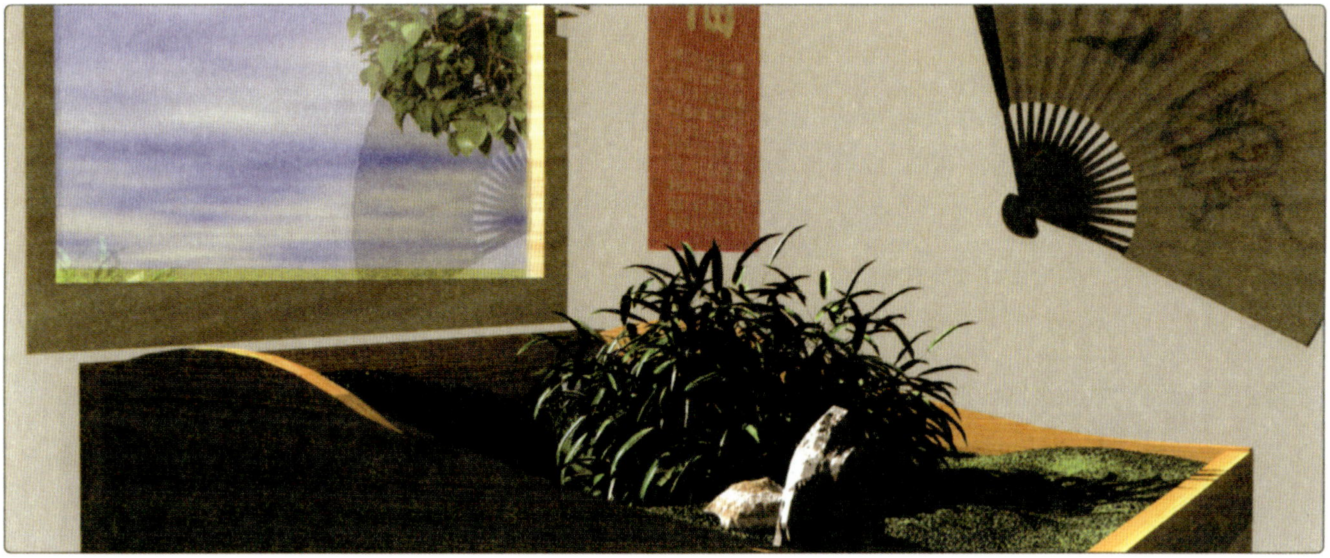

Abbildung 3.38:
Sie können den Miniaturgarten auf einem kleinen Tischchen unterhalb des Fensters oder auch direkt auf dem Fensterbrett platzieren.

Wie Sie ein Miniaturgarten Ihren Zielen näher bringt

Ein Miniaturgarten dient nicht nur zur Entspannung oder Dekoration, er kann Sie auch dabei unterstützen, Ihren Wunsch vom eigenen Haus mit Garten zu verwirklichen. Wenn Sie es bereits täglich en miniature auf dem Fensterbrett oder auf einem Tischchen betrachten können, haben Sie Ihr Ziel bereits in kleinem Maßstab auf der physischen Ebene verwirklicht und können es damit auch schneller erreichen. Kreieren Sie die Landschaft nach dem Prinzip der Fünf Tiere, und setzen Sie Ihr Traumhaus dort hinein. Mit Miniaturgebäuden und -pflanzen aus dem Modellbau ist das kein Problem.

Doch ein Miniaturgarten kann noch mehr – nämlich Sie bei der Verwirklichung Ihrer beruflichen Ziele voranbringen. Bauen Sie Ihren Miniaturgarten unter besonderer Berücksichtigung der Perspektive-Regeln aus Kapitel 2, Seite 35, und lassen Sie eine Landschaft entstehen, die beispielsweise im Hintergrund Symbole eines anderen Landes zeigt, zu dem Sie geschäftliche Verbindungen wünschen, oder die Skyline der Großstadt, in der Sie arbeiten möchten. Legen Sie im Miniaturgarten einen Weg oder eine Straße dorthin an, um Ihr Ziel bildlich zu manifestieren.

Lassen Sie Ihre Fantasie spielen, und überlegen Sie, welche zusätzliche Bedeutung Sie Ihrem Garten geben möchten. Weil die Größe keine Rolle spielt, können Sie dieses Prinzip natürlich auch auf eine größere Gartenfläche übertragen – beispielsweise kann es ein Partnerschafts- oder Familiengarten sein, der spirituelle oder religiöse Aspekte betont.

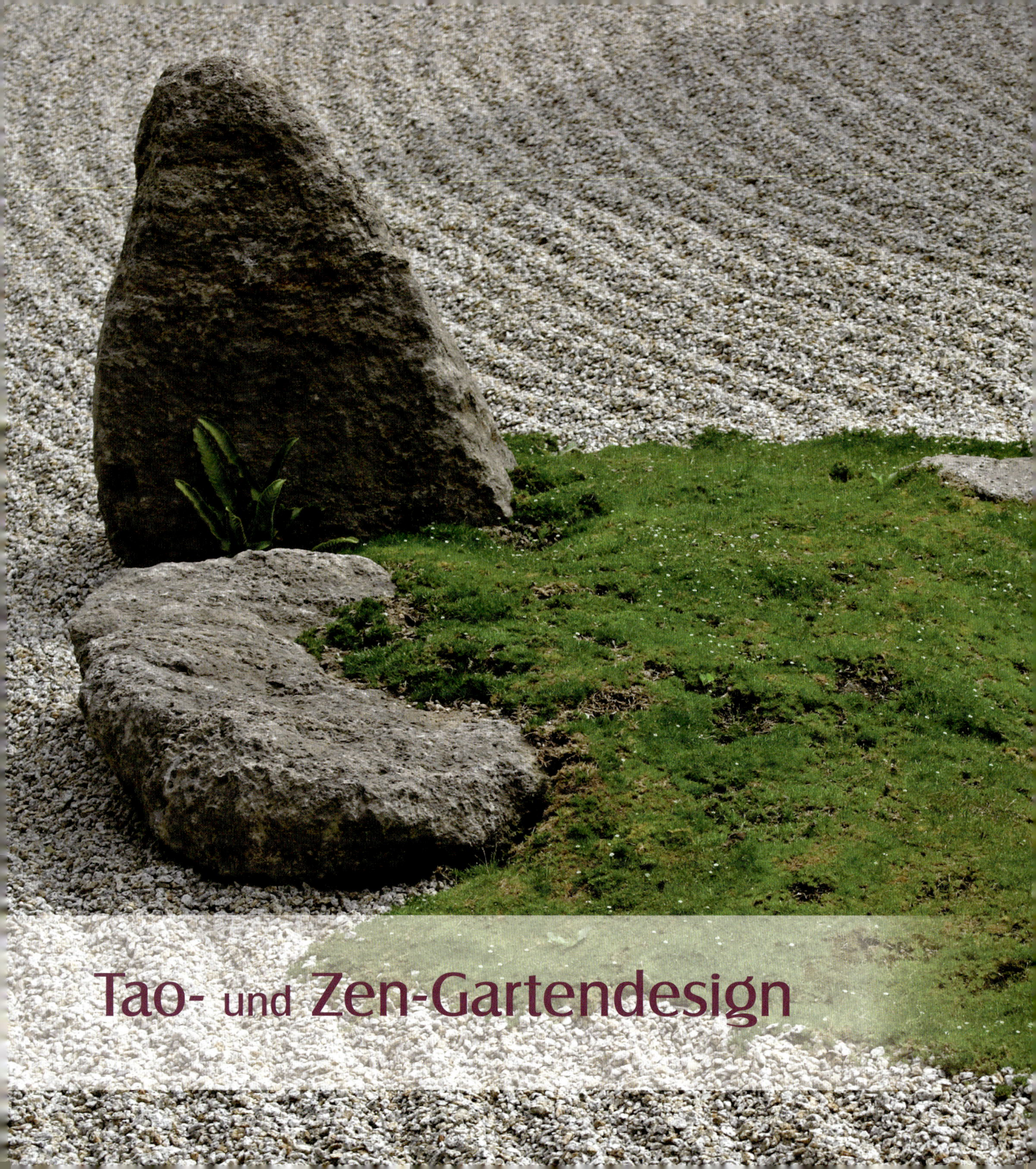

Tao- und Zen-Gartendesign

Kapitel 4

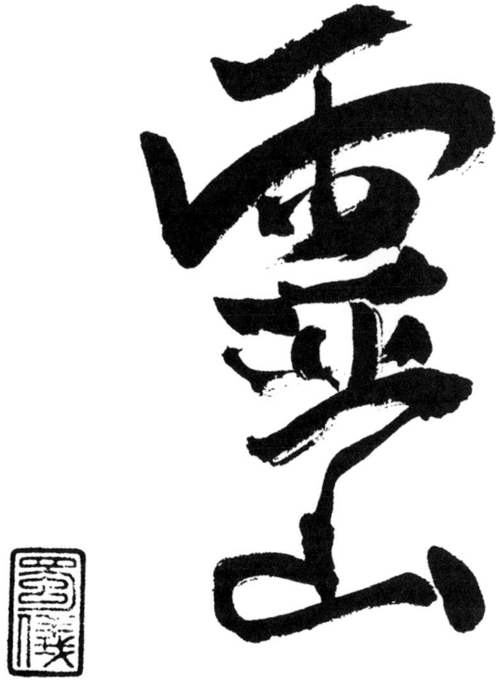

Lassen wir die Natur sich manifestieren und unser Lehrer sein.
Mit unserer Vorstellungskraft erlangen wir
Einsichten in die Struktur der Dinge.

Steine und Felsen sind die Hauptmerkmale eines Zen- oder Tao-Gartens. Doch insgesamt sollten sechs Grundelemente vorhanden sein, um Landschaften und offene Räume zu schaffen: Steine, Felsen, Pflanzen, Wasser, Kies und Sand. Jedes Detail regt die Vorstellungskraft an; die Natur offenbart sich dem Betrachter, der die unterschiedlichen Energien wahrnimmt und mit ihnen in Kommunikation treten kann.

Steine und Felsen bilden den soliden Yin-Aspekt des Gartens und stellen häufig Inseln oder Lebewesen dar. In manchen Fällen werden mehrere Steine neben- oder aufeinander gelegt, um eine Schildkröte, einen Tiger oder ein anderes Tier darzustellen.

Ein Gartenmeister fertigt meist zuerst eine Skizze an, in welche die wichtigsten Steine mit ihren besonderen Merkmalen sowie die Wegführung einge-

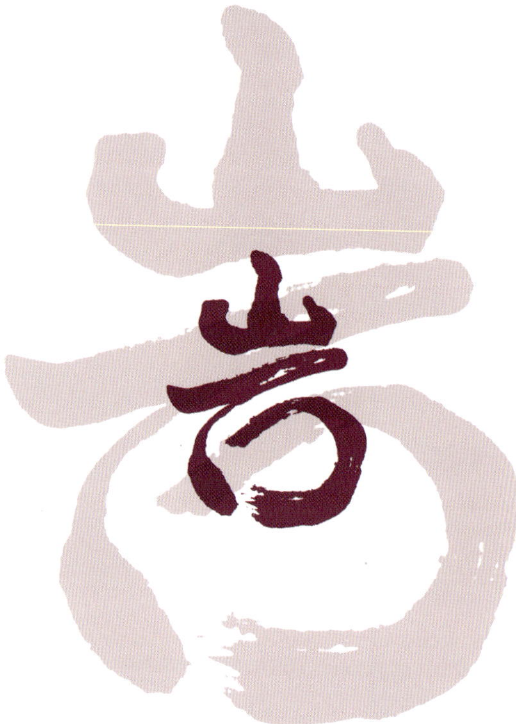

zeichnet werden. Dann geht er auf die Suche nach passenden Steinen. Er studiert die Steine in einem Fluss- oder Bachbett, er geht in die Berge oder auch in Gartengeschäfte, die entsprechende Steine anbieten. Er möchte Steine finden, die eine spezielle Form aufweisen, um beispielsweise ein spirituelles Objekt darzustellen.

Als Gartenplaner müssen Sie entscheiden: Plane ich einen Garten und suche die passenden Steine dazu oder lasse ich mich von den Steinen, die ich im Geschäft oder in der Natur finde, bei meiner Planung inspirieren?

Der Charakter der Steine

Nicht jeder Gärtner erkennt die wahren Eigenschaften eines Steines. Für die meisten Menschen sind Steine eher bedeutungslos, es sei denn, sie werden von einem erfahrenen Gärtner angeleitet, auf spezielle Formen und Merkmale aufmerksam gemacht und lernen, diese zu deuten und entsprechend einzusetzen. Sie brauchen Intuition und einen scharfen Blick, um die Hauptmerkmale – spezielle Ausbuchtungen, Einkerbungen und andere einzigartige Formen – zu erkennen. Wie kann dieser Stein interpretiert werden? Wirkt er wie ein Tier, ein Mensch, eine Götterfigur, ein Symbol für eine Land wie beispielsweise ein Pyramide oder eine Pagode? Mit Geduld und unter Anleitung eines Experten ist es jedoch sehr schnell möglich, die grundlegenden Merkmale zu erkennen und wie bei einem Menschen auch bei einem Stein den Charakter zu erfassen.

Einige Menschen sind intuitiver und sensibler in der Wahrnehmung, während andere mehr Anleitung und Praxis benötigen, um passende Steine für den Garten auszusuchen. Es ist sicherlich eine sehr interessante und lohnenswerte Aufgabe und vielleicht sogar eine Geschäftsidee für Sie, Steine mit Charakter und starker Symbolwirkung zu finden. Ein Stein, der irgendwo im Flussbett liegt, ist nicht unbedingt viel wert. Nachdem er aber gezielt in einem Zen- oder Tao-Garten platziert wurde und einen Namen erhalten hat, kann er sehr wertvoll werden. Einer meiner Schüler verkaufte einen drei Meter hohen Felsbrocken für 350 000 Dollar an ein Unternehmen. Ein anderer Schüler wurde in den süddeutschen Alpen fündig. Er fragte einen Bauern, was der für einen zentnerschweren Stein haben wollte, der sich auf seinem Grundstück befand. Der kostenlos abtransportierte Stein wurde zum „Buddha in Meditation" und erzielte einen Preis von 100 000 Dollar. Der Besitzer des Gartengeschäfts, der ihn erworben hatte, stellte diesen einzigartigen Stein im

Tao-Garten eines Geschäftsmannes auf, der wiederum 300 000 Dollar dafür zahlte.

Gesichter von Steinen

Wenn man in einer natürlichen Umgebung Steine betrachtet, wirken viele auf den ersten Blick gleich. Doch die alten Gartenmeister sagen, dass jeder Naturstein sechs bis zehn „Gesichter" beziehungsweise spezielle Oberflächen hat, die interpretiert werden können. Aus diesen Gesichtern wählt man das prominenteste aus. Der Stein wird dann so gesetzt, dass unschöne Seiten mit Rissen oder Brüchen entweder nach unten zeigen oder von anderen Steinen, Pflanzen oder Moos verdeckt werden.

Von nun an werden Sie Steine in der Natur wahrscheinlich aus einem ganz anderen Blickwinkel betrachten. Ein Stein ist nicht mehr einfach nur ein Stein. Er wird lebendig, je nach dem, wie wir ihn betrachten und wie fantasievoll wir sind.

Die Harmonisierung von Steinen

Im Vergleich zu naturbelassenen Steinen sind bearbeitete Exemplare im Tao- und Zen-Garten nicht sehr beliebt. Denn wenn die natürlichen Oberflächen und Adern im Gestein behauen oder beschnitten werden, können an den Kanten aggressive, angreifende Energien entstehen. Und diese Schwingungen werden natürlich die Stille und die harmonische Atmosphäre in einem Garten erheblich beeinträchtigen.

Abbildung 4.1:
Ein Stein von drei Seiten betrachtet: a) Er wirkt wie ein menschlicher Kopf. b) Er sieht aus wie eine verschleierte Person. c) Er wirkt wie ein alter buckliger Mann, der sich nach vorn lehnt.

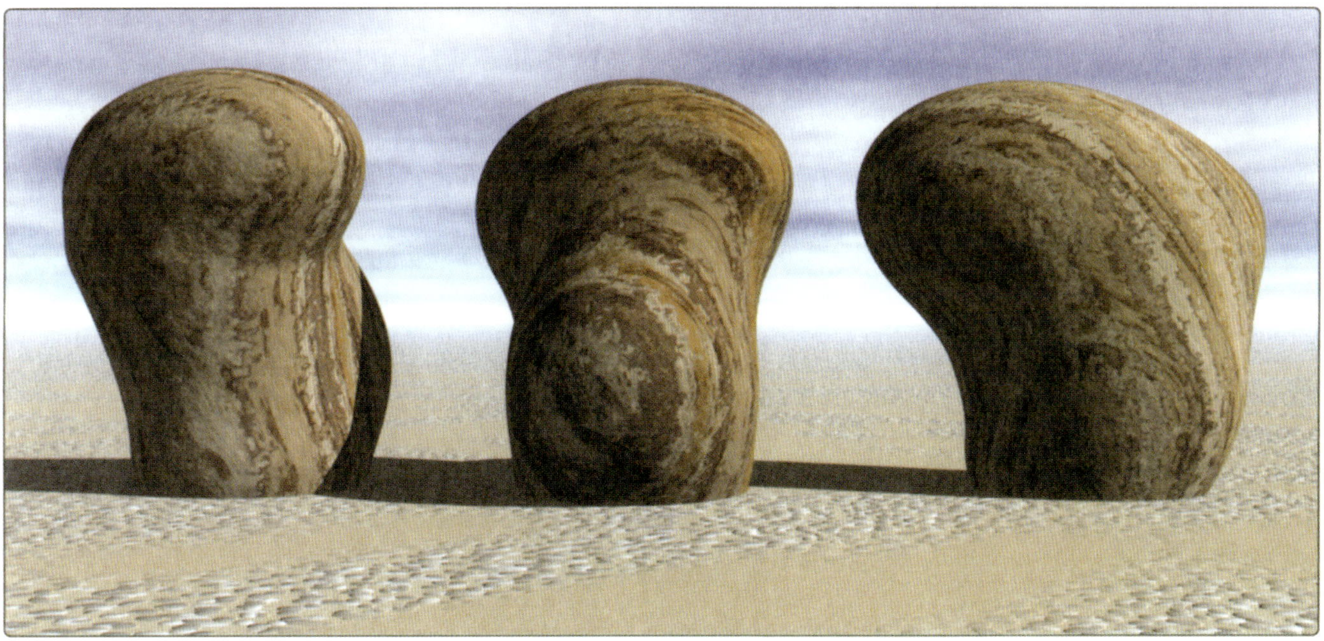

Erhabene Steine

wurden von dem Garten Gen Yu hierher versetzt.

Viele Gedanken wandern,
wenn man Spuren von tausend Jahren betrachtet.

Über den Abgrund neigen sich Schlangenhautkiefern,
grün und üppig.

Wie ein Phönixschwanz
tanzen frische Bambusblätter im Fensterrahmen.

Wer kann sich vor der Freude
an diesem wundervollen Ausblick schützen?

Aus einem Gedicht des Kaisers Chenglung (Ming-Dynastie)

Abbildung 4.2:
Ein Stein mit Tierform: a) Von der Seite gesehen sieht dieser Stein aus wie eine Schnecke. b) Von vorn wirkt er wie eine schlafende Ratte.

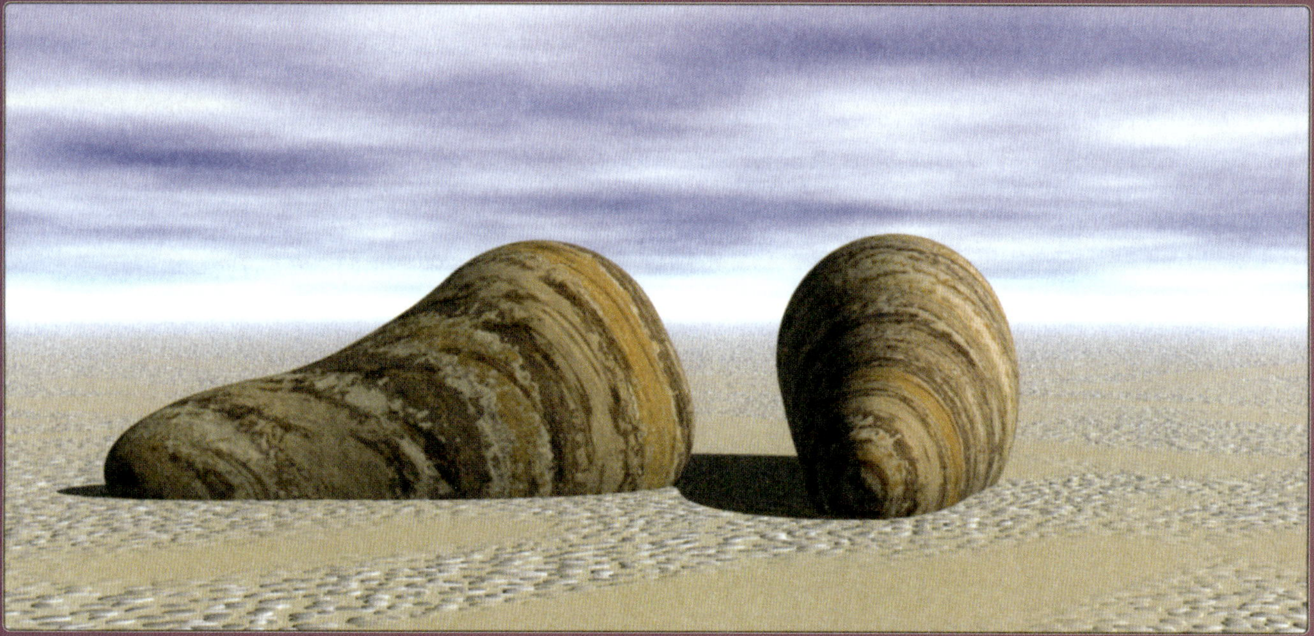

Behauene Steine dürfen Sie trotzdem verwenden, wenn Sie deren aggressive Energie zuvor harmonisieren. Die hierbei verwendete Technik der Lithopunktur ähnelt in gewisser Weise der Akupunktur am menschlichen Körper. Während der menschliche Körper ein viel komplexeres System ist, sind Steine im Verhältnis recht einfach zu behandeln. Bestimmte Punkte am Stein werden mit einer speziellen Technik angeschlagen, um ihn in eine harmonische Schwingung zu versetzen. In einem Buch ist diese Vorgehensweise schwer zu beschreiben, sie kann nur in der Praxis vermittelt werden. Die veränderte Ausstrahlung der harmonisierten Steine ist sehr eindrucksvoll, besonders auch, da jeder Stein individuell auf die Lithopunktur „reagiert". In meinen Gartenkursen unterrichte ich diese Technik, und meine Schüler beherrschen sie bereits innerhalb von zwei Tagen recht gut. Aber auch hier gilt, dass Übung den Meister macht. Je mehr Steine Sie sehen und spüren lernen, desto leichter fällt Ihnen die Harmonisierung. Wenn Sie keine Gelegenheit haben, diese Technik selbst bei einem Gartenmeister zu erlernen, können Sie natürlich alternativ auch einen versierten Feng-Shui-Spezialisten konsultieren, der die Steine in Ihrem Garten entsprechend behandelt.

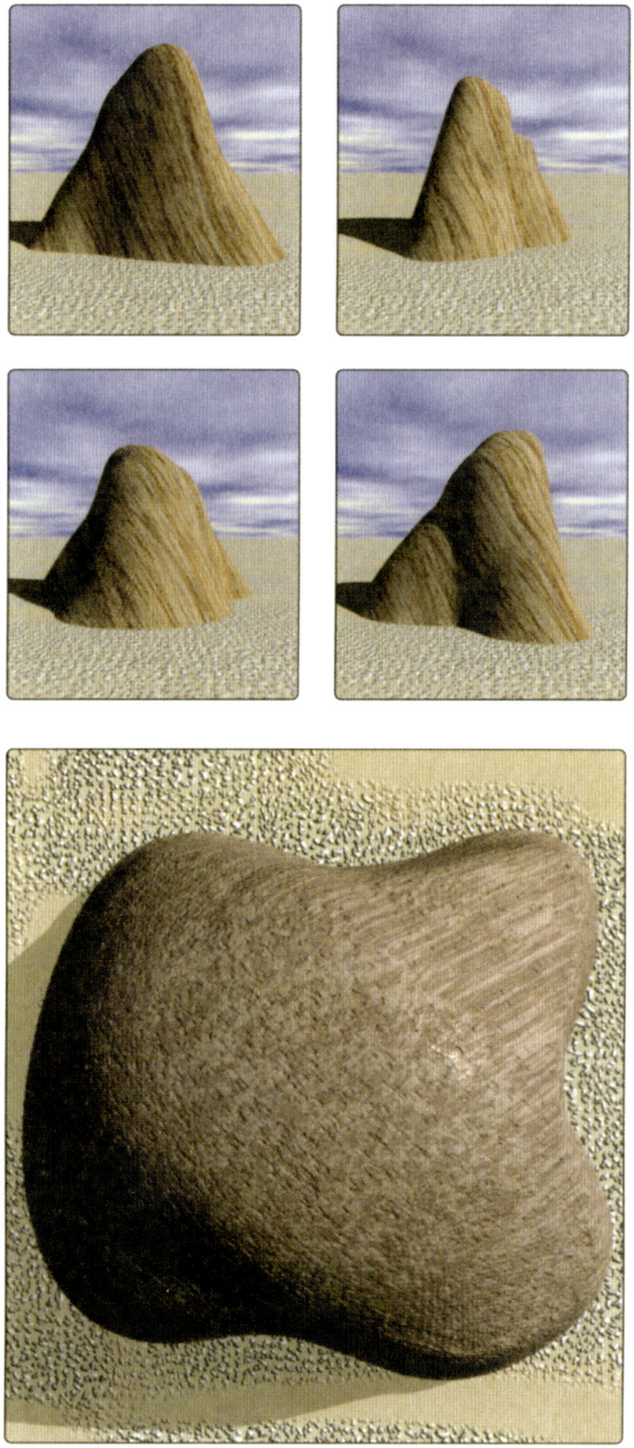

Abbildung 4.3:
Die „Gesichter" eines Steins: Dieser Stein hat von der Seite her betrachtet mindestens vier auffällige Gesichter. Von oben betrachtet könnte man ihn als „schwimmende Schildkröte" interpretieren.

Die Auswahl der Hauptsteine

Die Steine, auf denen das Hauptaugenmerk liegt, weil sie an zentralen Stellen – wie dem Herz-, Yin- oder Yang-Punkt – im Garten platziert werden, müssen sorgfältig ausgewählt werden. Sie können in einem Steinbruch, in den Bergen oder an einem Bach fündig werden. Denken Sie unbedingt daran, dass, um den Transport zu vereinfachen, die Fundstelle sich möglichst in der Nähe einer Straße befinden sollte. Wenn Sie Steine in freier Natur finden, sollten Sie vor dem Abtransport den Bauern oder Landbesitzer kontaktieren und um Erlaubnis fragen.

Oft ist es schwierig, Steine in der richtigen Größe, Form und Farbe zu finden. Um für Abwechslung zu sorgen, wählen Sie nicht nur runde Steine aus, sondern auch Steine, die unregelmäßig geformt, gewölbt sind oder Vertiefungen aufweisen.

Steinfarben

Suchen Sie vor allem auch helle Steine in Weiß, Gelb-, Rot- oder Orangetönen, in hellem Grün oder Braun aus, denn sie bringen mehr Farbe in den Garten, was besonders in den Wintermonaten das Auge des Betrachters erfreut.

Farbige Steine zu betrachten regt die Kreativität und Intuition an. In japanischen Zen-Gärten werden häufig ausschließlich graue oder schwarze Steine verwendet. Steine in dunklen Farben wirken jedoch statischer, düsterer und sind in einem modernen Garten ästhetisch weniger ansprechend. Daher braucht auch ein zeitgemäßer Zen-Garten mehr belebende Farbe, um weder Langeweile noch Monotonie aufkommen zu lassen.

Sie können in Ihrem Garten verschiedenfarbige Steine miteinander kombinieren, um bestimmte Effekte zu erzielen. Wenn beispielsweise ein „trockener Wasserfall“ oder ein männliches oder weibliches Symbol dargestellt werden sollen, können Sie Steine in unterschiedlichen Farben verwenden. Und Wege, die aus verschiedenfarbigen Trittsteinen oder Steinplatten angelegt werden, stimulieren im wahrsten Sinne des Wortes im Vorübergehen Auge und Geist.

Steinarten

Granit oder andere Gesteinsarten, die Quarz oder Feldspat enthalten, sind für den Tao- oder Zen-Garten in jedem Fall zu bevorzugen, weil sie mehr Energie aus der Erde und der Umgebung absorbieren. Wenn diese Steine aktiviert werden, wird die Energie im gesamten Garten aktiver und positiver. Auch Marmor ist akzeptabel. Von Sandstein ist dagegen abzuraten, weil er leichter verwittert, brüchiger ist und weniger positive Energie abgibt. Manche Steinarten sind von sehr breiten „Adern“ durchzogen. Achten Sie darauf, dass diese Adern positiv wirken und nicht an einen Riss oder eine Wunde erinnern.

Steingeister

Wenn Sie einen Stein in freier Natur finden, nehmen Sie sich etwas mehr Zeit, und lassen Sie sich auf ihn ein. Stehen oder hocken Sie in einiger Entfernung, und betrachten Sie den Stein mehrere Minuten lang von einer Seite. Wechseln Sie dann mehrfach die Perspektive, und betrachten Sie den Stein erneut. Manchmal kommt Ihnen vielleicht ganz spontan ein Begriff (zum Beispiel Schildkröten- oder Tigerstein) in den Sinn.

Seien Sie nicht erstaunt, wenn ein Stein Sie anlächelt. Viele Landschaftsplaner und Gärtner, die in der Natur unterwegs sind, haben schon überrascht festgestellt, dass ein scheinbar lebloser Stein mit ihnen zu reden versuchte oder über ein Lächeln plötzlich mit ihnen in Kontakt trat.

Was diese Menschen wahrnahmen, waren Naturgeister von Pflanzen, Blumen oder kleinen Tieren, die sich in der Nähe oder direkt auf einem Stein aufhielten und durch die Ausstrahlung des Steines wahrgenommen werden konnten.

Manchmal sind Steine auch von Geistern des Landes besetzt. In alter Zeit war das fast jedermann bekannt, und aus diesem Grund wurden Steingeister in den meisten früheren Kulturen verehrt und für Frieden, Glück und eine gute Ernte angerufen. Auch ein Stein, der in Ihren Garten ganz bewusst platziert wurde, kann nach einiger Zeit eine starke „Persönlichkeit“ und Ausstrahlung entwickeln.

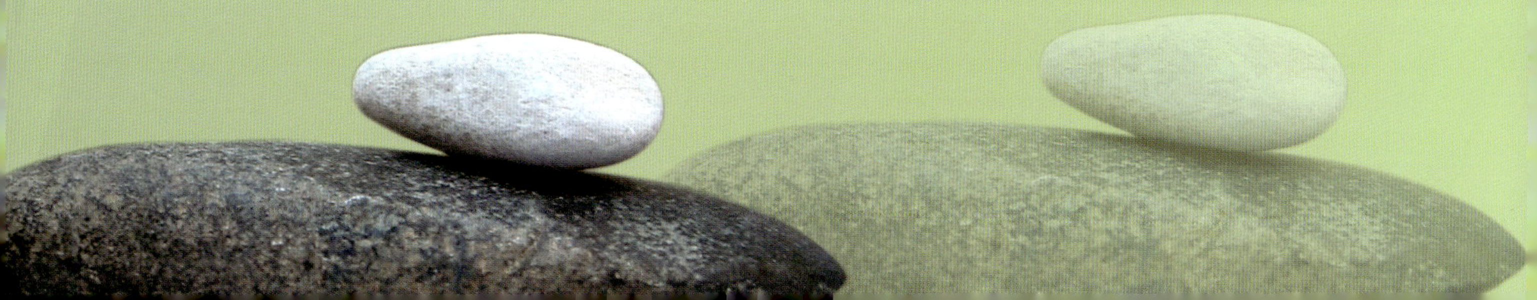

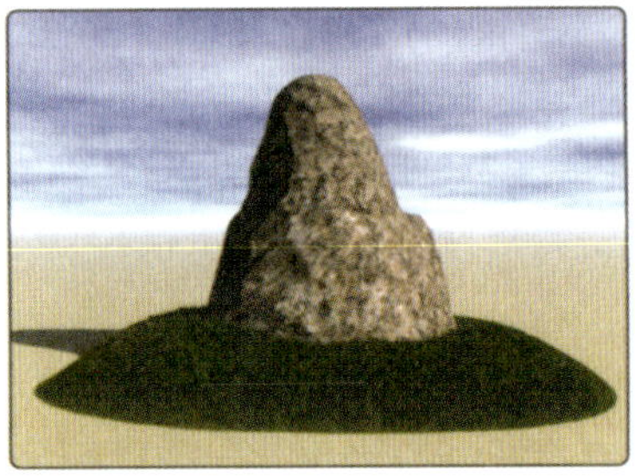

Abbildung 4.4:
Aufrechter Stein

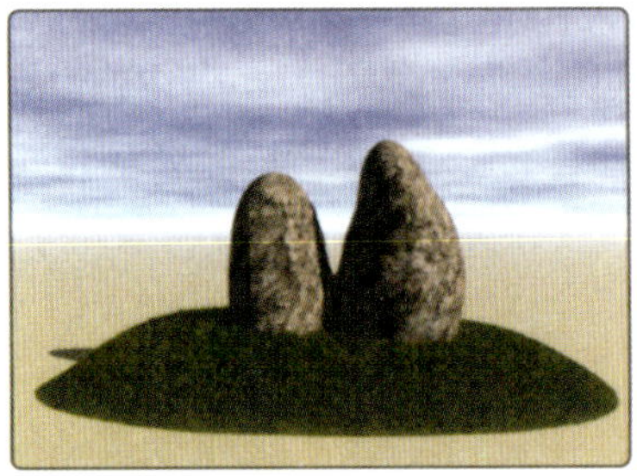

Abbildung 4.6:
Verzweigter Stein

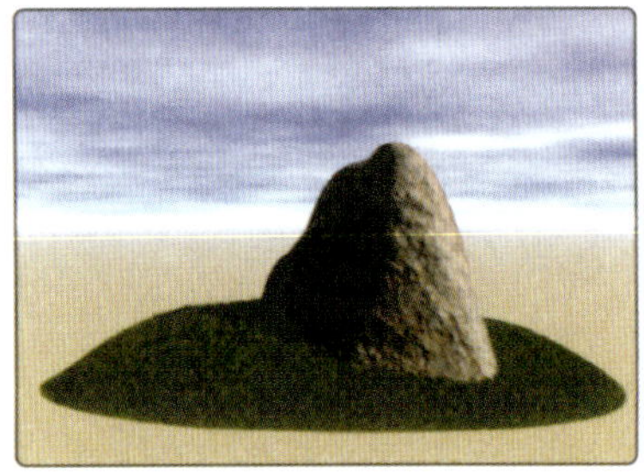

Abbildung 4.8:
Stein in Form eines Gebirgskamms

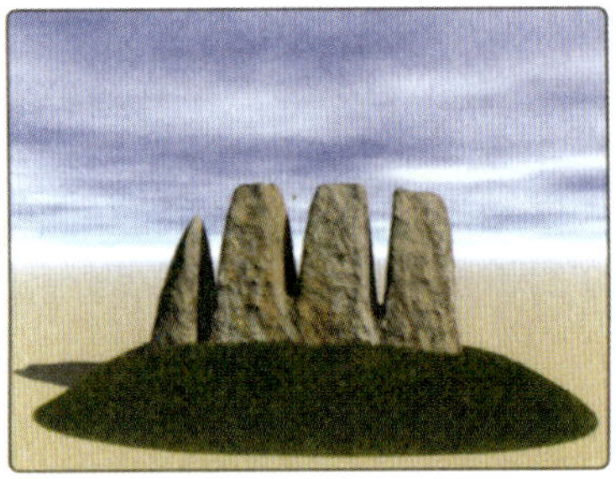

Abbildung 4.5:
Gespaltener Stein

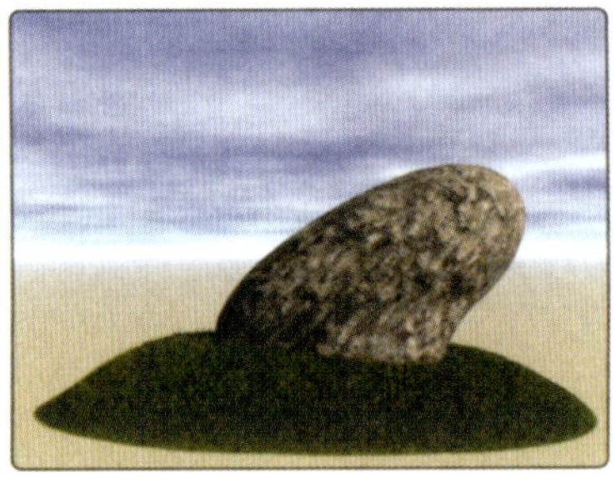

Abbildung 4.7:
Schräg stehender Stein

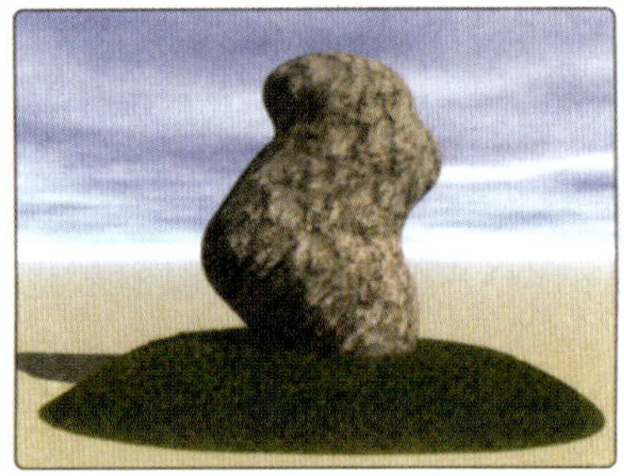

Abbildung 4.9:
Stein mit speziellen Merkmalen

Negative Energie von Steinen

Steine mit natürlichen Rissen und Sprüngen, die nicht auf eine Beschädigung zurückzuführen sind, können verwendet werden. Ein Riss sollte sich aber nicht über mehr als ein Drittel der Steinoberfläche ziehen, weil sonst zu viel negative Energie entstehen kann. Steine mit glatterer Oberfläche oder verwitterte Steine, die alt wirken und mit Moss bedeckt sind, sind grundsätzlich zu bevorzugen.

Steine, die frisch aus dem Steinbruch kommen, sind weder für das Haus noch für den Garten geeignet, wenn sie nicht mithilfe der Lithopunktur-Technik harmonisiert werden. Scharfe Kanten und gebrochene Oberflächen wirken wie eine blutende Wunde, die sehr starke aggressive Energien und „Klänge" auf der feinstofflichen Ebene abgibt. Diese werden von den Pflanzen im Garten aufgenommen und sorgen für eine schlechte und unharmonische Atmosphäre.

Wenn die Spitze eines Steines mehr als sechs Zentimeter steil aufragt, geht eine angreifende Energie von ihr aus. Des Weiteren entsteht eine starke Energiebewegung nach oben, die bewirkt, dass wertvolle Erdenergien unterhalb des Steins nach oben abgezogen werden. Langfristig wird damit die Vitalenergie des Gartens beeinträchtigt. Nur in besonderen Fällen wird eine Steinform mit Spitzen von mehr als 30 Zentimetern Länge eingesetzt, um negative Erdenergie abzuziehen, die im Bereich einer Erdverwerfung, alter Opferplätze oder Begräbnisstätten entsteht.

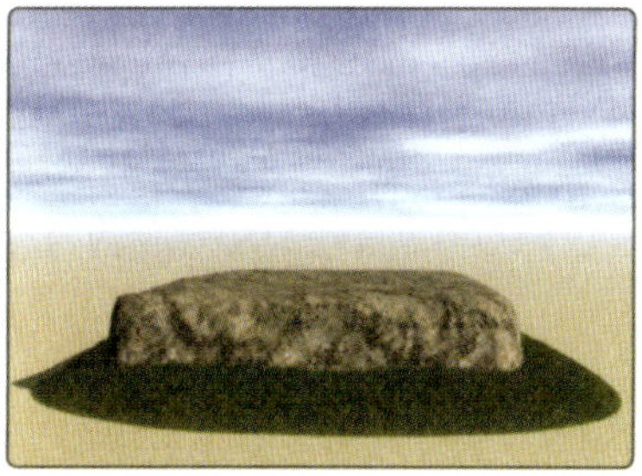

Abbildung 4.10:
Horizontaler Stein mit ebener Oberfläche

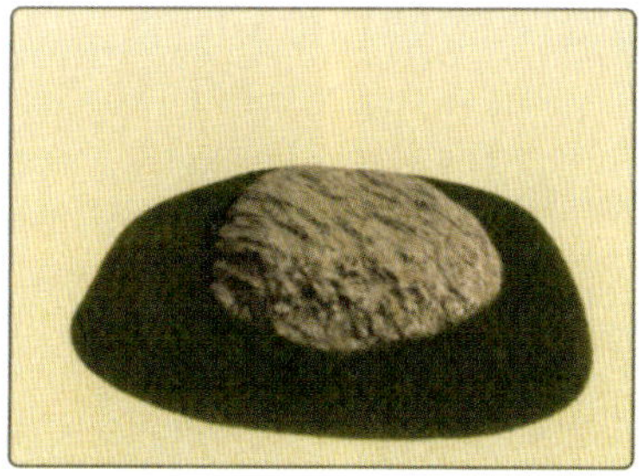

Abbildung 4.12:
Plateau-Stein – ein runder Stein, der oben abgeflacht ist

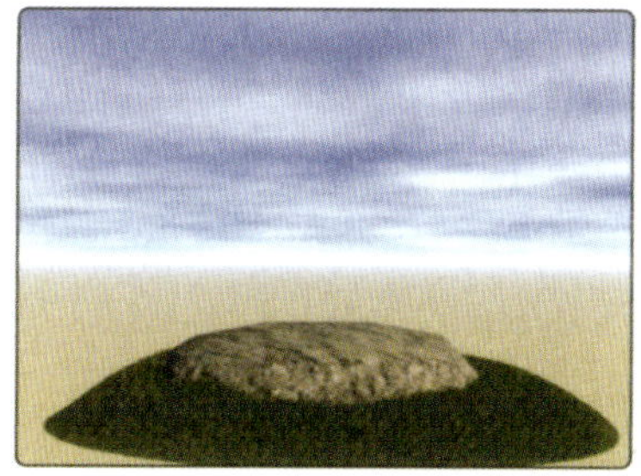

Abbildung 4.13:
Flacher Stein

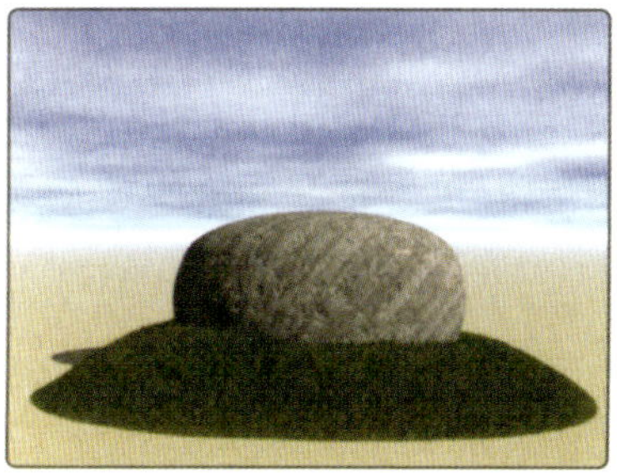

Abbildung 4.11:
Ovaler Stein

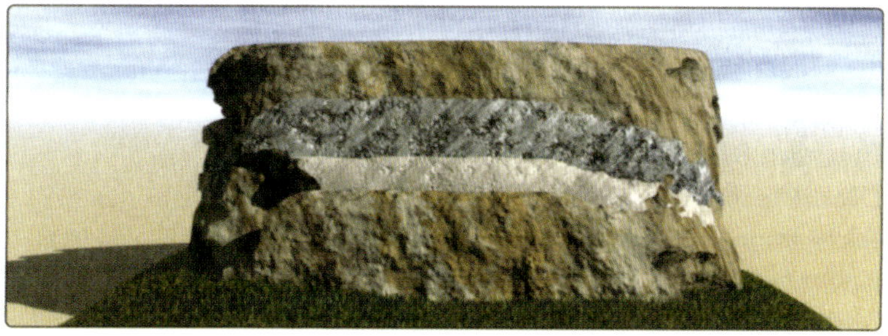

Abbildung 4.14:
Stein mit Schichtstruktur

Kategorien von funktionalen Steinen

Jeder Stein verfügt über eine einzigartige Form und einen individuellen Charakter. Je nach Beschaffenheit, Gesteinsart und Fundort besitzt er eine besondere Schwingung und Ausstrahlung. Sogar zwei Steine derselben Herkunft können ganz unterschiedliche Qualitäten aufweisen. Vielleicht rollten beide einmal, ausgelöst durch eine Erderschütterung, den Berg hinab, der eine fiel in einem Fluss und wurde vom Wasser nach und nach glatt geschliffen, während der andere am Hang liegen blieb und der Witterung wie Regen, Schnee, Sonne und Wind ausgesetzt war. Dieser hat eine ruhigere Energie, während der andere die Wasserbewegung gespeichert hat. Nach über 200 Jahren sind diese beiden Steine stark von ihrer unmittelbaren Umgebung geformt und energetisch geprägt worden und haben eine ganz unterschiedliche individuelle Ausstrahlung.

Steine, die in freier Natur – ob am Flussufer, im Wald oder in den Bergen – gefunden werden, können nach Form und Aussehen allgemein in unterschiedliche Kategorien eingeteilt werden, z. B. aufrechter Stein, schräg stehender Stein, flacher Stein, geschichteter Stein, Stein in Bergform usw. Diese Klassifikationen erleichtern die Kommunikation zwischen Schüler und Gartenmeister.

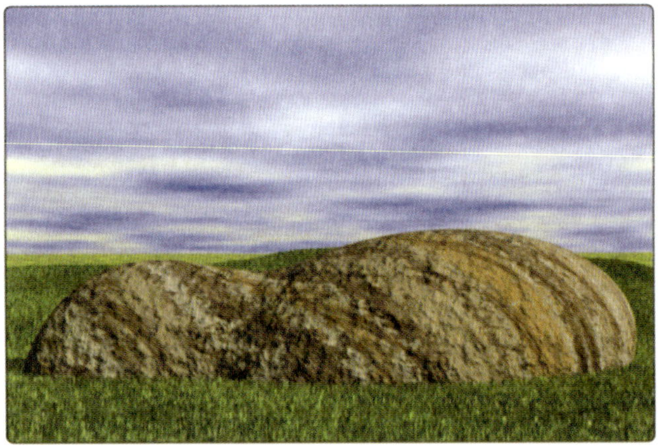

Abbildung 4.15:
Ein schlafender Elefant von der Seite betrachtet

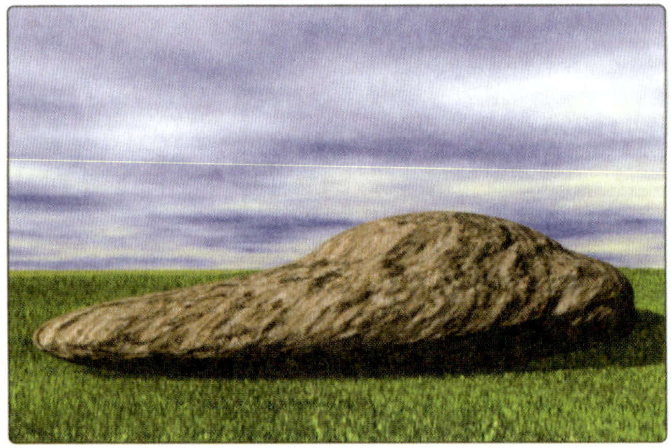

Abbildung 4.16:
Ein schwimmender Delfin

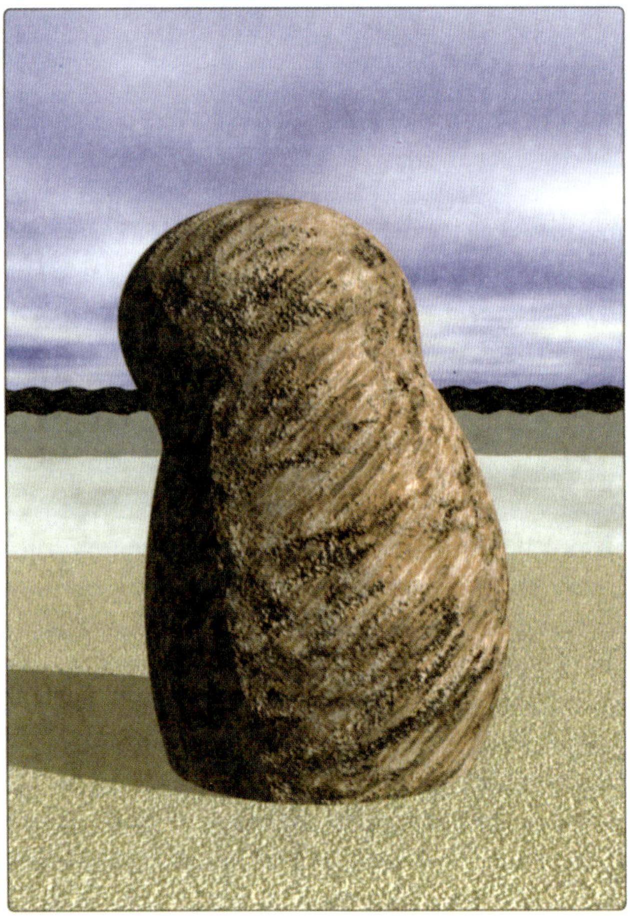

Einzelne Steine

Die einfachste Möglichkeit, in Ihrem Garten Akzente zu setzen, besteht in einem einzelnen, schön geformten Stein. Er kann als „Charakterstein" eingesetzt werden, der als Blickfang dient und auch in die Nähe der Haustür passt. Stellen Sie jedoch niemals einen Stein in direkter Linie zur Eingangstür auf, weil er die Qi-Energie blockieren und auf einer energetischen Ebene die Tür angreifen würde.

Ein einzelner Stein kann symbolisch wie eine Insel wirken. Hat er einen starken Charakter, könnte er als Zen-Meister in tiefer Meditation betrachtet werden, Doch auch Steine in Tierform sind sehr beliebt. In chinesischen Gärten treffen Sie besonders oft auf Steine, die die Form einer Schildkröte, eines Elefanten, einer Robbe, eines Fischs, Delfins oder Tigers besitzen. Besitzt ein isoliert stehender Stein aber keine so starke Ausstrahlung, kann er auch einsam und traurig wirken und Unbeständigkeit symbolisieren. Daher sind Steingruppen in der Regel vorzuziehen.

Abbildung 4.17:
Ein schlichter, hoher, aufrechter Stein, der im Zen-Stil von grobem Sand umgeben ist, wirkt wie eine majestätische Insel oder eine elegante Person, die in Kontemplation dasteht.

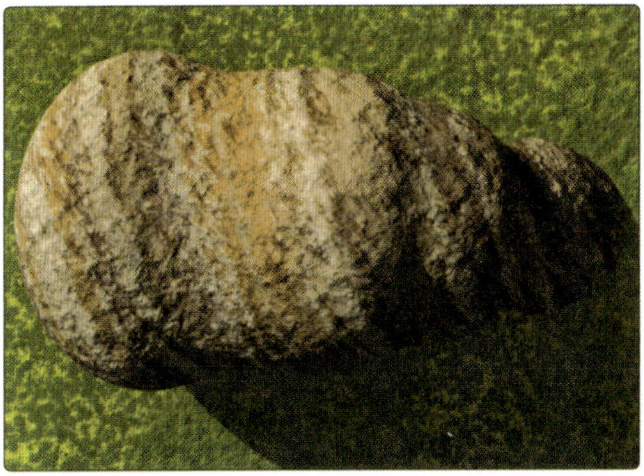

Abbildung 4.18:
Ein schlafender Elefant von oben betrachtet

Steingruppen

Gerade wenn ein einzelner Stein nicht genug Charakter besitzt oder in der gewünschten Form nicht zu finden ist, ist eine Steingruppe eine gute Alternative, denn sie lässt eine gewisse Dynamik entstehen. In der fernöstlichen Gartentradition repräsentieren in bestimmter Weise gruppierte Steine nicht nur Menschen- und Tierfamilien, sondern auch Götter und Elfen. Oft werden Steine so angeordnet, dass sie eine Schildkröte oder einen Kranich darstellen, weil dies besondere Glückssymbole sind.

Für eine Gruppe wird meist eine ungerade Anzahl von Steinen verwendet. Traditionell werden Steine in Gruppen zu 5 – 7 – 15 angeordnet. Es können auch Gruppen von 3 – 5 – 8 Steinen miteinander kombiniert werden, dieses Zahlenmuster folgt der Anzahl von Blütenblättern in der Natur. Von einer Gruppe mit vier Steinen ist abzuraten, weil die Zahl Vier im Chinesischen für etwas Abgeschlossenes – Ende oder Tod – steht.

Die Anordnung und Ausrichtung von Steinen

Wenn ein Hauptstein oder auch eine Anordnung von mehreren Steinen ein Tier darstellen soll, sollte dessen „Maul" oder „Gesicht" zur Sonne hin nach Osten, Südosten oder Süden ausgerichtet sein.

Die Schildkröte ist in der fernöstlichen Gartenkultur ein beliebtes Symbol, weil sie Langlebigkeit und Stabilität symbolisiert. Steht sie im Mittelpunkt einer Steinformation, sollte ihr Kopf nach Süden und ihr Schwanz nach Norden ausgerichtet sein, um symbolisch einen Berg oder eine Rückendeckung für das Haus zu schaffen (vergleiche auch „Die Formation der Fünf Tiere", Seite 46).

Häufig versuchen unerfahrene Gärtner, eine Schildkröte – oder andere Tiere – aus mehreren großen Steinen zusammenzusetzen und legen einen großen Stein auf den zentralen „Schildkrötenstein", um den Partner darzustellen. Das Tier wird aber von dieser Last buchstäblich erdrückt. Daher ist es besser, einen einzelnen Stein zu finden, der einer vollständigen Schildkrötenform möglichst nahekommt. Alternativ können auf einem Basisstein auch einige Kiesel aufgehäuft werden, um einen gewölbten Panzer nachzuempfinden. Wenn Sie einen Stein verwenden, der ein Lebewesen symbolisiert, sollten Sie ebenso darauf achten, keinen zu spitzen Stein auf einem anderen zu platzieren, weil er das dargestellte Tier verletzen würde.

Die folgenden Beispiele zeigen Steinanordnungen, die jeweils eine Schildkröte in unterschiedlichen Situationen und Perspektiven zeigen. Natürlich können Sie mit ein wenig Fantasie alle möglichen Tiere nachbilden.

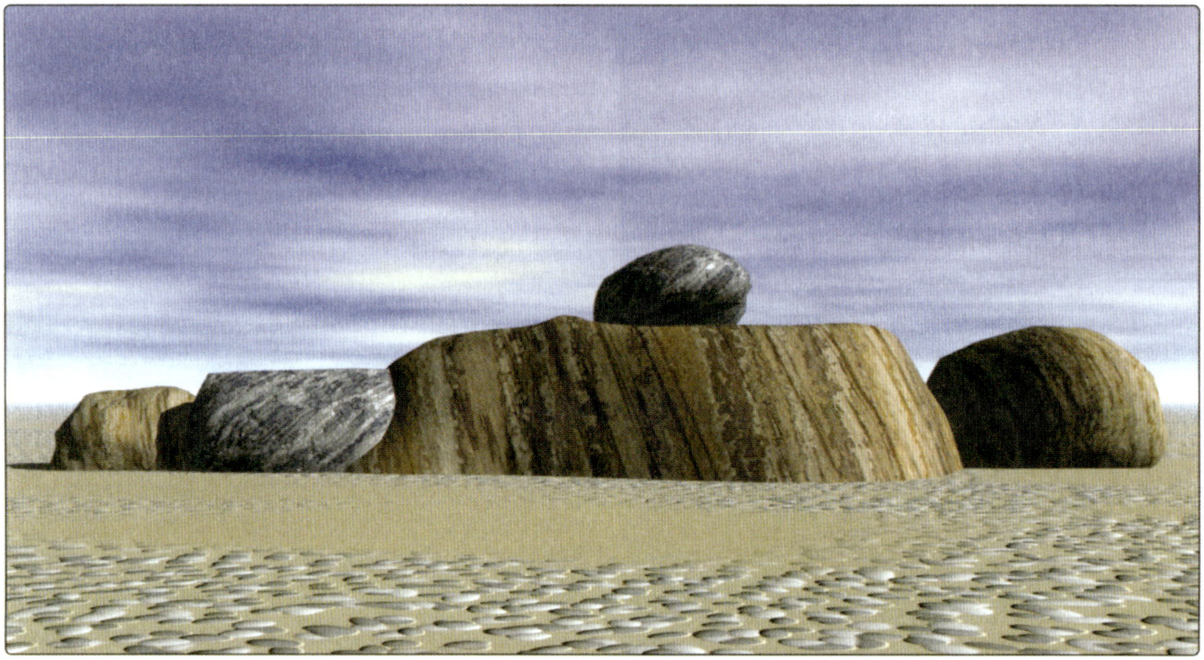

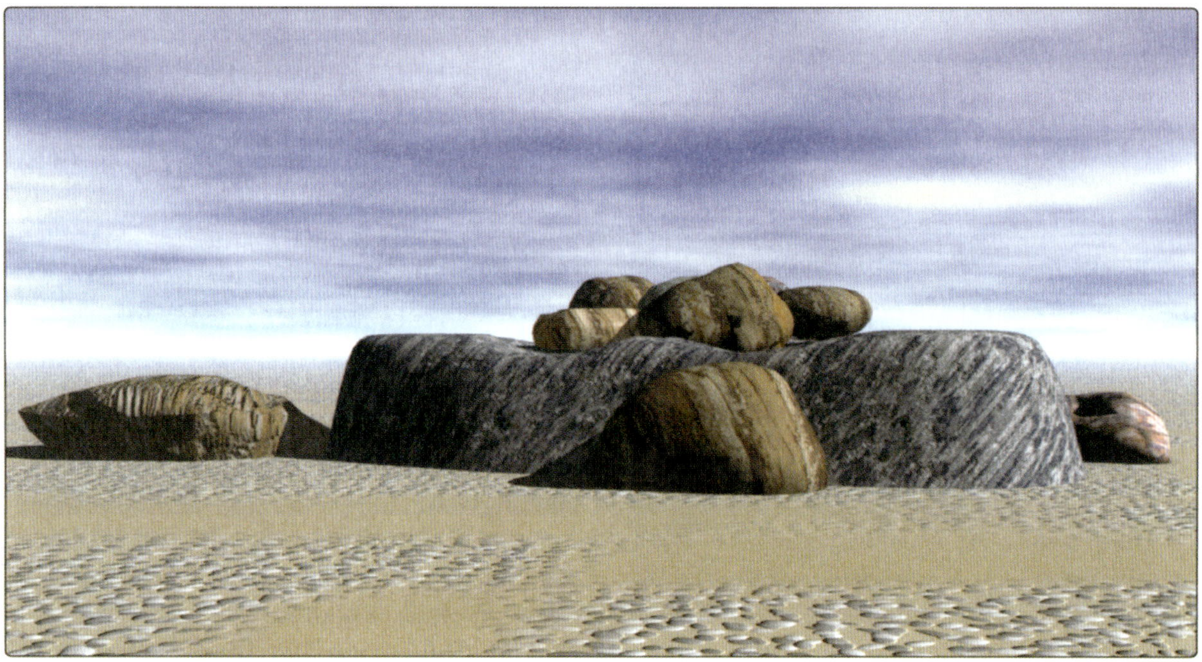

Abbildung 4.19:
Eine ruhende Schildkröte aus Stein kann auch ein zusätzliches Symbol für die Rückendeckung sein. Verwenden Sie auf keinen Fall eine „schwimmende Schildkröte“ als Rückendeckungssymbol hinter dem Haus, weil diese für Bewegung und Instabilität steht.

Abbildung 4.20:
Eine schwimmende Schildkröte von der Seite betrachtet

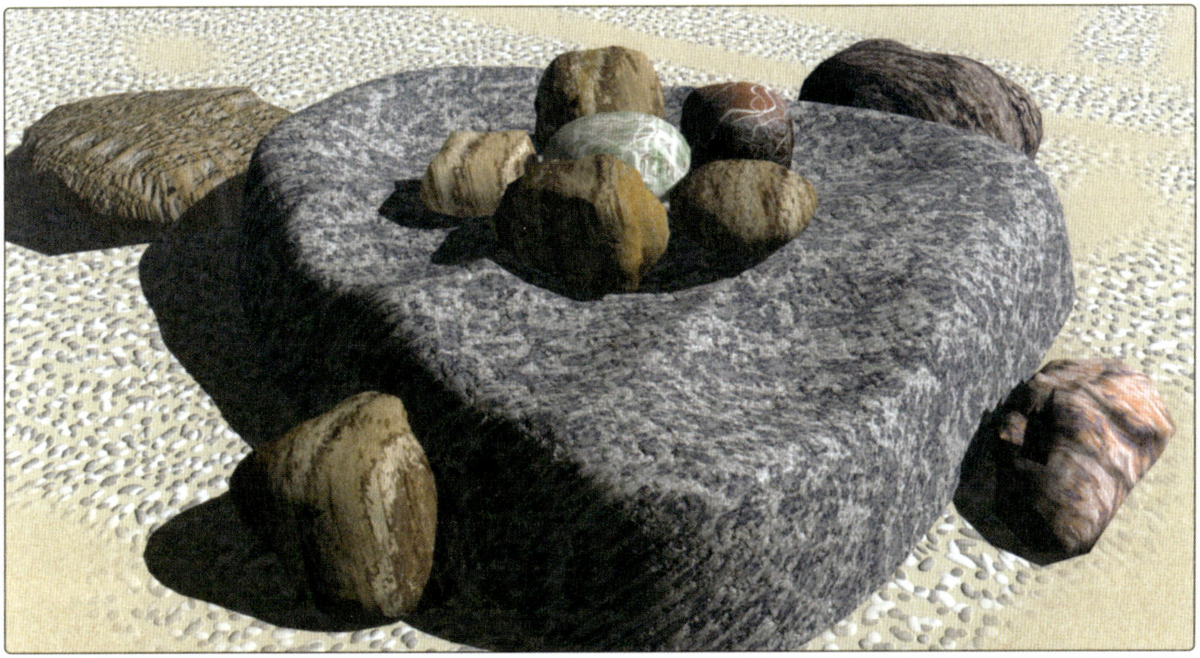

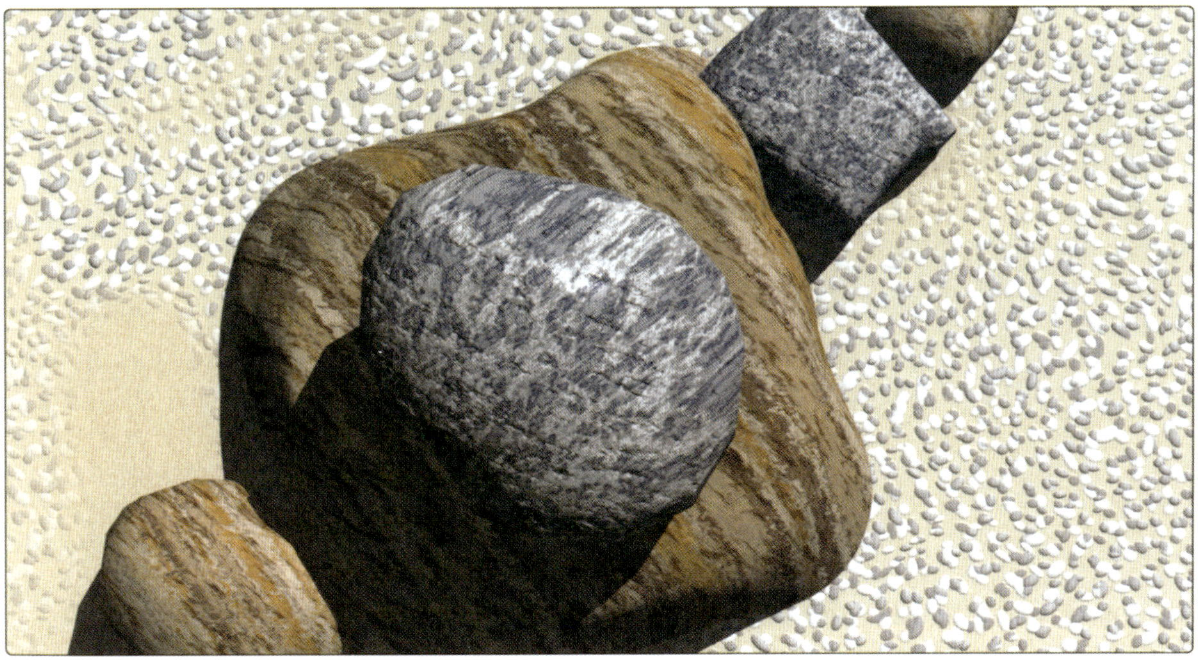

Abbildung 4.21:
Eine schwimmende Schildkröte von oben betrachtet. Kleine Steine auf dem Panzer bilden dabei die typische Zeichnung des Tiers.

Abbildung 4.22:
Eine „tote" Schildkröte von oben betrachtet. Der einzelne oben aufgesetzte Stein, der den Panzer darstellt, ist zu groß. So wird ihr lebendiges Qi zerstört.

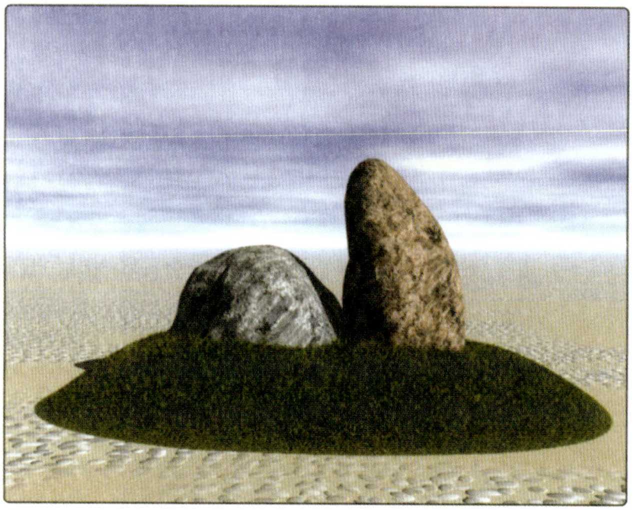

Abbildung 4.23:
Ein frisch vermähltes Paar

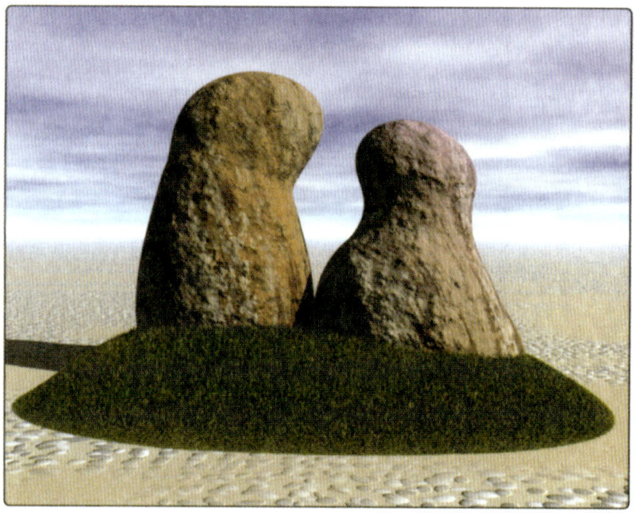

Abbildung 4.24:
Symbol der Fruchtbarkeit: ein Mann und seine schwangere Frau

Das Yin und Yang der Steinkombinationen

Das Prinzip von Yin und Yang haben Sie bereits im Kapitel 2 „Prinzipien der taoistischen Gartengestaltung" kennengelernt. Hier wird es auf Gruppen von Steinen angewendet. Dabei sollte der Yang-Stein grundsätzlich ein Drittel größer und dicker als der Yin-Stein sein, um eine gewisse Spannung und Balance herzustellen. So können zwei Steine ein glückliches Paar und eine harmonische Partnerschaft repräsentieren.

Eine Gruppe aus drei Steinen wirkt jedoch noch dynamischer und kann dem Paar eine erweiternde Dimension hinzufügen. Bei einer Gruppe von drei oder mehr Steinen kann der Yin-Stein im Verhältnis zum Yang-Stein sogar um die Hälfte kleiner sein, wenn das Bild von einer Mutter mit Kindern oder einem Tier mit Jungen dargestellt werden soll. Die folgenden Abbildungen zeigen Ihnen Beispiele für das Yin und Yang der Steine. Betrachten Sie die einzelnen Konstellationen genau, und versuchen Sie, die Yin- und Yang-Merkmale zu entdecken, die das Thema der jeweiligen Gruppe widerspiegeln. Beachten Sie dabei auch, dass die Verwendung einer geraden Anzahl von Steinen der Gruppe eine Yin-Qualität verleiht, während eine ungerade Anzahl von Steinen eine weitere Yang-Qualität hinzufügt.

Das Yin und Yang der Steine

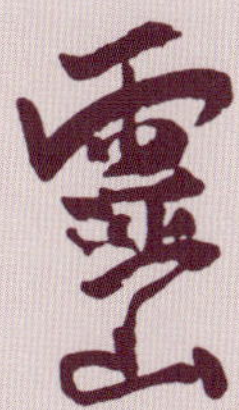

Yin – Yang
klein – groß
gerundet – spitz
glatt – rau
ruhig – energetisch
liegend – aufrecht
Frau – Mann
Stein – Pflanze
Stein – Wasser
gerade Anzahl – ungerade Anzahl

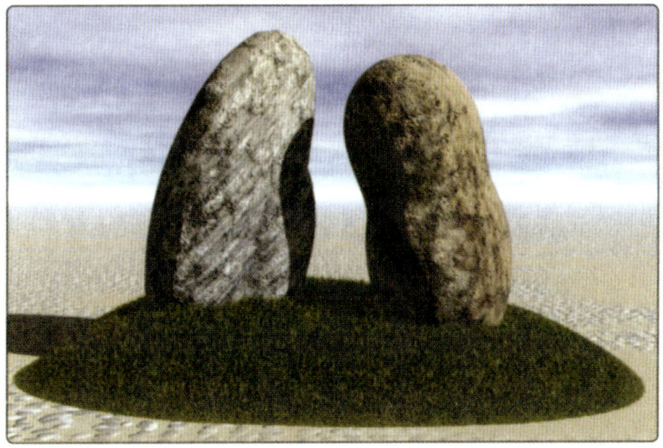

Abbildung 4.26:
Die Annäherung: Romanze in Stein. Der weibliche Yin-Stein versucht, sich dem männlichen Yang-Stein anzunähern.

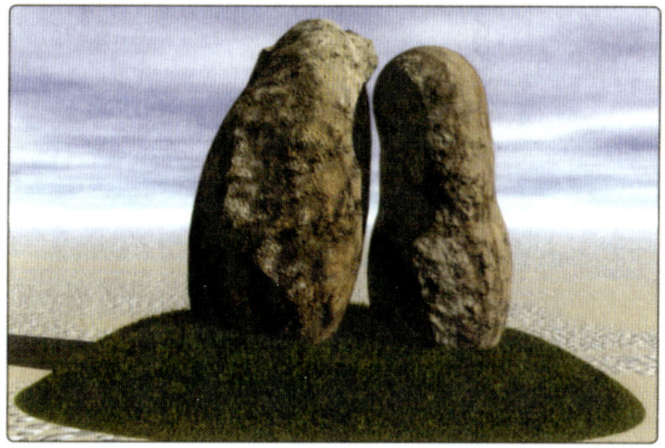

Abbildung 4.27:
Versuch einer Umarmung. Der männliche Stein nähert sich dem weiblichen.

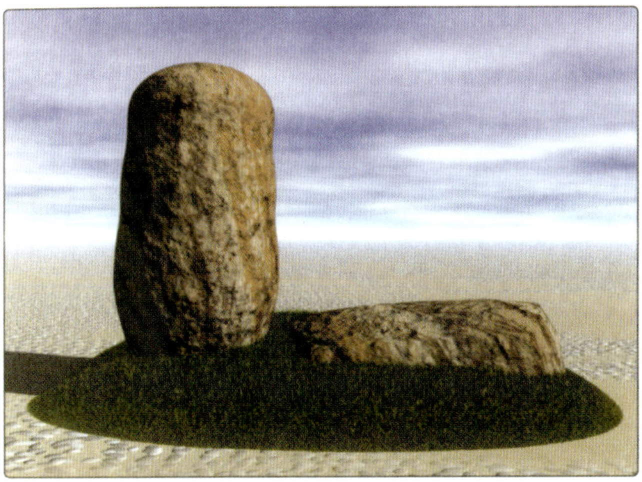

Abbildung 4.25:
Einer sorgt für den anderen. Der Yin-Stein ist flach und liegt stabil, der energiegeladene Yang-Stein in der Nähe bietet Unterstützung.

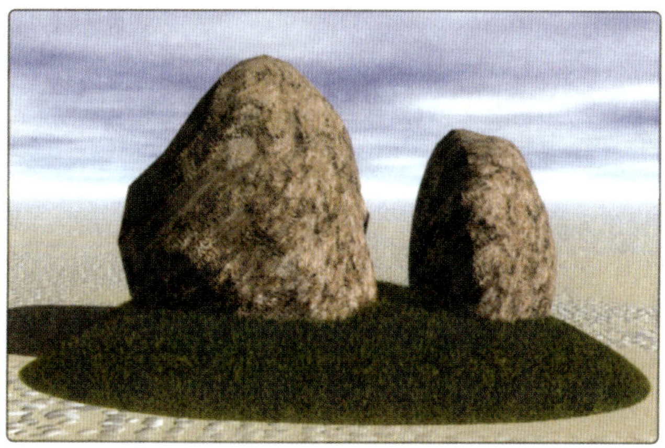

Abbildung 4.28:
Der Große und der Kleine. Ein größerer Stein (Yang) steht neben einem kleineren (Yin).

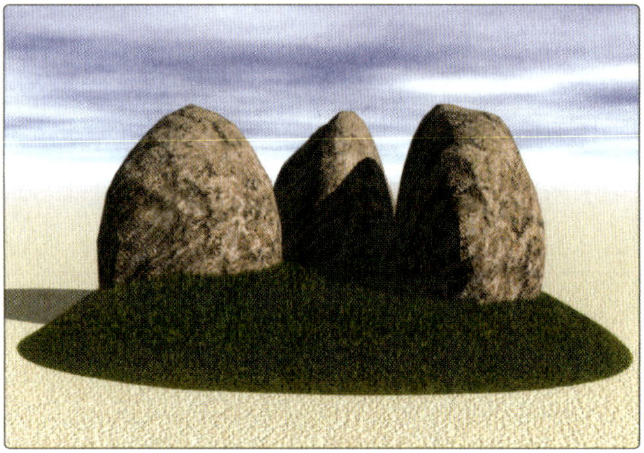

Abbildung 4.29:
Die Dreiheit – 1 plus 2. Hier sind alle Steine gleichberechtigt.

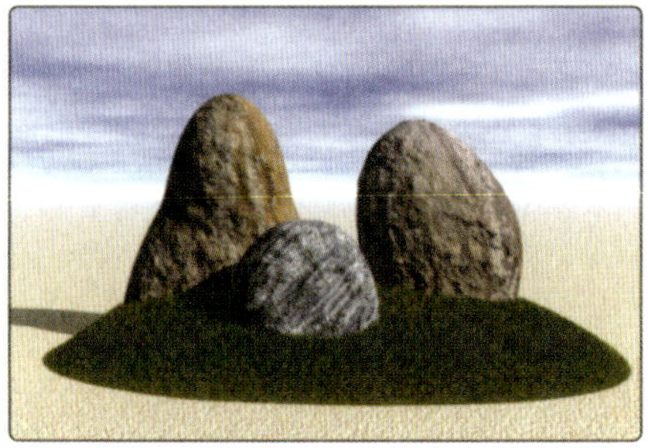

Abbildung 4.30:
Eine junge Familie

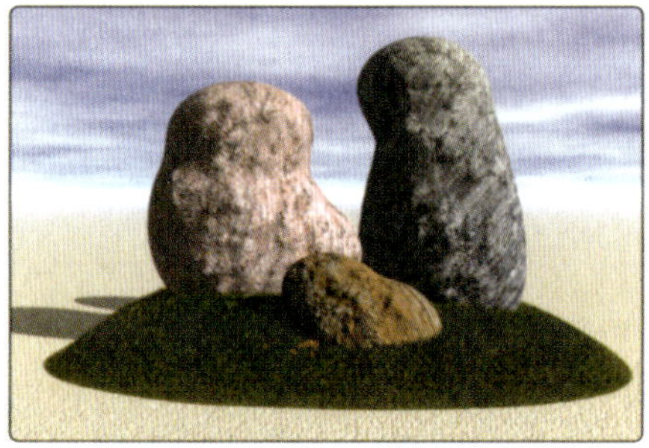

Abbildung 4.31:
Vater, Mutter, Kind

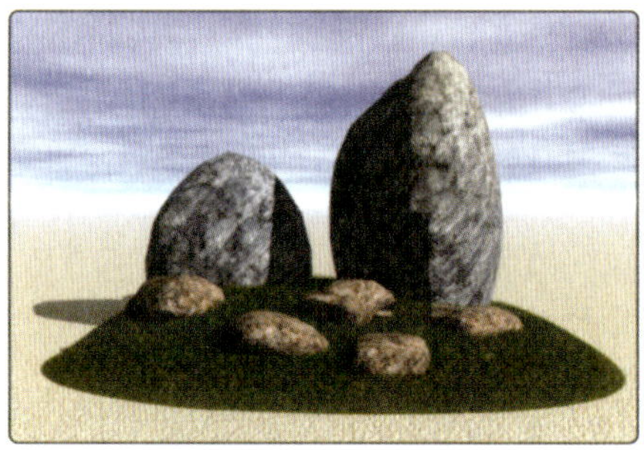

Abbildung 4.32:
Die Großen passen auf die Kleinen auf.

Außerdem sollte eine gerade Anzahl (Yin) immer von einer ungeraden Anzahl (Yang) von Steinen begleitet werden – also mindestens zwei (Yin) Steine mit einem (Yang) Stein kombiniert werden.

Für eine Dreier-Formation werden in der Regel unterschiedlich große Steine zusammengestellt. (Eine Ausnahme bildet die Abbildung 4.29) Der größte Stein sollte dabei von den zwei kleineren flankiert werden, sodass sich ein Dreieck bildet (siehe auch „Die richtige Anordnung von Steinen“ Seite 90). Es können auch zwei große und ein oder mehrere kleine Steine aufgestellt werden, um eine Familie zu symbolisieren. Eine weitere Möglichkeit besteht darin, zwei, drei oder fünf (Yang) größere Steine (Yang) mit einer Gruppe kleinerer Stein (Yin) zu umgeben. Die nebenstehenden Abbildungen zeigen verschiedene Variationen.

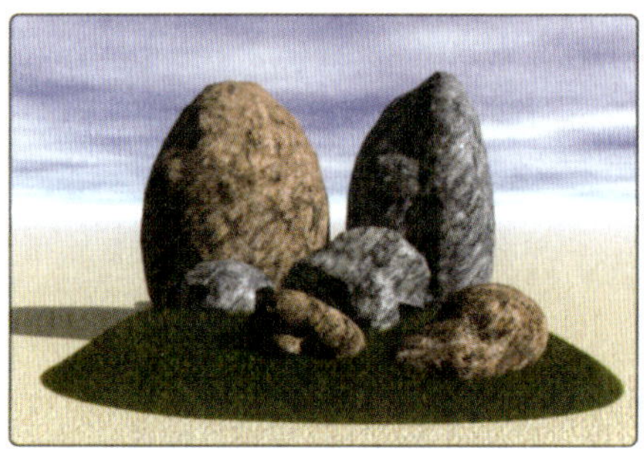

Abbildung 4.33:
Eine große Familie in Harmonie – fünf Familienmitglieder und ihr fetter Hund

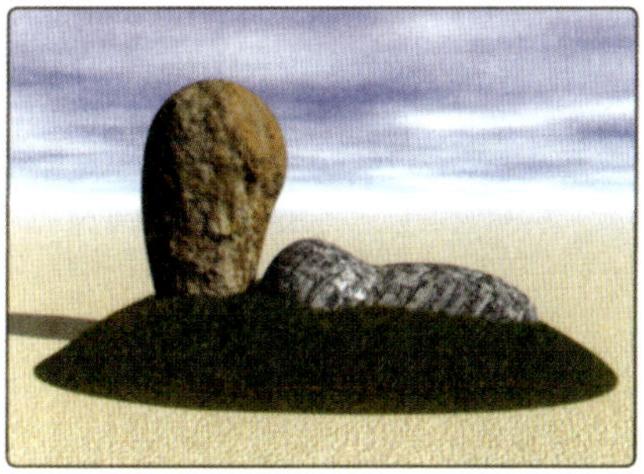

Abbildung 4.34:
Der aufrechte Stein bewacht den schlafenden.

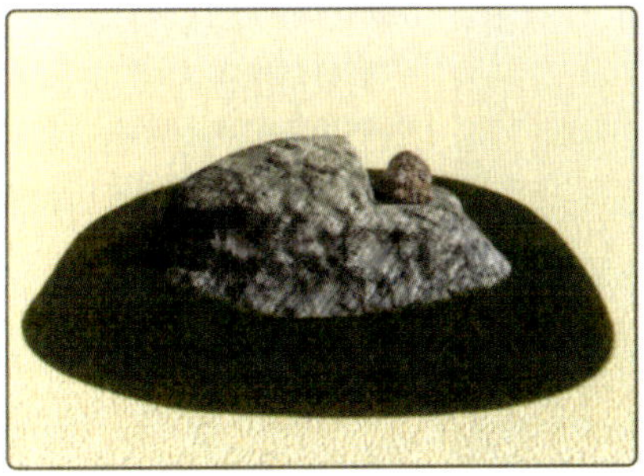

Abbildung 4.35:
„Ich bin groß und unterstütze dich."

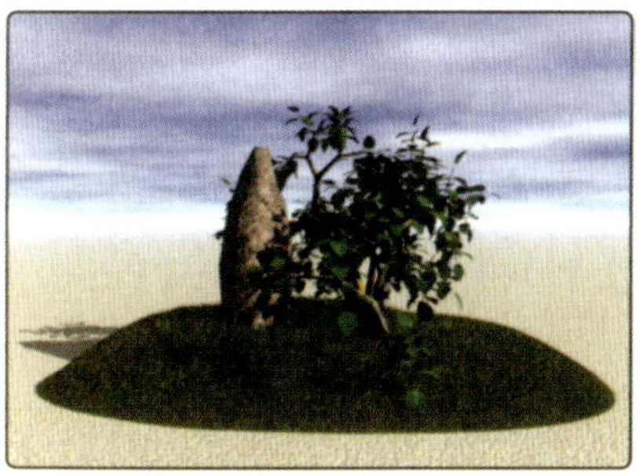

Abbildung 4.36:
Ein einzelner Stein (Yin) wird durch eine kräftige Pflanze (Yang) unterstützt.

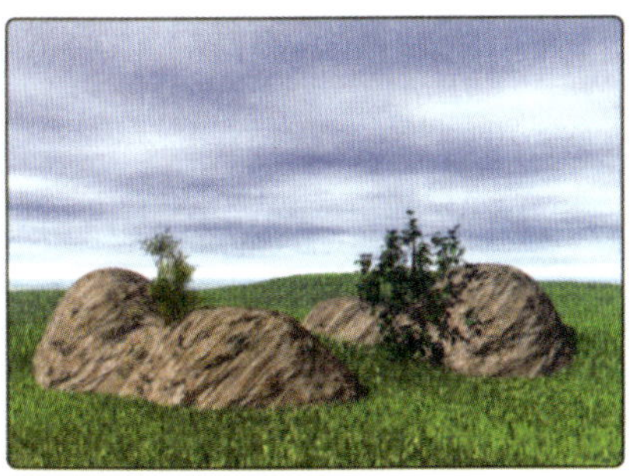

Abbildung 4.37:
Eine Gruppe von Steinen, die eine Berglandschaft darstellt (Yin), wird von Bäumen und Pflanzen (Yang) ergänzt.

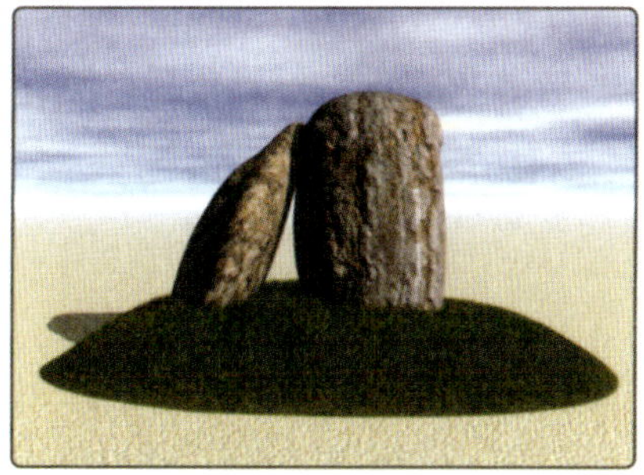

Abbildung 4.38:
Ein schief stehender Yin-Stein lehnt sich an einen gut geerdeten Yang-Stein an.

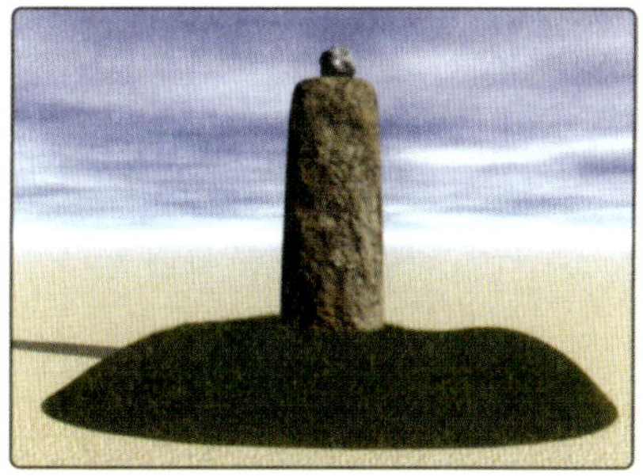

Abbildung 4.39:
„Ich habe den Gipfel erreicht."

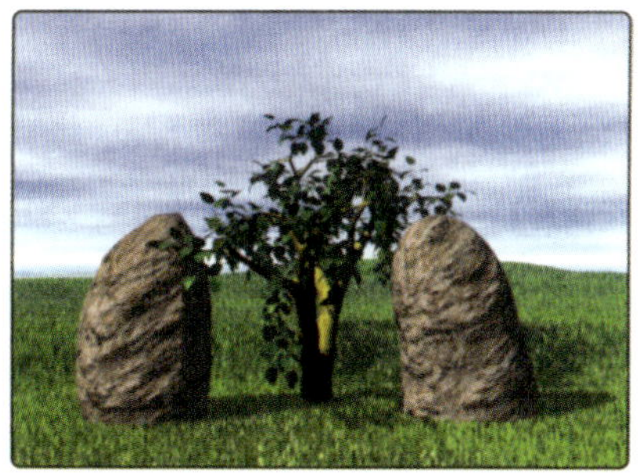

Abbildung 4.40:
Zwei statisch wirkende Steine, die keine besonderen Merkmale aufweisen, können mit einigen kräftigen Zwerg- oder Penjing-Pflanzen ergänzt werden.

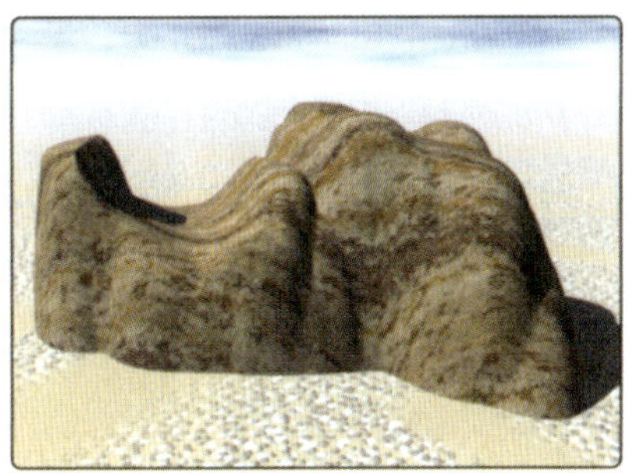

Abbildung 4.41:
Ein großer Stein mit Yin- und Yang-Merkmalen

Die richtige Anordnung von Steinen

Bei der Platzierung gilt die folgende Grundregel: Die Steine einer Gruppe sollten immer versetzt zueinander stehen und nie in einer Linie oder Reihe, weil das zu statisch – und damit nicht besonders kraftvoll wirkt. Nachfolgend sehen Sie einige Beispiele für dynamische Steinanordnungen.

Auch größere Steingruppen sollten immer versetzt zueinander platziert sein. Dadurch entsteht eine Gruppendynamik, die den Betrachter anregt, die Beziehungen zwischen den einzelnen Steinen zu studieren. Mit Kieseln in der entsprechenden Form und Größe können Sie auch auf einem sandgefüllten Tablett verschiedene Konstellationen ausprobieren.

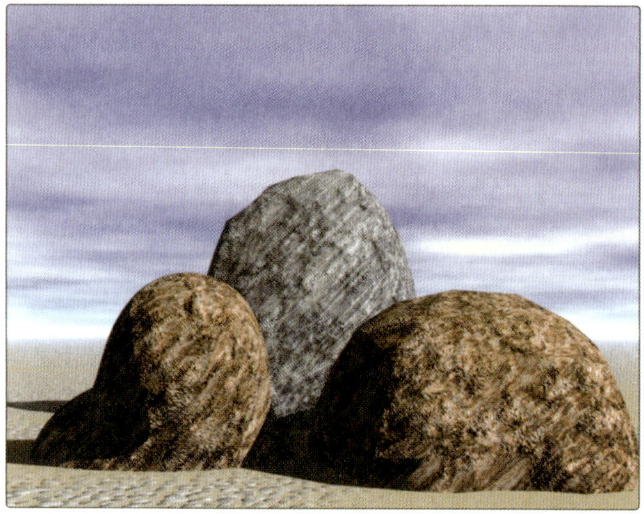

Abbildung 4.42:
Günstige Anordnung einer Dreiergruppe (von der Seite betrachtet).

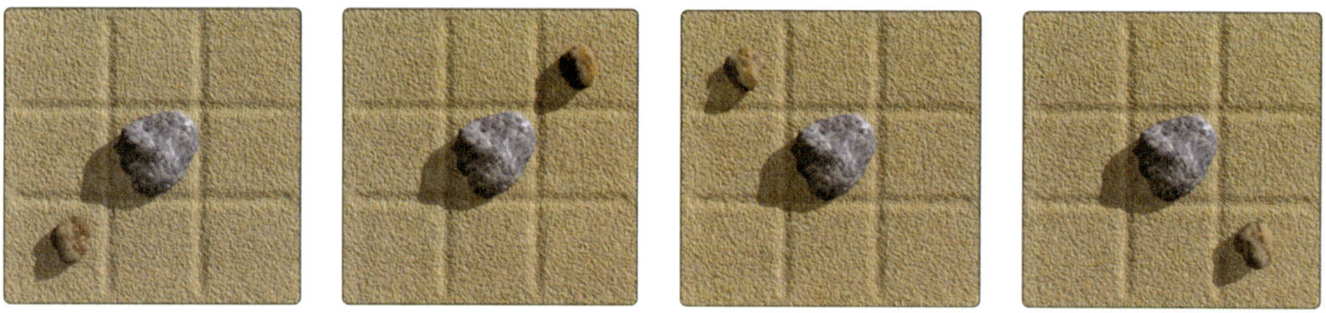

Abbildung 4.43 a–d:
Zwei Steine positive Anordnungen

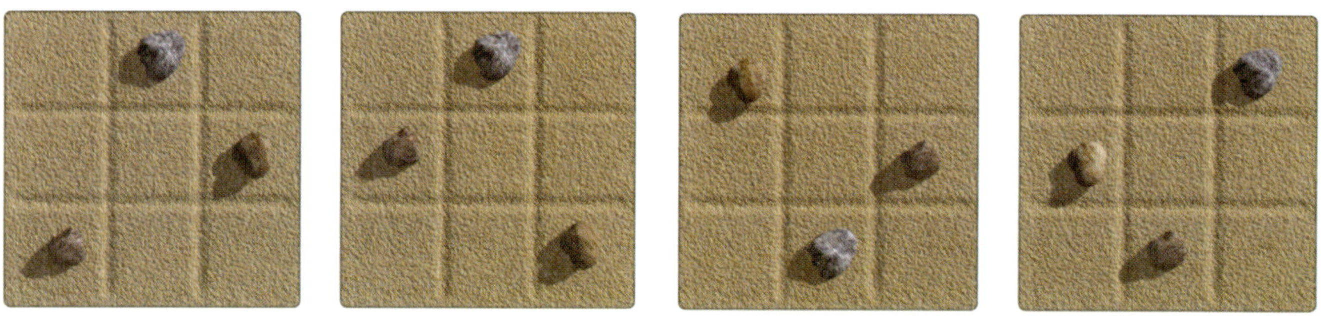

Abbildung 4.44 a–d:
Dreiergruppe – positive Anordnungen

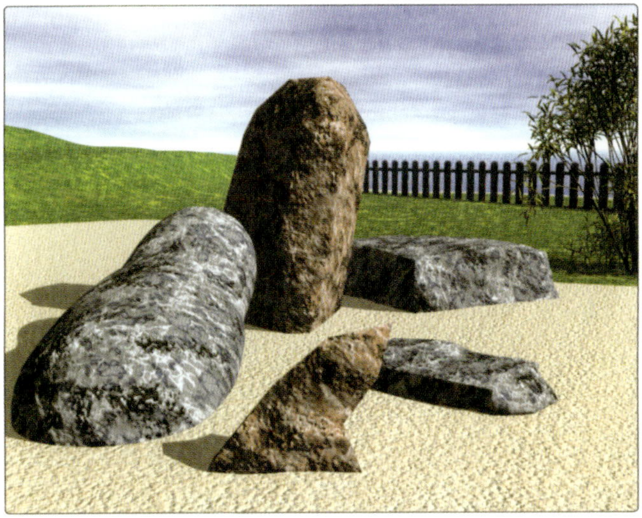

Abbildung 4.45:
Günstige Anordnung einer Fünfergruppe (von der Seite betrachtet).

Ungünstige Steine oder Gruppierungen

Zwischen Steinen in einer Gruppe sollte eine gewisse Dynamik entstehen. Formationen, die traurig oder gedrückt wirken, sollten vermieden werden. Sie wirken sich ungünstig auf die Gartenatmosphäre aus. Auch wenn scharfkantige Steine von rund geformten umgeben sind, entsteht keine Harmonie. Das Gleiche gilt für pyramiden- oder obeliskförmige Steine, denn sie haben ebenfalls eine aggressive Energie. Steine, die zu weit voneinander entfernt stehen, symbolisieren Distanz und Trennung. Der Betrachter kann keine „Beziehungen" daraus ablesen. Ein angreifender Stein kann durch eine einfache Drehung plötzlich den anderen „umarmen" (siehe Abbildung 4.52 und 4.53).

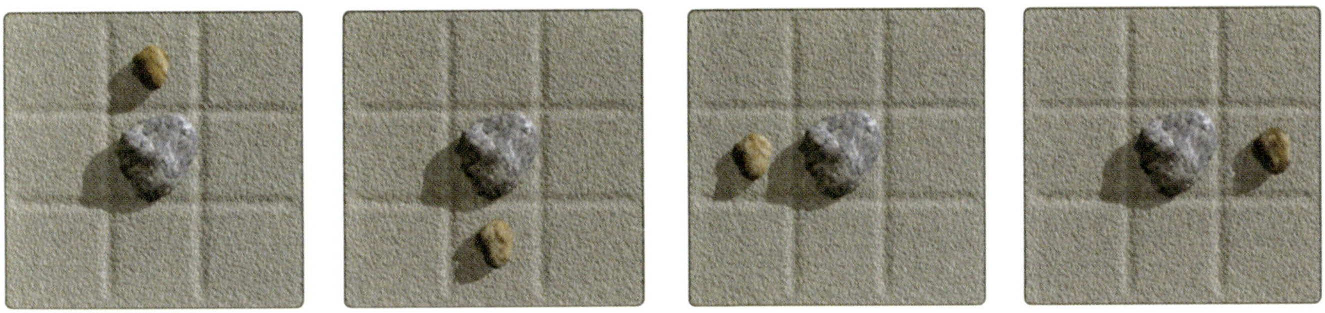

Abbildung 4.46 a–d:
Zwei Steine – negative Anordnungen

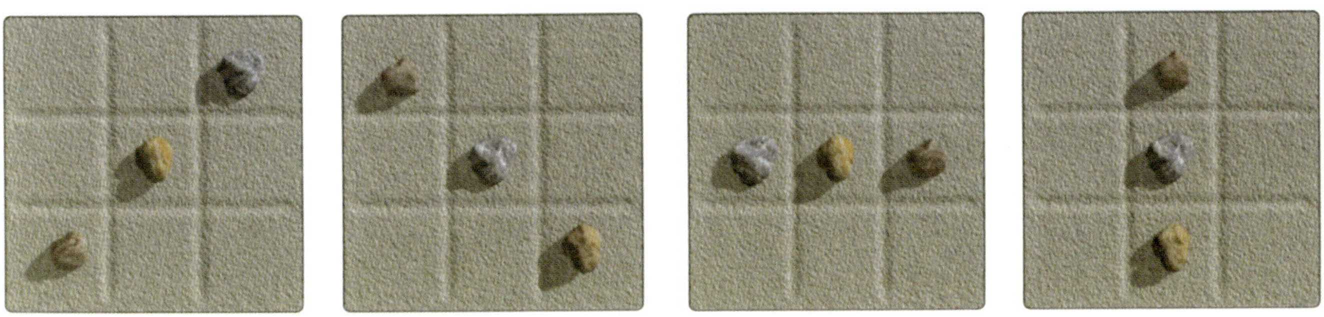

Abbildung 4.47 a–d:
Dreiergruppe – negative Anordnungen

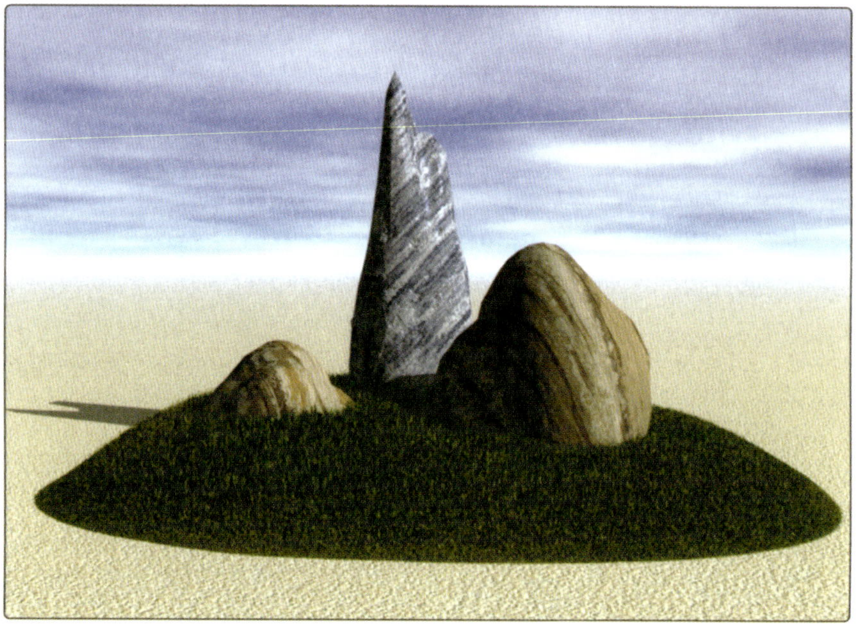

Abbildung 4.48:
Von sehr spitz geformten, scharfkantigen Steinen steigt eine starke aggressive Energie nach oben auf. Die runden Steine können keinen Ausgleich schaffen.

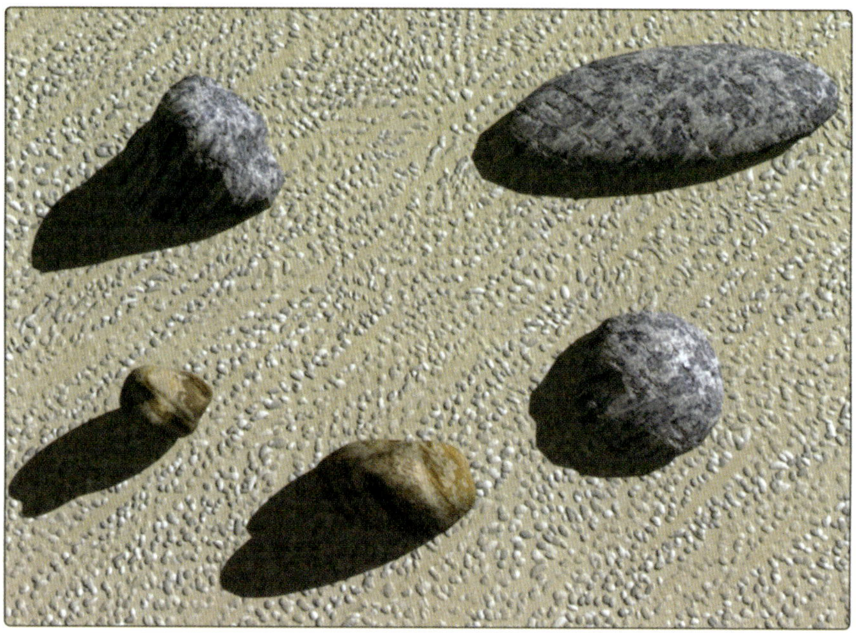

Abbildung 4.49:
Eine unharmonische, zersplitterte Familie – dieses Bild hat eine ungünstige Wirkung.

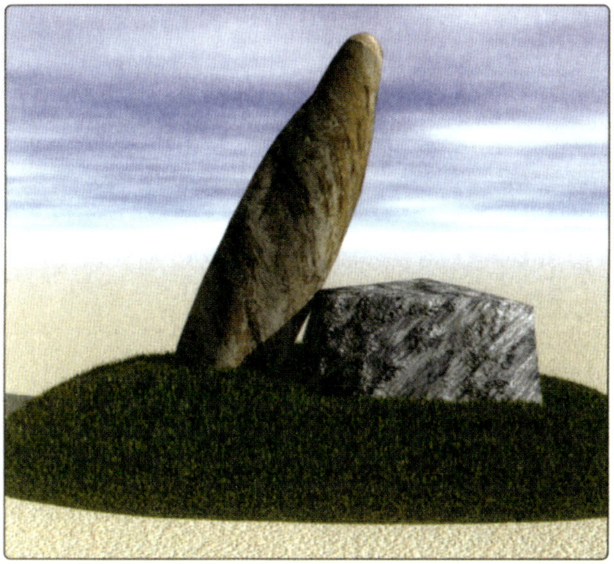

Abbildung 4.50:
Negativ: Ein großer Yang-Stein lehnt sich bei einem Yin-Stein an. Er wirkt schwach und kränklich.

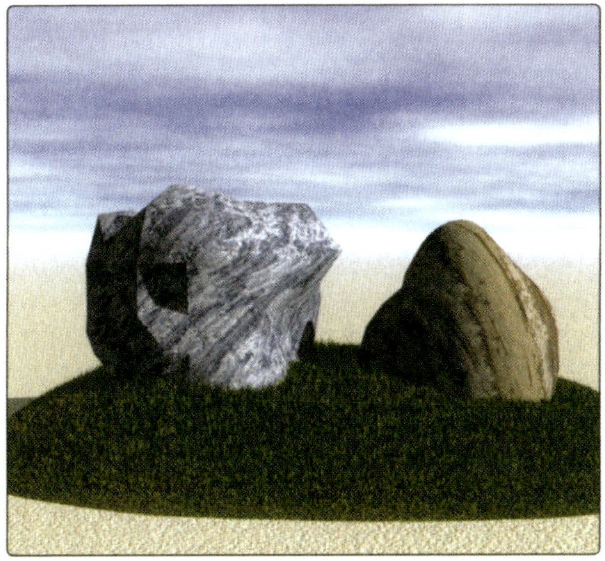

Abbildung 4.51:
Negative Steine: Ein Stein mit vielen Unebenheiten oder angreifenden scharfen Kanten sollte nicht auf einen anderen Stein ausgerichtet sein. In diesem Fall „schimpft" der aggressive Mann mit der kleinen, schüchternen Frau.

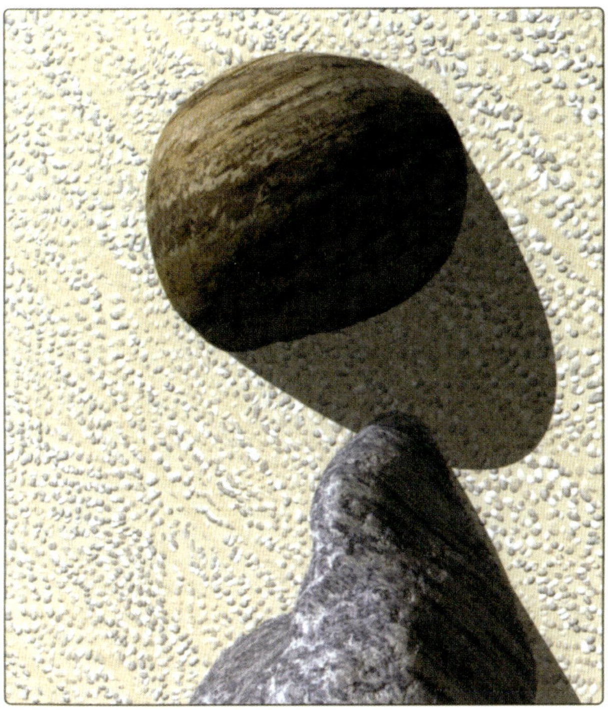

Abbildung 4.52:
Der untere Stein ist falsch ausgerichtet und greift den anderen an (Ansicht von oben).

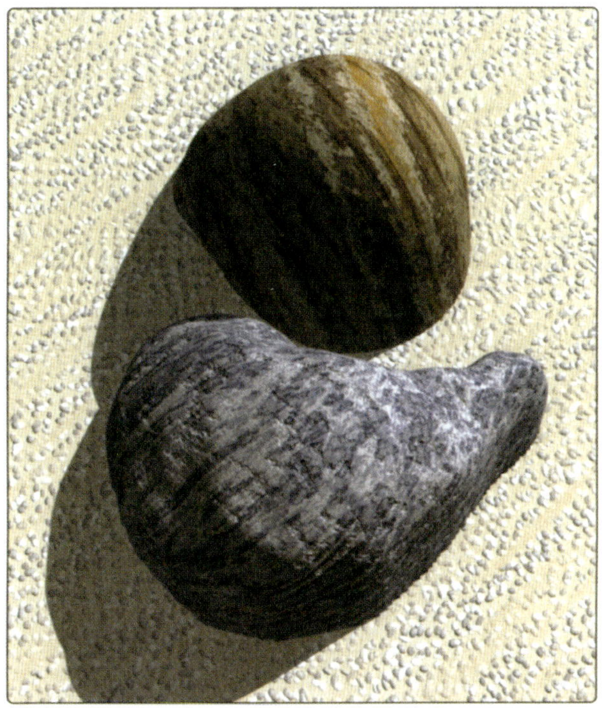

Abbildung 4.53:
Steine in Umarmung. Derselbe Stein ist jetzt besser platziert und hat eine positive Wirkung.

Wie Sie die Steine in den Boden setzen

Aus Sicherheitsgründen sollten Sie die Steine in Ihrem Garten immer mindestens zu einem Drittel eingraben. Dadurch bleibt ihre einmal bestimmte Position erhalten, und die Verletzungsgefahr für Kinder oder Erwachsene, die sich anlehnen oder auf einen Stein steigen oder gar springen, wird verringert. Gerade Steine am Teich- oder Bachufer sollten besonders gut befestigt beziehungsweise abgestützt werden. Die Abbildungen auf dieser Seite zeigen jeweils links einen Stein, der tiefer eingegraben und damit gut verankert ist. Der Stein rechts ist unzureichend gesichert und damit unstabil.

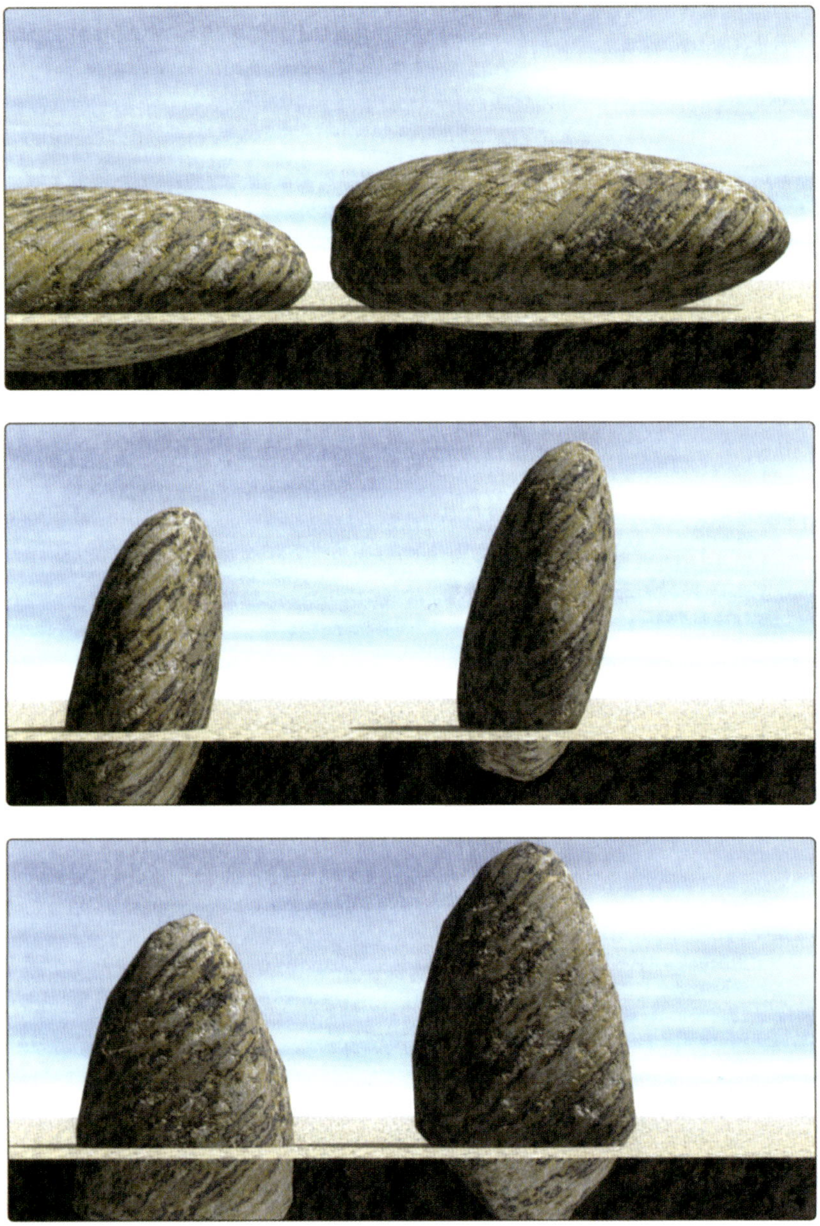

Abbildung 4.54 a–c:
Die Steine sollten zu mindestens einem Drittel eingegraben werden, um fest zu stehen.

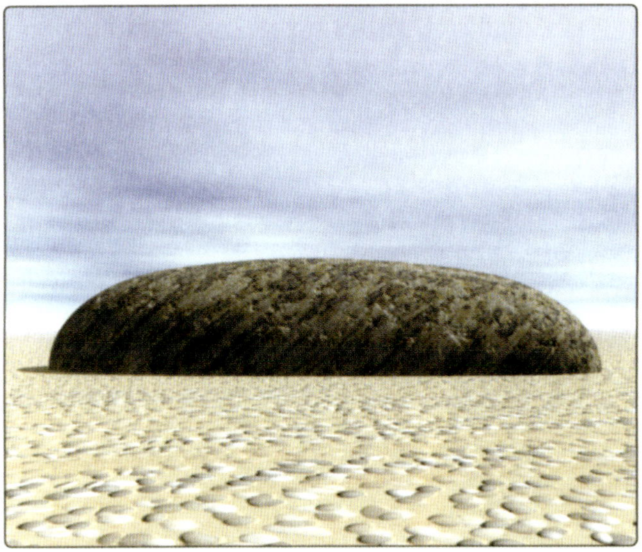

Abbildung 4.55:
Der Stein sitzt fest im Untergrund. So sollte es sein. Denn nur auf diese Weise symbolisiert ein Stein Stabilität, Ruhe und Sicherheit. Hier kann man sich getrost niederlassen.

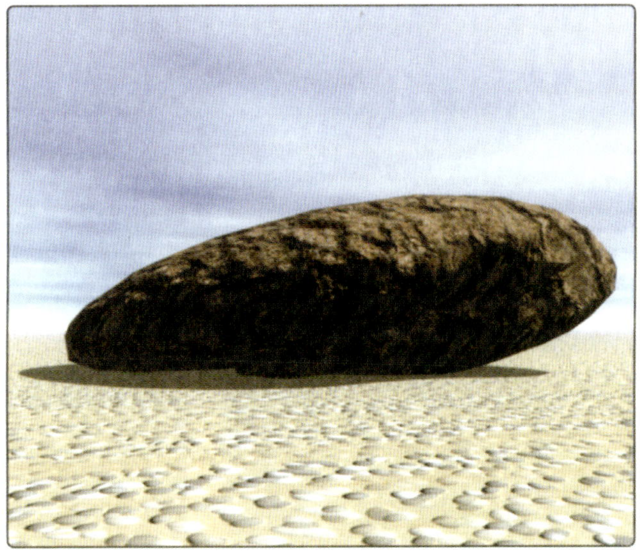

Abbildung 4.56:
Dieser Stein ist instabil, denn er ist kaum oder gar nicht eingegraben. Sobald sich ein erwachsener Mensch auf dessen überhängende Seite setzt oder ein Kind daraufspringt, kippt der Stein.

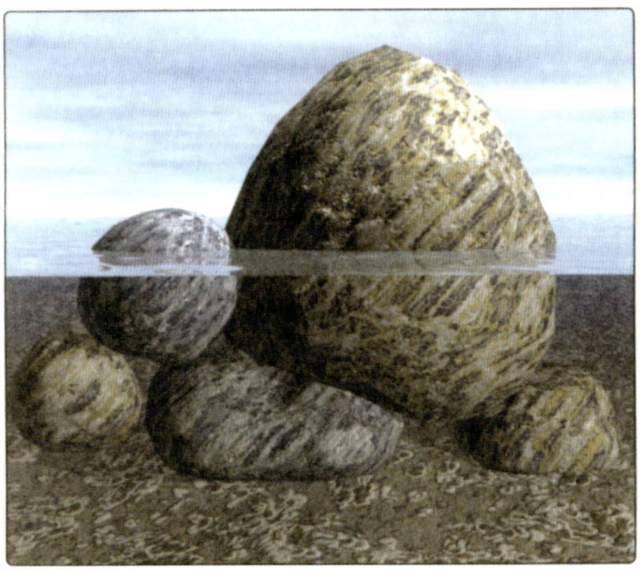

Abbildung 4.57:
Steine im Wasser: Ein großer Stein wird von mehreren kleinen abgestützt, damit er nicht umkippen oder wegrutschen kann. Wer auf Steinen im Wasser balancieren will, findet hier einen sicheren Stand.

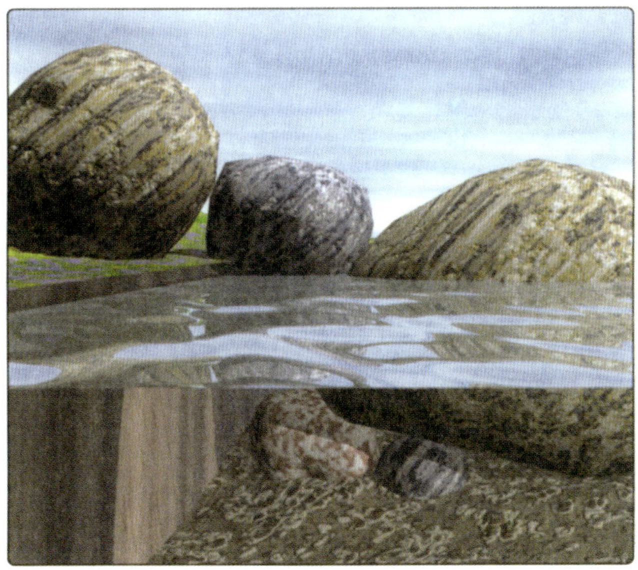

Abbildung 4.58:
Steine am Teichrand: Sie werden so gesetzt, dass sie sich gegenseitig stabilisieren. Ein Wegrutschen oder -kullern ist nicht möglich. So geraten auch spielende Kinder nicht in Gefahr.

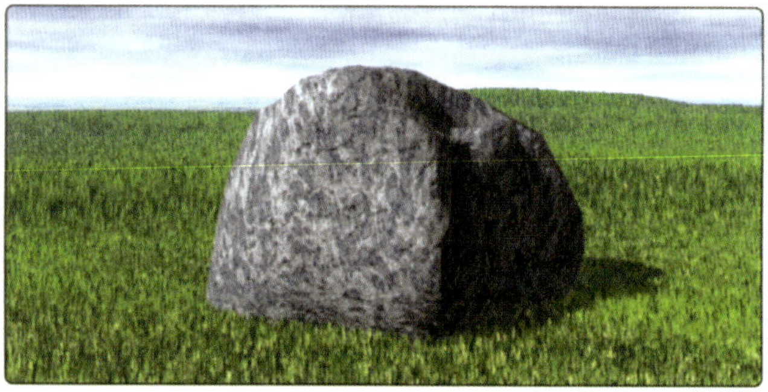

Abbildung 4.59:
Die Form des Metallelements ähnelt einer Kuppel.

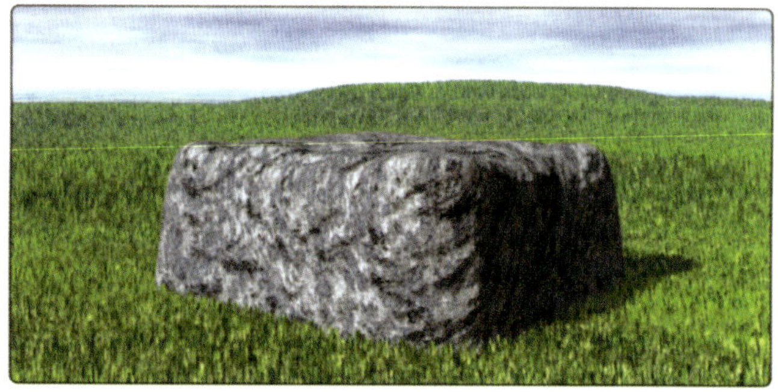

Abbildung 4.60:
Die Form des Erdelements ist eher rechteckig und oben abgeflacht.

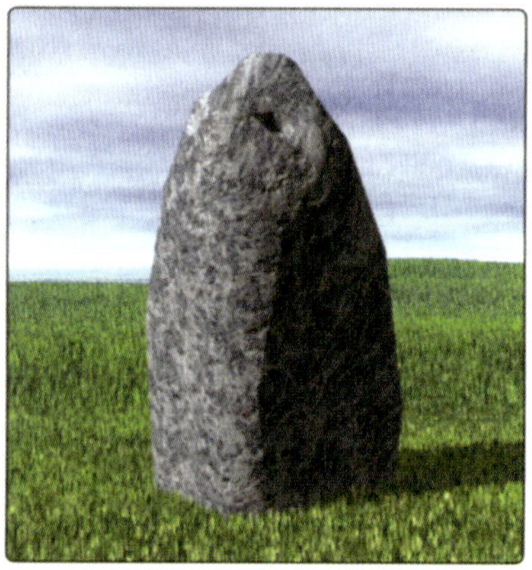

Abbildung 4.61:
Die Form des Feuerelements ist eher dreieckig und spitz.

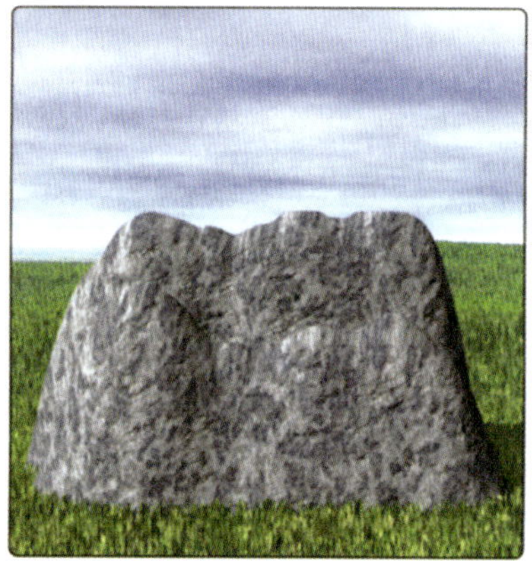

Abbildung 4.62:
Die Form des Wasserelements hat eine wellige Oberfläche.

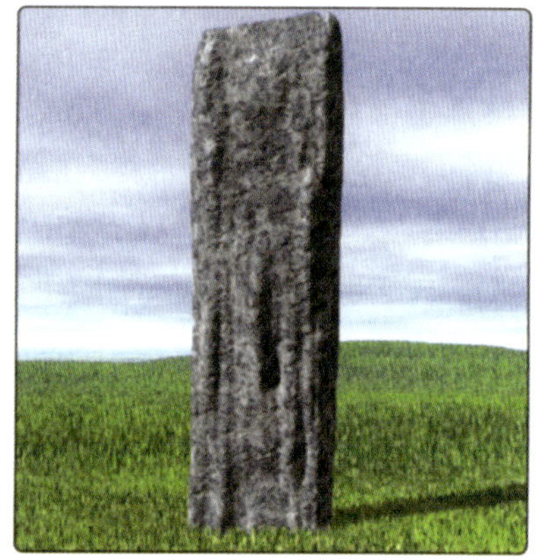

Abbildung 4.63:
Die Form des Holzelements ist schmal und schlank.

Steinformen und ihre Zuordnung nach den Fünf Elementen

Nach den Regeln des Feng Shui können Steine gemäß ihrer Form den Fünf Elementen – Feuer, Erde, Metall, Wasser, Holz – zugeordnet werden.

Das Prinzip der Fünf Elemente wird immer dann berücksichtigt, wenn mehrere Steine in einem Abstand von weniger als 30 Zentimetern zusammenstehen. Die Steine sollten entweder zum gleichen Element gehören oder zu Elementen, die sich gegenseitig stärken. Steine, die Elementen zugeordnet werden, die miteinander in Konflikt stehen, sollten in keinem Fall unmittelbar nebeneinander platziert werden, weil sie ein ungünstiges Symbol kreieren würden. Wenn ein Stein mehrere Elementemerkmale aufweist, muss untersucht werden, wie harmonisch dieser Stein in sich ist. Wenn sich die einzelnen Formen und Elemente gegenseitig unterstützen, ist gegen diesen Stein nichts einzuwenden. Stehen sie jedoch miteinander in Konflikt, sollten Sie diesen Stein nicht in Ihrem Garten aufstellen. Die obigen Abbildungen zeigen die Grundformen der Fünf Elemente.

Positive Steinkombinationen

Diese Kombinationen richten sich nach dem Prinzip des Fütterungszyklus (Wasser – Holz – Feuer – Erde – Metall), in dem ein Element das nachfolgende nährt und stärkt. Solche Elementekonstellationen gelten als günstig. Auch zwei Steine, die dem gleichen Element zugeordnet werden, harmonieren miteinander und wirken sich auf den Gartenbenutzer oder Betrachter positiv und energetisierend aus.

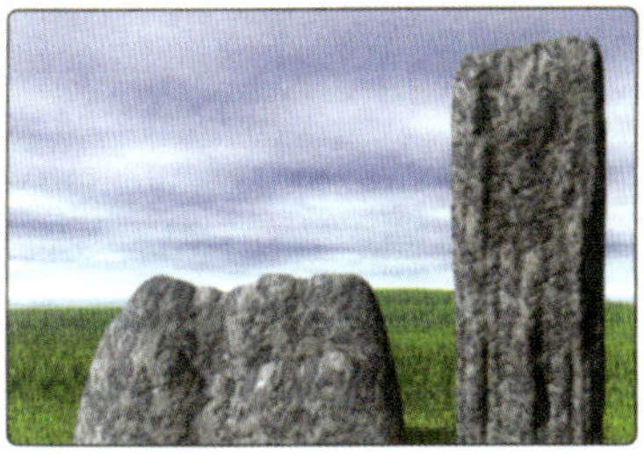

Abbildung 4.64:
Wasser nährt Holz.

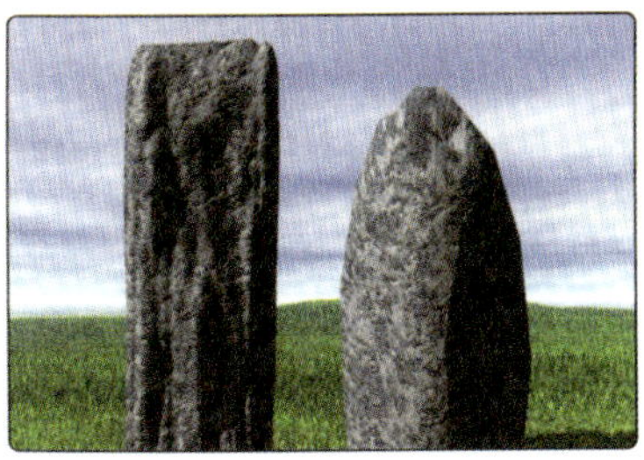

Abbildung 4.65:
Feuer entsteht mithilfe von Holz.

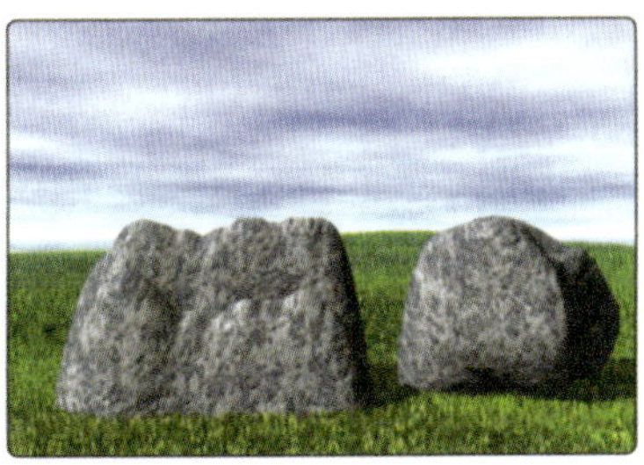

Abbildung 4.66:
Metall kann sich wie Wasser verflüchtigen.

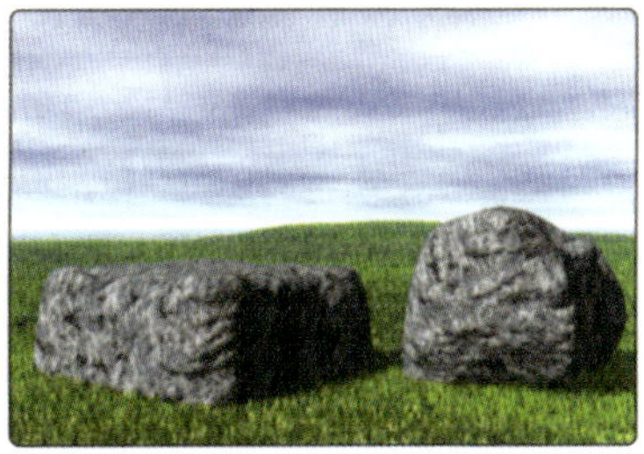

Abbildung 4.67:
In der Erde entstehen Metalle.

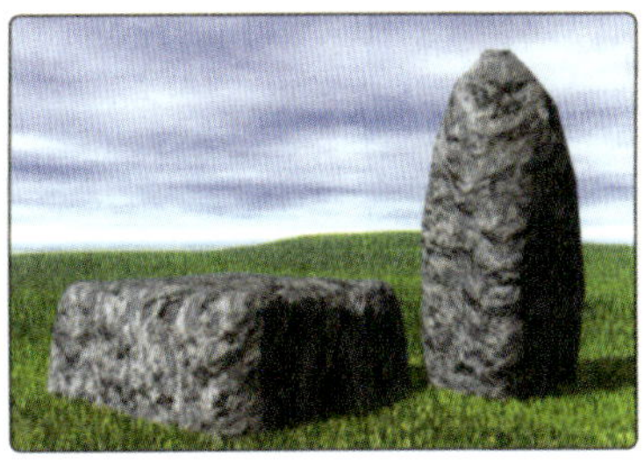

Abbildung 4.68:
Erde entsteht aus Feuer.

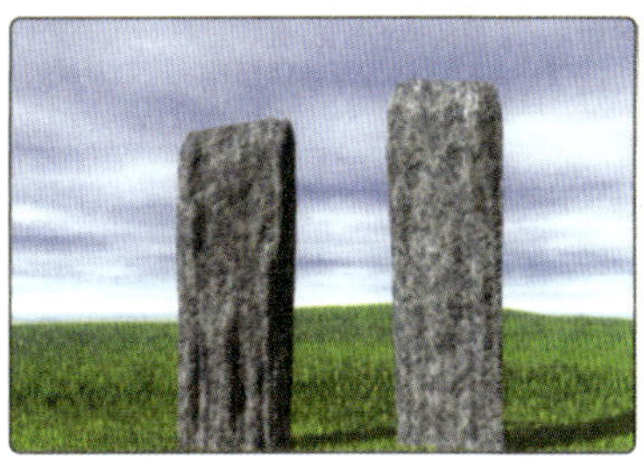

Abbildung 4.69:
Holz und Holz stärken einander.

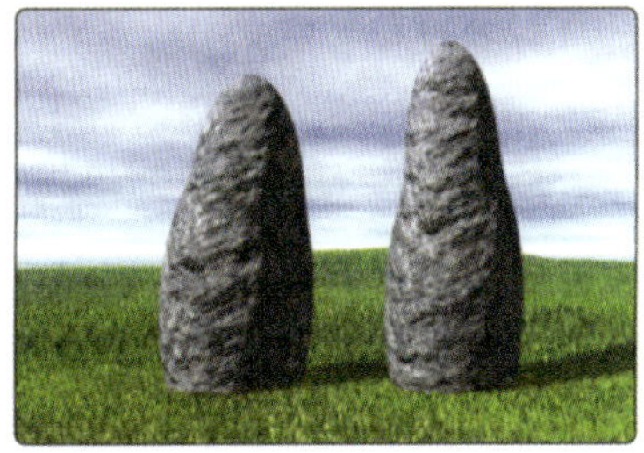

Abbildung 4.70:
Feuer und Feuer stärken einander.

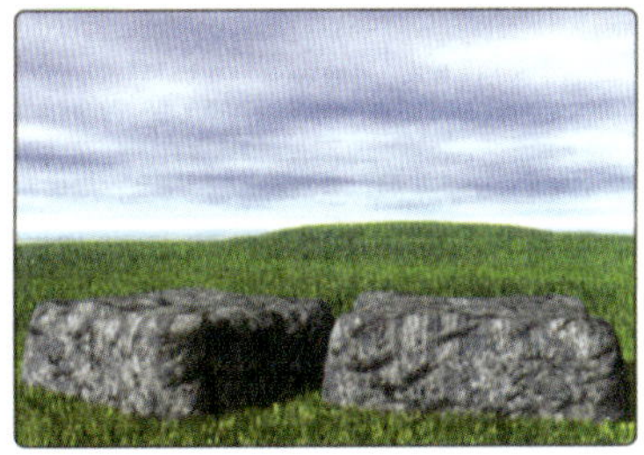

Abbildung 4.71:
Erde und Erde stärken einander.

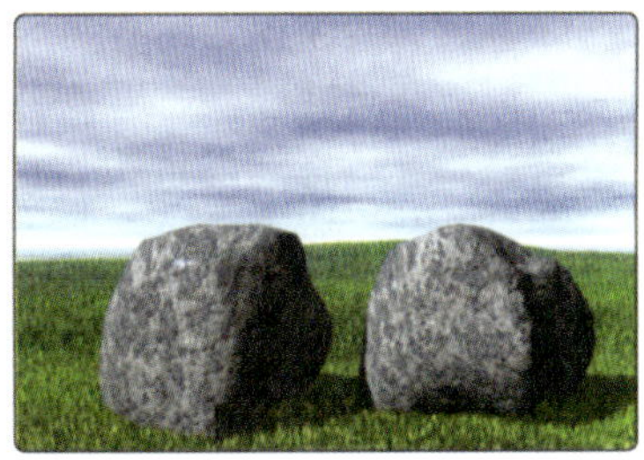

Abbildung 4.72:
Metalle stärken einander.

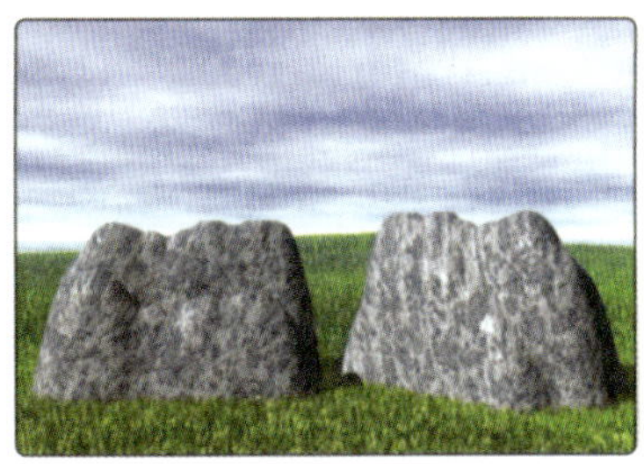

Abbildung 4.73:
Wasser und Wasser stärken einander.

Ungünstige Steinkombinationen

Auf den Abbildungen auf dieser Seite sehen Sie einzelne Steine, die mehrere Elementemerkmale aufweisen, die nach dem Zerstörungszyklus (Wasser - Feuer - Metall - Holz - Erde) miteinander in Konflikt stehen. Von solchen Steinen - und ebenso von Steingruppen, die ungünstige Kombinationen der Fünf Elemente aufweisen - geht eine unruhige und disharmonische Schwingung aus, die der Absicht, einen harmonischen Garten zu schaffen, zuwiderläuft.

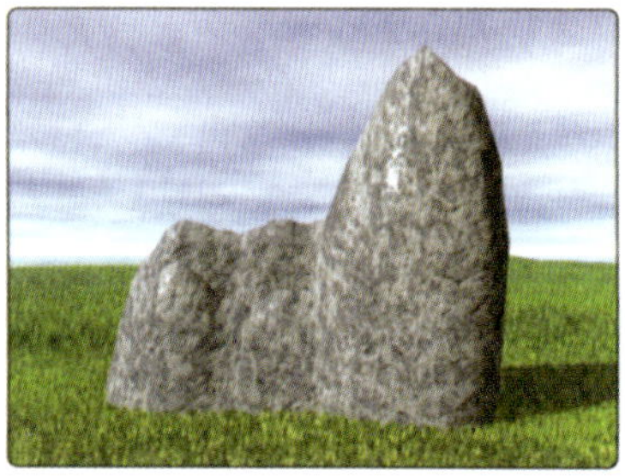

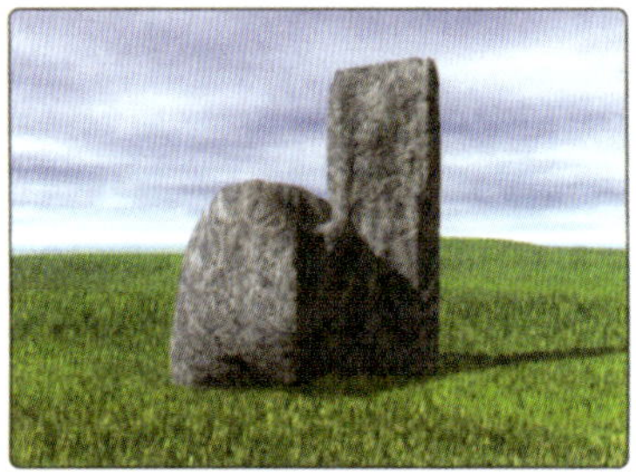

Abbildung 4.74:
Wasser löscht Feuer.

Abbildung 4.75:
Metall schneidet Holz.

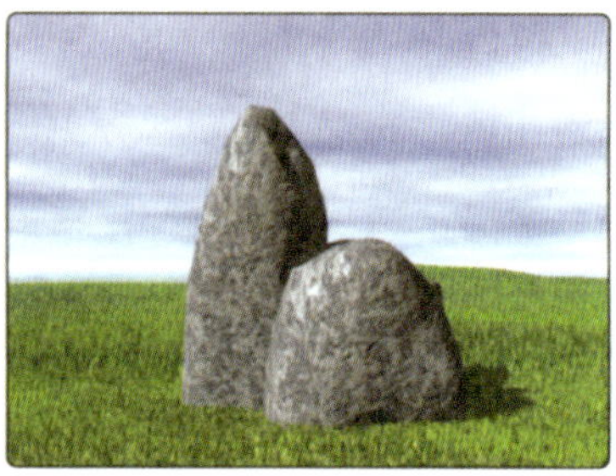

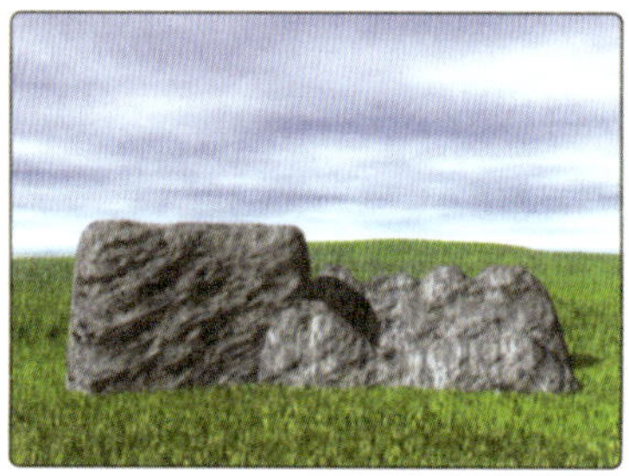

Abbildung 4.76:
Feuer schmilzt Metall.

Abbildung 4.77:
Erde saugt Wasser auf.

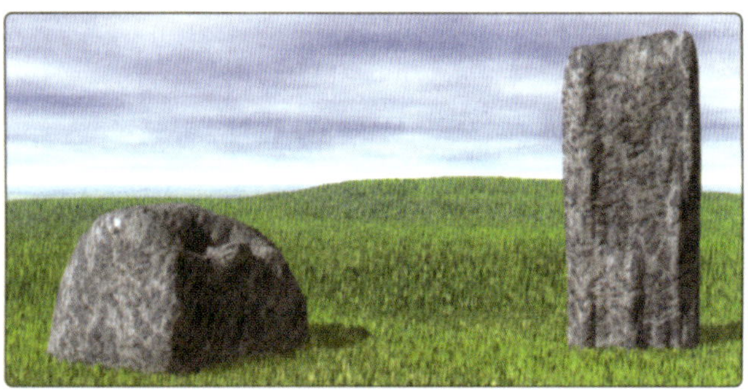

Abbildung 4.78:
Metall und Holz: Diese Steine brauchen eine größere Distanz.

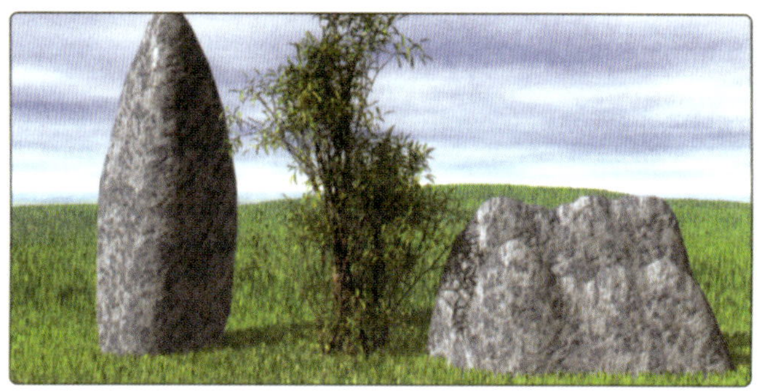

Abbildung 4.79:
Feuer und Wasser: Pflanzen zwischen beiden Steinen dienen als Puffer.

So platzieren Sie Steine, deren Formen einen Elementekonflikt erzeugen

Sind zwei Steine, deren Elementeformen miteinander in Konflikt stehen, weniger als 30 Zentimeter voneinander entfernt, entsteht eine disharmonische Energie, zumal wenn sie eine glattere Oberfläche besitzen. Weisen sie eine raue Oberfläche oder scharfe Kanten auf, stellen Sie sie in mehr als einen halben Meter Abstand auf, um keine ungünstigen Energien entstehen zu lassen. Ungleichmäßig behauene oder „verletzte" Steine, die im Elementekonflikt stehen, können noch negativer ausstrahlen. Abhilfe kann durch Pflanzen oder Gräser geschaffen werden, die als „Puffer" dazwischen gepflanzt werden.

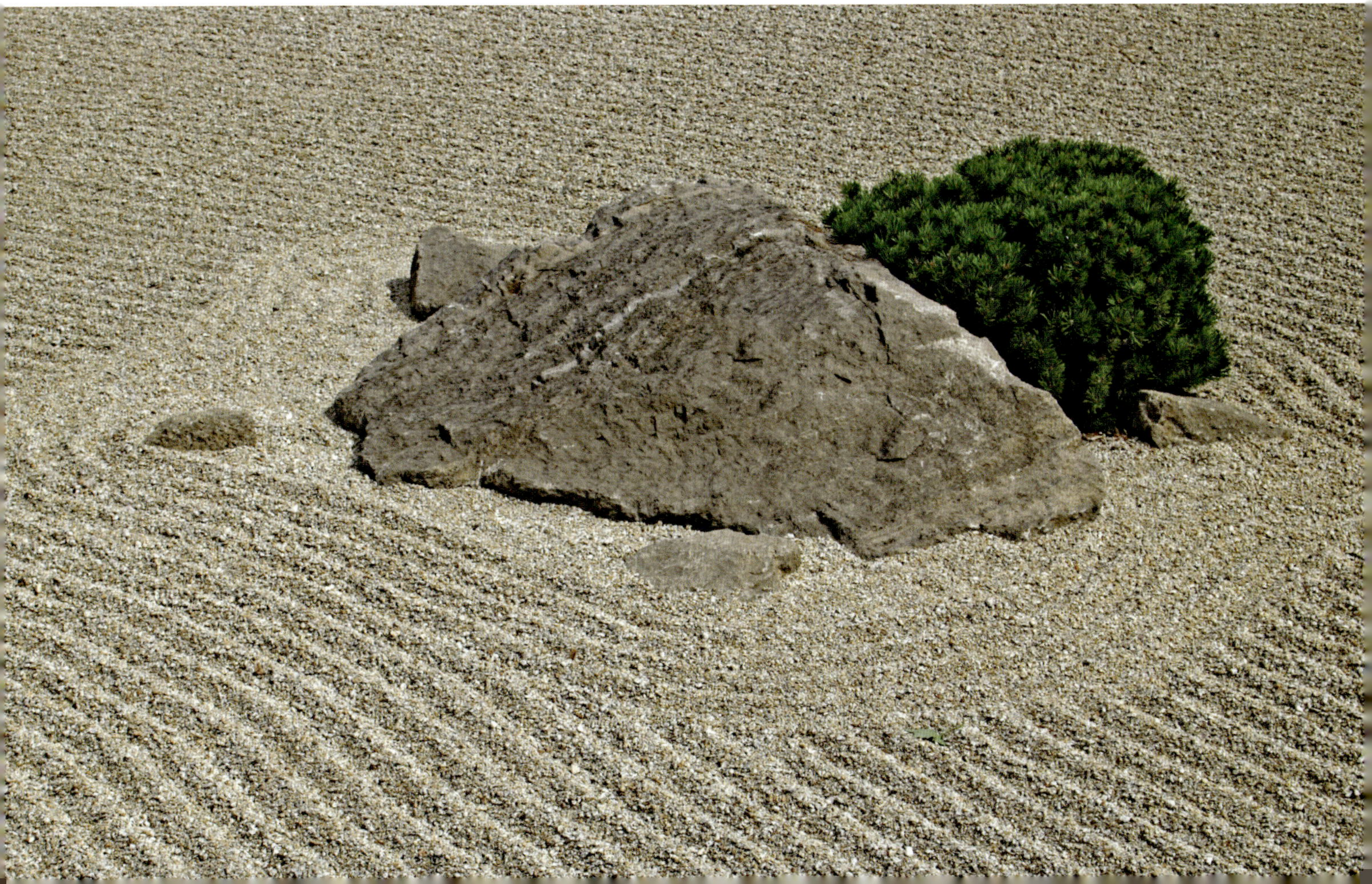

Sich Zeit nehmen, wahrnehmen, hinspüren

Nehmen Sie sich einmal Zeit, und gehen Sie einen Garten- oder Parkweg ganz langsam Schritt für Schritt entlang. Bleiben Sie immer wieder stehen, und spüren Sie verstärkt nach, wie sich einzelne Steine oder Platten unter Ihren Füßen anfühlen. Welchen Unterschied nehmen Sie wahr, wenn Sie auf Beton-, Steinplatten oder einzelnen unbehauenen Natursteinen stehen? Finden Sie heraus, welches Ihr Lieblingsmaterial ist.

Trittsteine und Wege

Menschen, die einen Gartenweg entlanggehen, sind sich seiner verborgenen Werte und seiner wahren Bedeutung selten bewusst. Ein gut angelegter Weg ist ästhetisch und funktional und vermittelt uns auf subtile Weise, was der Gartenbauer ausdrücken will – auf dem Weg und an dessen Ende. Jeder einzelne Kiesel oder Trittstein strahlt eine andere Energie aus. Dies ist eine Erfahrung, die schwer mit Worten zu beschreiben ist. Aber wenn Sie mit offenen „Antennen“ durch einen Tao- oder Zen-Garten gehen, können Sie dies selbst leicht nachempfinden.

Ein erfahrener Gartenweggestalter weiß, wie man das Qi von Kies oder Steinen aktiviert und für bestimmte Zwecke nutzt. Läuft ein Mensch barfuß auf einem solchen Weg, fühlt er sich aufgeladen und harmonisiert. Wie bei der Reflexzonenmassage können über die Fußsohlen Reinigungs- und Heilungsprozesse angeregt werden. Es gibt sogar speziell angelegte Wege, deren Energie verstärkt in eine Richtung fließt. Beim Beschreiten eines solchen „Weges ohne Umkehr“, der meist durch ein Tor führt, vergisst man die Vergangenheit. Es gibt auch Gartenmeister, die Wegsteine und Platten so aktivieren und setzen, dass sie in Hunderten von verschiedenen Frequenzen schwingen und entweder belebend oder beruhigend wirken.

Als unbearbeitete Trittsteine bieten sich Steine aus einem Bach oder Fluss an, die bereits natürlich verwittert und glatt geschliffen sind. Sie strahlen eine sanfte, harmonische und beruhigende Energie aus.

Wege für Kreativität und Gesundheit

Um freies Denken und Kreativität zu fördern, sollte ein Gartenweg nicht monoton gestaltet sein. Das Muster sollte interessant und für die Füße eine Herausforderung sein. Keine zwei Natursteine oder gegossenen Steine sollten die gleiche Form oder Größe haben. Aus diesem Grund ist Naturstein (naturbelassen oder in Form von Platten, deren Schwingung durch gezieltes Anschlagen harmonisiert wurde) gegossenem Kunststein vorzuziehen. Ein wirkungsvoll angelegter Gartenweg sollte Augen, Gehirnhälften und den gesamten Körper stimulieren. Wenn wir einen zickzackförmigen Weg entlanggehen oder über unebene Flächen laufen, werden die Fuß- und Beinmuskeln und damit auch der restliche Körper viel mehr beansprucht. Die gesamte Körperkoordination wird gefordert. Ein gerader, ebener Weg hat keinen solchen Effekt und wirkt eher langweilig und ermüdend.

Form und Verlauf des Gartenwegs

Wege, die auf Türen oder Tore zuführen, sollten niemals gerade, sondern in sanften Bögen verlaufen. Die Qi-Energie bewegt sich so langsamer und dringt sanfter ins Gebäude ein. Weniger als 10 % des Weges sollten gerade sein, weil gerade Linien im Feng Shui als negativ betrachtet werden. Denn sie wirken wie ein Angriff auf das Gebäude und erzeugen somit eine aggressive Schwingung.

Die folgenden Abbildungen zeigen, dass es jedoch auch Ausnahmen gibt, in denen ein gerader Weg keine schädliche Wirkung hat. Die angreifende Energie eines geraden Weges wird abgebremst, wenn das Haus höher liegt und über eine Treppe erreicht wird. Haben Sie keine andere Möglichkeit, können Sie in unregelmäßigen Abständen und versetzt einige große Blumenkübel aufstellen, um die Qi-Energie zu verlangsamen.

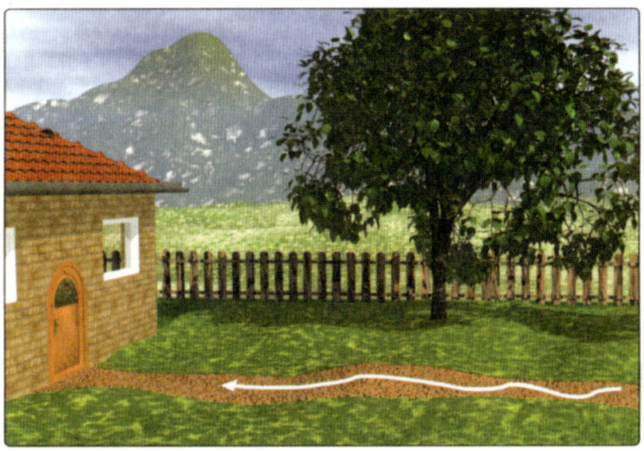

Abbildung 4.80:
Positiv: Ein unebener Weg, auch wenn er gerade verläuft, verlangsamt den Qi-Fluss.

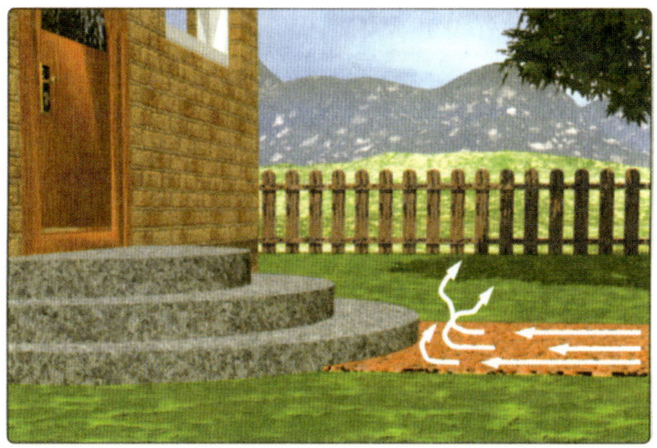

Abbildung 4.81:
Akzeptabel: Durch Stufen wird der Qi-Fluss verlangsamt. Ein gerader Weg ist akzeptabel, wenn das Haus drei oder fünf Treppenstufen höher liegt als der Garten.

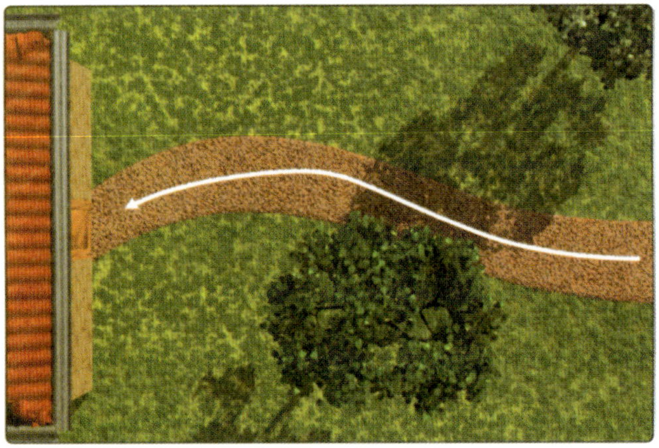

Abbildung 4.82:
Positiv: Ein gewundener Weg

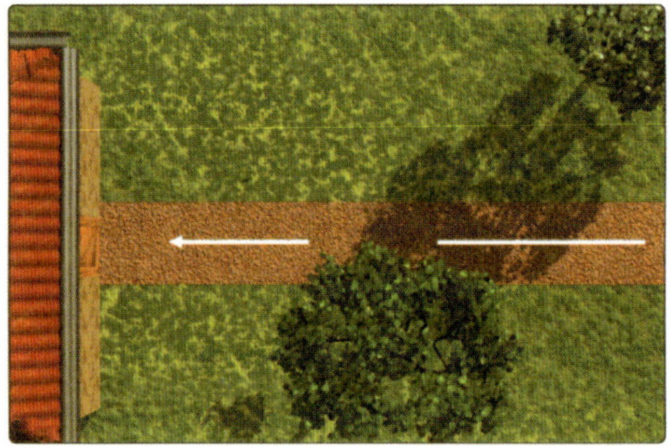

Abbildung 4.83:
Negativ: Qi- und Windenergie bewegen sich auf der Geraden zu schnell.

Die Anordnung von Trittsteinen

Ein „Puzzlemuster" aus Trittsteinen bietet eine Herausforderung für Augen, Geist und Körperkoordination und unterbricht die Monotonie. Es besteht aus naturbelassenen Steinen aus einem Fluss- oder Bachbett oder aus behauenen Steinen.

Man muss sich auf jeden Schritt konzentrieren und genau darauf achten, wohin man die Füße setzt. Weil die Steine nicht unmittelbar hintereinander, sondern versetzt liegen, gerät der Körper beim Laufen ins Schwingen, ähnlich wie bei einem Model auf dem Laufsteg. Auch die Muskeln und Sehnen in den Extremitäten werden stärker beansprucht; die Körperkoordination wird trainiert.

Lassen Sie Ihrer Kreativität freien Lauf, um mit flachen oder gewölbten Steinen unregelmäßige Muster zu gestalten. Die Steine sollten immer ein wenig größer als ein Fuß sein, damit man konzentriert von Stein zu Stein gehen muss. Kleinere Steine würden diesen Zweck nicht erfüllen, weil man bei einem Schritt ohnehin gleichzeitig auf mehrere Steine treten würde.

Beachten Sie: Wenn Sie den Hauptweg in dieser Weise gestalten, und dieser auch von Kindern oder älteren Menschen genutzt wird, sollten die Trittsteine besonders stabil gelagert sein, in etwa auf gleicher Höhe liegen und eine ebene und nicht zu glatte Oberfläche haben, um Stolpern oder gar einen Sturz zu verhindern (siehe auch Kasten „Einen Weg mit Trittsteinen anlegen"). Ein Weg im Garten, der beispielsweise zu einem Gartenhäuschen oder einem Teich führt, sollte den Besucher anregen, langsamer und sehr bewusst zu gehen.

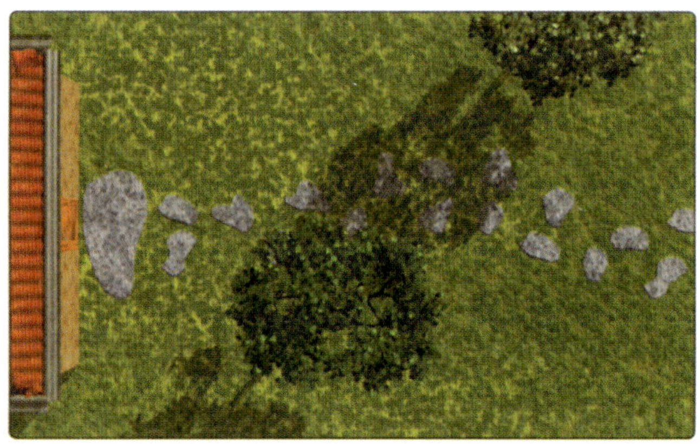

Abbildung 4.84:
Ein Puzzlemuster aus Trittsteinen. Am Eingang befindet sich ein größerer Stein, der als „Mutter" oder „Ankerstein" bezeichnet wird.

Welchen Zweck hat der Gartenweg?

Bevor Sie beginnen, Ihren Gartenweg zu planen, sollten Sie sich Gedanken machen, wozu er dienen soll.

Soll er ...

zum Eingang oder Gartentor führen?

die Augen, das Gehen und die Körperkoordination anregen?

wie ein Puzzle wirken, um das Gehirn anzuregen?

den Gleichgewichtssinn stärken?

den monotonen Verlauf eines langen Weges unterbrechen?

das Gedächtnis fördern?

zu einem speziellen Gestaltungsmerkmal, einer Skulptur oder einer bestimmten Blumenart führen?

die Intuition durch ein Labyrinth fordern?

zu einem besonderen Platz wie einem Teehaus hinführen?

als Weg dienen, der über das Wasser führt?

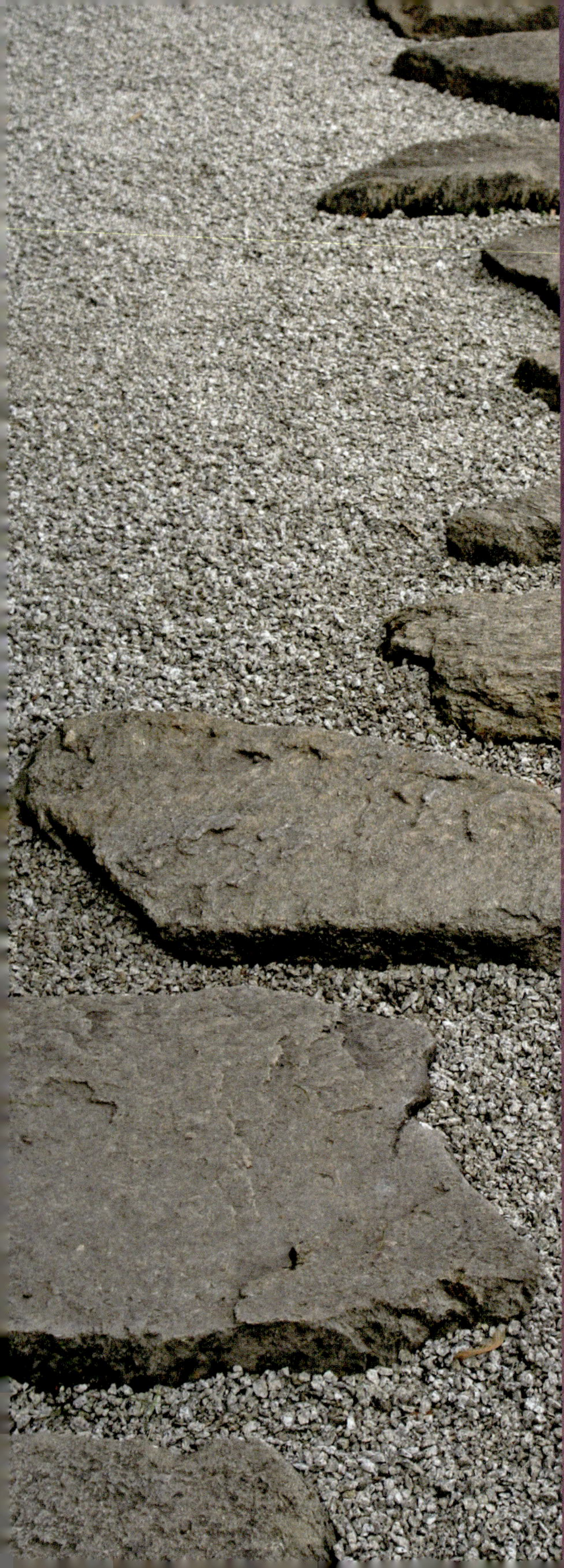

Einen Weg mit Trittseinen anlegen

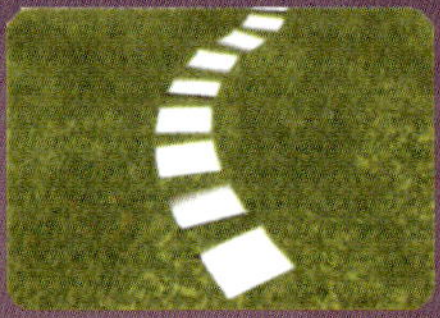

Entscheiden Sie, wie lang der Weg werden soll und wie Sie die Steine anordnen möchten. Finden Sie heraus, wie viele Steine Sie benötigen, indem Sie mehrere Mustervorlagen aus Papier ausschneiden und hintereinander auf den vorgesehenen Weg legen. Der Abstand zwischen den Steinen sollte etwa 12 bis 15 Zentimeter betragen.

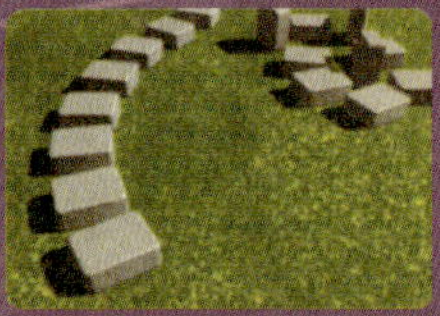

Nachdem Sie die nötige Anzahl Steine beschafft haben, legen Sie diese wie gewünscht aus. Auf diese Weise erhalten Sie einen ersten Eindruck, wie Ihr Wunsch-Gartenweg am Ende tatsächlich aussehen wird.

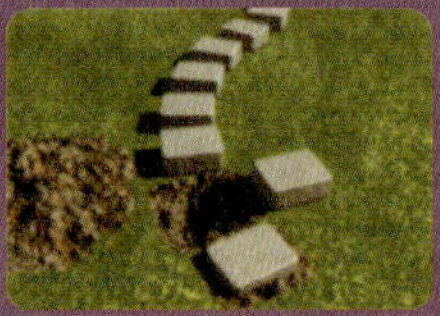

Nun ziehen Sie die Steine nacheinander ein Stück zur Seite und graben eine Vertiefung, in die der Stein dann gesetzt wird. Er sollte mindestens zu einem Drittel bis zur Hälfte mit Boden sitzen, etwa 5 bis 8 Zentimeter sollten hervorstehen.

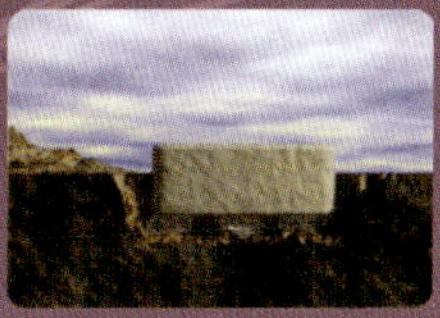

Setzen Sie den Stein nun probeweise in die Vertiefung. Ist er instabil, können Sie ihn mit kleineren Steinen oder Sand stabilisieren, die Sie so unter ihm platzieren, dass Unebenheiten des Steins selbst ausgeglichen werden.

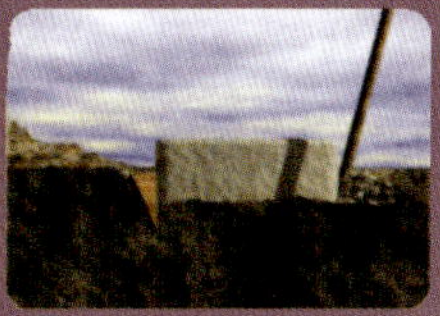

Der Boden um den Stein herum kann mit einem Stock festgeklopft werden. Zur weiteren Stabilisierung können Sie falls nötig rundherum auch kleine Keile setzen oder mit Kies oder Sand auffüllen.

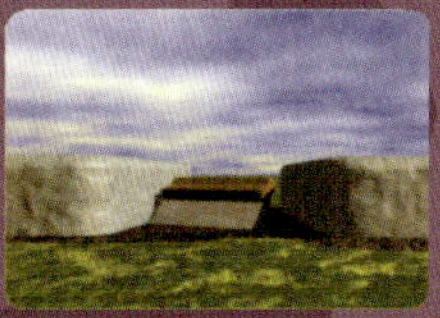

Glätten Sie zum Schluss den Boden zwischen den Steinen. Und stellen Sie sich abschließend auf jeden einzelnen Stein, um zu prüfen, ob er nachgibt oder wackelt. Korrigieren Sie gegebenenfalls nach. Genauso können Sie natürlich vorgehen, wenn Sie einen Weg aus Steinplatten anlegen.

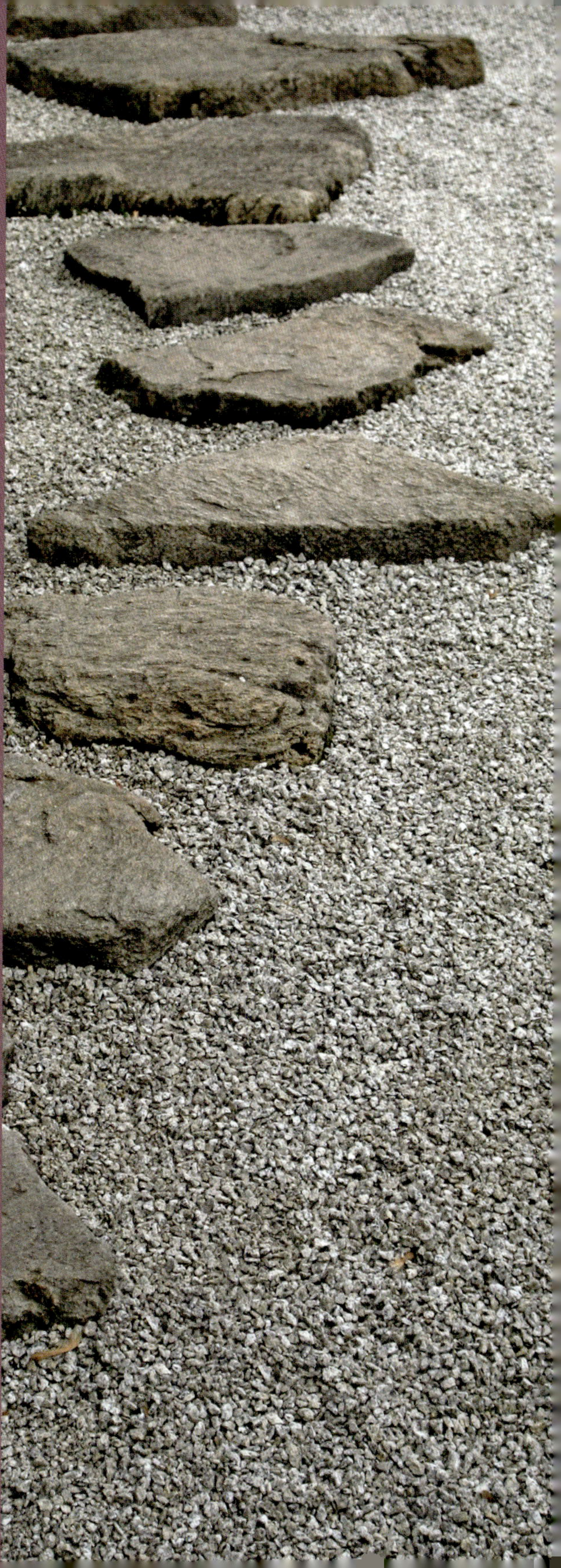

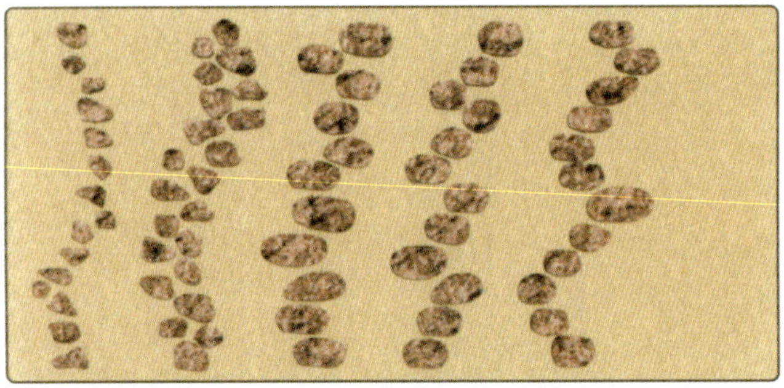

Abbildung 4.85:
Günstige Trittsteinmuster

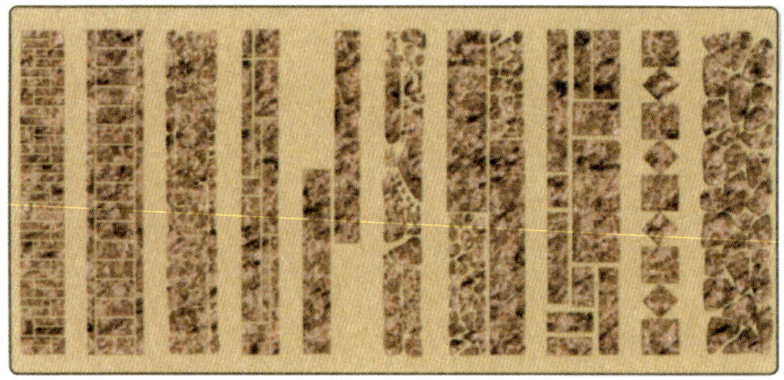

Abbildung 4.86:
Günstige Plattenmuster

Weitere Möglichkeiten, Trittsteine und Platten anzuordnen

Die folgenden Beispiele für Trittstein- und Plattenmuster sind etwas weniger anspruchsvoll als das Puzzlemuster. Diese Wege lassen sich bequem beschreiten, wirken aber aufgrund ihrer interessanten Muster anregend und inspirierend auf das Auge des hier entlang gehenden Betrachters.

Große Trenn- oder Ankersteine

Trittsteine, die im Vergleich zu den anderen größer sind, zeigen dem Gartenbesucher immer an, dass an dieser Stelle ein Wechsel stattfindet – der Weg mag sich gabeln, in eine andere Richtung weiterführen oder den Blick auf eine neue Landschaftsformation oder ein besonderes Gartenelement freigeben. In Kapitel 1 beim Spaziergang durch einen taoistischen Garten haben Sie bereits die großen „Ankersteine" vor und hinter dem Garteneingang und an der Brücke kennengelernt. Auch der Yin- oder der Herzpunkt können mit einem Stein „geankert", das heißt gekennzeichnet und damit gestärkt werden. Auch auf einem Weg können größere (Anker-)Steine bewusst an bestimmte Stellen zwischen kleineren platziert werden und so als Ruhe- oder Aussichtspunkte dienen. Verwenden Sie, wenn Sie einen Weg anlegen, immer eine ungerade Anzahl von Trittsteinen, denn ungerade Zahlen zeigen an, dass etwas weitergeht oder fortgeführt wird. Eine gerade Zahl von Steinen oder auch Stufen bedeutet dagegen, dass etwas abgeschlossen ist und nicht weiter in die Zukunft führt.

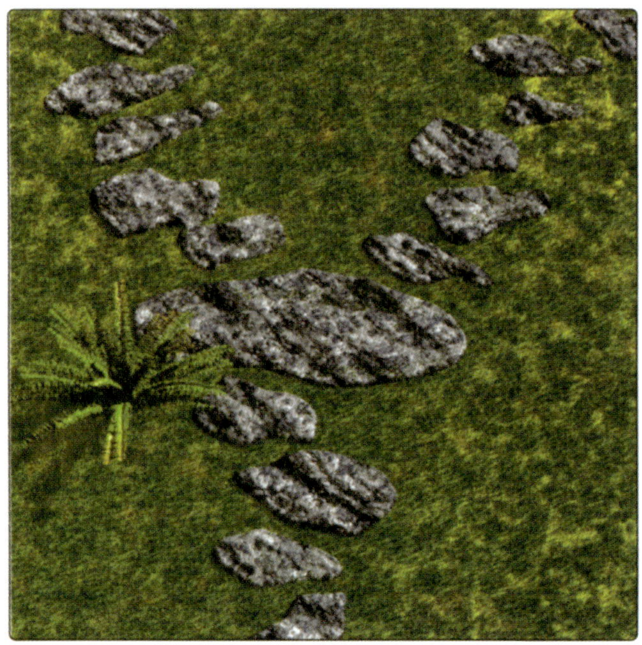

Abbildung 4.87:
An einer Weggabelung befindet sich ein größerer „Trennstein".

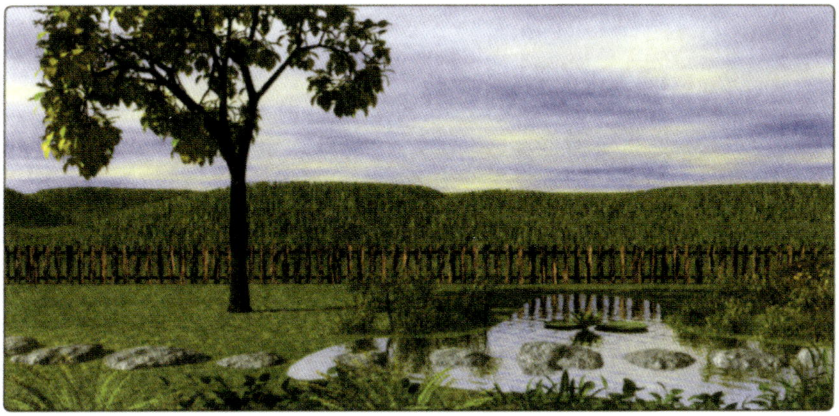

Abbildung 4.88:
Seitenansicht der Trittsteine

Yin-Yang-Muster auf dem Weg

In der Natur findet man keinen Stein, der mit einem zweiten identisch ist. Das Gleiche gilt ja sogar für eineiige Zwilling – selbst wenn man sie auf den ersten Blick verwechseln könnte, lassen sich doch mit Sicherheit Unterschiede in Aussehen, Charakter und Verhalten finden. Dies ist eine Grundeigenschaft der Natur: Alles ist auf seine Weise einzigartig. Dabei geht es jedoch um die friedliche Koexistenz von Wesen unterschiedlichster Art und die pulsierende, harmonische Energie, die zwischen allem fließt – wie bei einer großen Familie. So ist es auch beim Yin-Yang-Muster, das recht einfach zu gestalten ist. Trittsteine von unterschiedlicher Größe und Oberflächenstruktur, die sich aber in der Wahrnehmung des Betrachters jeweils zu einem Yin-Yang-Paar ergänzen, werden paarweise in Form eines gewundenen Weges glücklich nebeneinandergesetzt. Auch hier befindet sich vor dem Eingang wieder ein größerer „Mutter-“ oder „Ankerstein“. Dieser sollte keine scharfen Ecken und Kanten aufweisen.

Wege, die den Gleichgewichtssinn stärken

Um den Gleichgewichtssinn zu fördern, werden hohe Steine im Abstand von mindestens 30 Zentimetern versetzt platziert, damit die Person, die hier entlanggeht, von einem Stein zum nächsten balancieren muss. Jeder Stein muss so groß sein, dass man mit beiden Füßen darauf stehen kann.

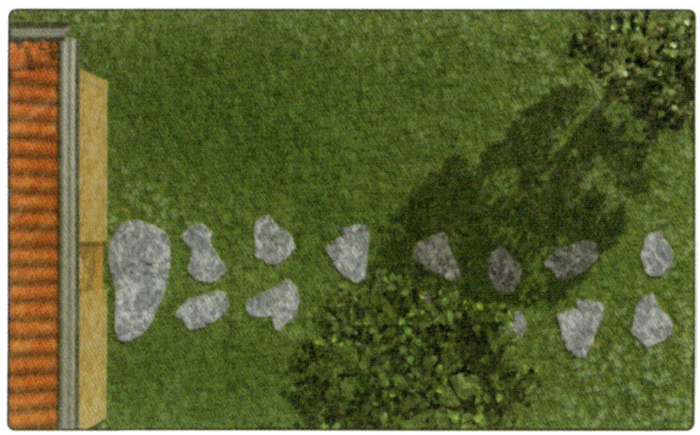

Abbildung 4.89:
Yin-Yang-Muster

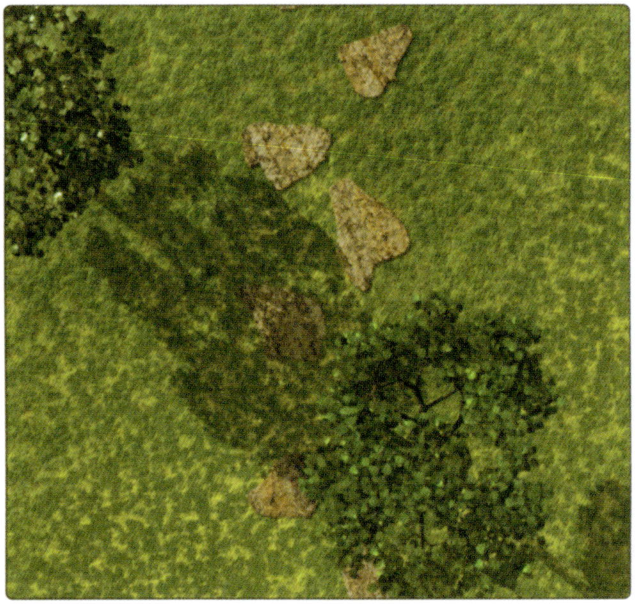

Abbildung 4.90:
Trittsteinplatzierung von oben gesehen

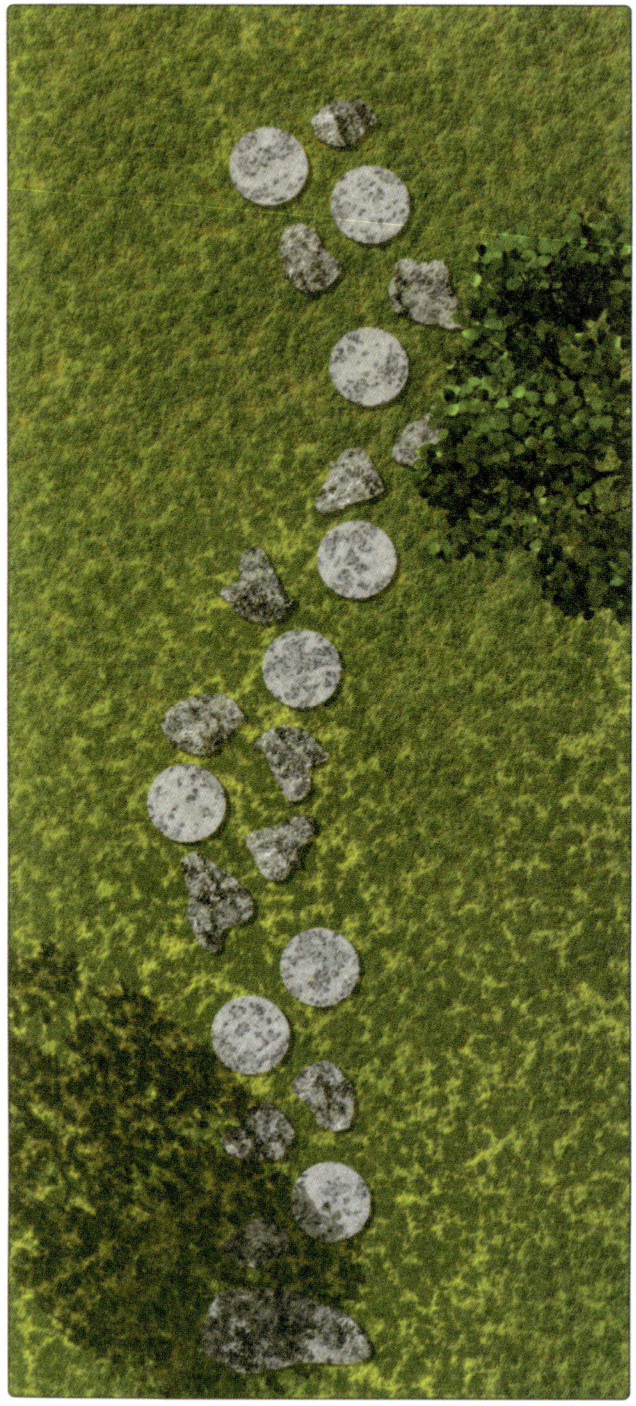

Abbildung 4.91:
Natur- und Kunststeine unterscheiden oder zählen

Wege, die das Gedächtnis verbessern

Verschiedene Arten von Steinen werden verwendet, wenn Sie einen Weg anlegen möchten, der das Gedächtnis fördert: naturbelassene, bearbeitete Kunststeine, Steine in verschiedenen Farben und Formen. Der Reiz besteht darin, die unterschiedlichen Steine beim Gehen jeweils zu zählen oder nur auf eine bestimmte Art von Stein zu treten. Gerade für Kinder sind solche Wege geeignet, denn sie lernen so spielerisch zählen und schulen ihr Gedächtnis.

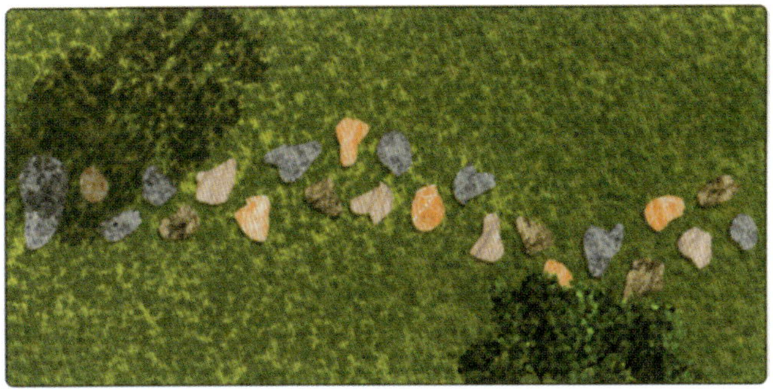

Abbildung 4.92:
Verschiedenfarbige Steine zählen und ins Gedächtnis einprägen

Wege, die den Blick auf spezielle Gestaltungsgegenstände lenken

Wege und Treppen auf unebenem Gelände wirken besonders reizvoll, wenn es größere Bereiche in einer Kurve, Treppenabsätze oder Plattformen gibt, auf denen der Gartenbesucher einen Moment innehalten und die dort aufgestellten Skulpturen oder andere interessante Objekte betrachten kann. Durch Erhebungen oder durch mithilfe eines Zauns oder Pflanzen abgeteilte Bereiche kann ein Blickfang so aufgestellt werden, dass er nicht sofort beim Betreten des Weges sichtbar ist, sondern erst entdeckt werden muss.

Wege, die zu einem Themenplatz führen

Ein Weg sollte immer irgendwohin führen. In der Natur gibt es keine Sackgassen, es geht immer weiter. Daher sollte auch der Gartenweg zu einem Ziel führen – zu einem Gebäude, einem Wäldchen, einer Steinmauer, einem Hang, einem speziellen Felsen, einer Skulptur oder einem Altar ...

Wenn der Weg von einem Thema zum anderen führt, sollte er so angelegt sein, dass er nicht in einer Sackgasse endet, und der Besucher dieselbe Strecke wieder zurückgehen muss. Eine Sackgasse ist ein schlechtes Omen und symbolisiert, dass es keine weiteren Alternativen gibt oder dass das gesamte Leben in einer Sackgasse endet. Um Sackgassen zu vermeiden, können zwei oder drei Ziele oder Themen mit einem Steinweg verbunden werden. Damit hat der Gartenbesitzer die Wahl, auf demselben Weg zurückzugehen, auf dem er gekommen ist, oder er kann einen neuen, spannenden Weg über unebene Trittsteine oder über das Wasser nehmen. Zwischen den einzelnen Themenplätzen sollten hohe Bäume oder Pflanzen stehen, sodass die Plätze erst sichtbar werden, wenn man nah vor ihnen steht.

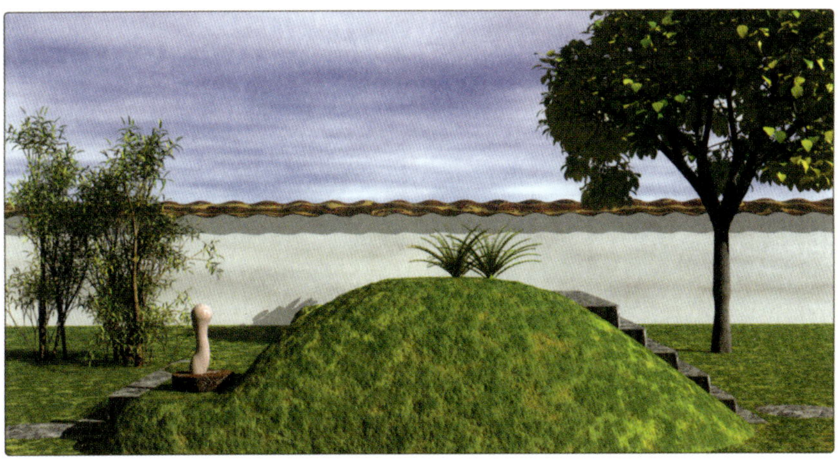

Abbildung 4.93:
Die Treppe und der Hügel verbergen die Skulptur, die der Besucher bei seinem Spaziergang daher erst später entdeckt.

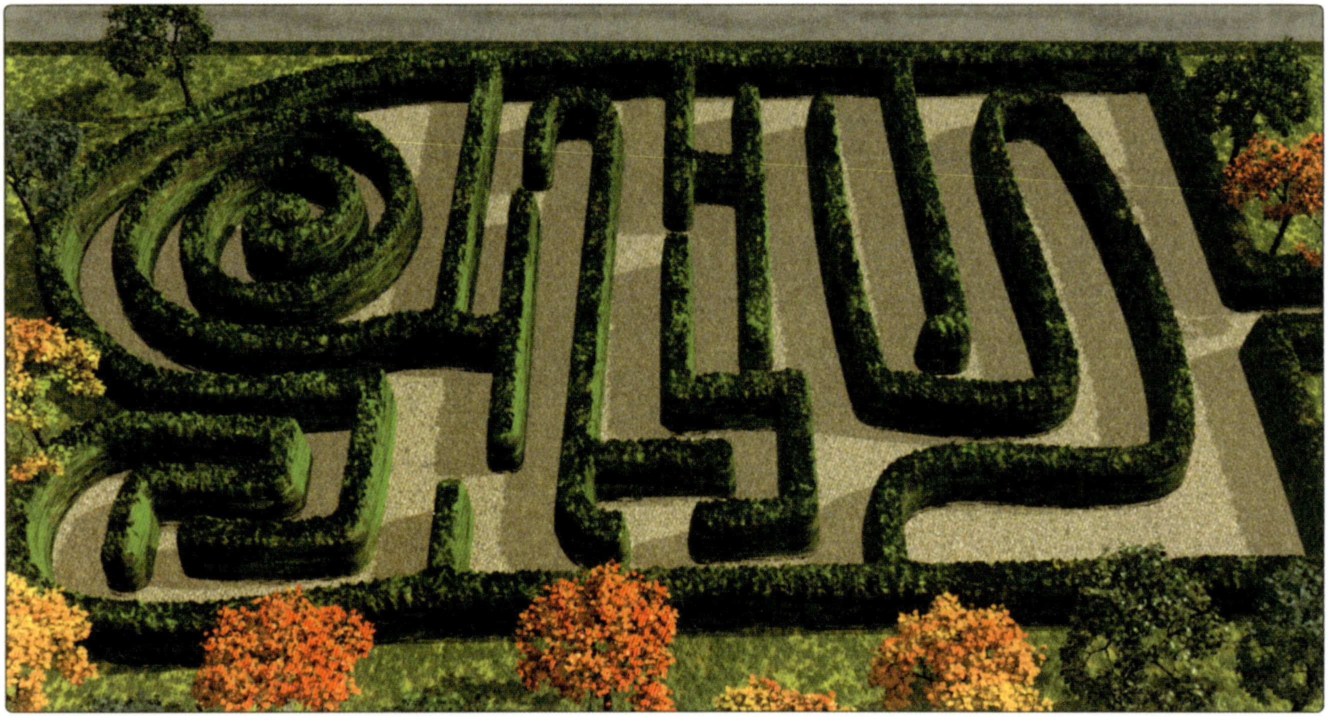

Abbildung 4.94:
Beispiel für einen Labyrinthgarten

Ein Labyrinth fördert die Intuition

Bei einem mit hohen Hecken oder Pflanzgittern angelegten Labyrinth muss der Besucher verstärkt seine Intuition einsetzen, um wieder herauszufinden. Natürlich erfordert das Anlegen eines solchen Labyrinths einigen Aufwand – es lohnt sich auf jeden Fall!

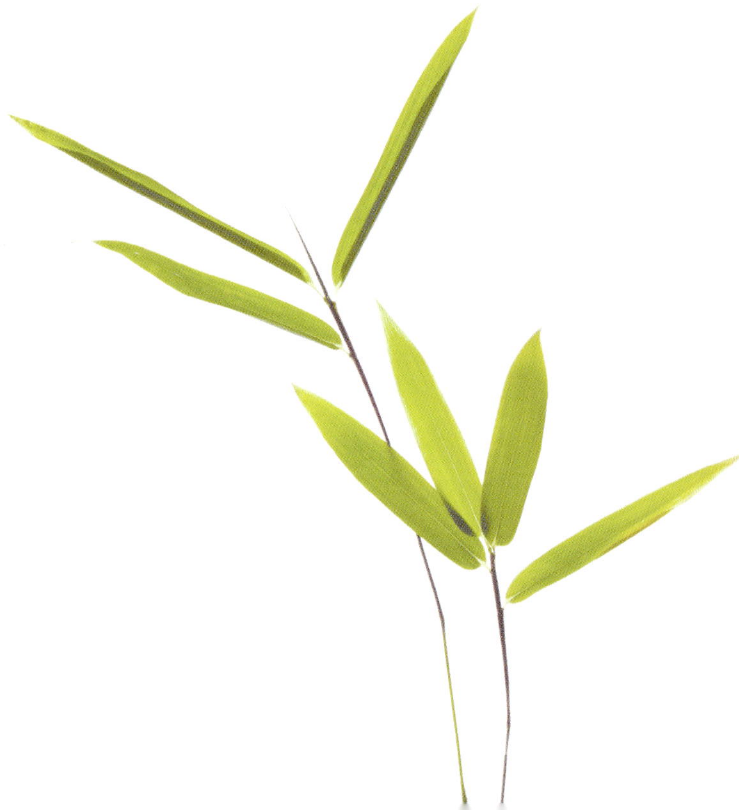

Trockenes Wasser

Die Idee, „trockenes Wasser" mit Sand und feinem Kies darzustellen, entstand bei den Taoisten, die hoch in den Bergen Chinas lebten. Traditionell verwendete man in dieser Steinlandschaft Sand, um fließendes Wasser darzustellen, und Steine, um eine Landschaft abzubilden, die der Kontemplation und Meditation diente. Diese Tradition wurde dann später in chinesischen und japanischen Gärten im Flachland oder in der Stadt fortgeführt, wo anstelle von Wasserfällen oder Bächen oft trockene Ströme angelegt werden, selbst wenn echtes Wasser vorhanden ist. Das trockene Wasser wird meist durch eine leichte Vertiefung dargestellt, die man mit Sand, Kies oder flachen Steinen füllt.

Mit einem Rechen können unterschiedlichste Muster in den Sand oder Kies gezogen werden, um Wellenformen oder andere Strukturen von fließendem Wasser darzustellen (siehe Abbildungen auf der Seite 113). In manchen Fällen bilden die verschiedenen Linien sogar nicht nur Wasser, sondern ganze Landschaften mit weit entfernten Hügeln, Bächen oder dem Meer ab. Durch die unterschiedliche Breite und Tiefe der Rillen entstehen vielfältige Eindrücke und Perspektiven.

Vielleicht haben Sie einmal Gelegenheit, einem Zen-Gartenmeister beim Ziehen der verschiedenen Linien zuzuschauen. Dies ist ein besonderes Erlebnis, weil sich hier die Kontemplation und Konzentration, aber auch die Präzision des Vorgangs ganz genau in den Sandlinien abzeichnen.

Wie Linien gezogen werden

Linien in den Sand oder Kies zu ziehen, mag auf den ersten Blick einfach erscheinen, erfordert aber durchaus etwas Übung. Beginnen Sie immer damit, die Sand- oder Kiesoberflächen glatt zu streichen. Setzen Sie dann den Rechen auf, und ziehen Sie das gewünschte Muster. (In Fachgeschäften können Sie dafür auch spezielle Zen-Rechen erwerben).

Weiche, harmonische Muster sind hierbei grundsätzlich zu bevorzugen, größere Flächen mit zackigen Mustern (siehe „aggressive Wellen") zu vermeiden. In Bereichen, in denen die Qi-Energie stärker angeregt werden soll, kann auch das Muster „turbulentes Wasser" angelegt werden. Wenn Ihr Muster fertig ist, besprühen Sie es zum Abschluss fein mit Wasser, damit sich Sand oder Kies noch etwas setzen und das Muster auf diese Weise haltbarer wird.

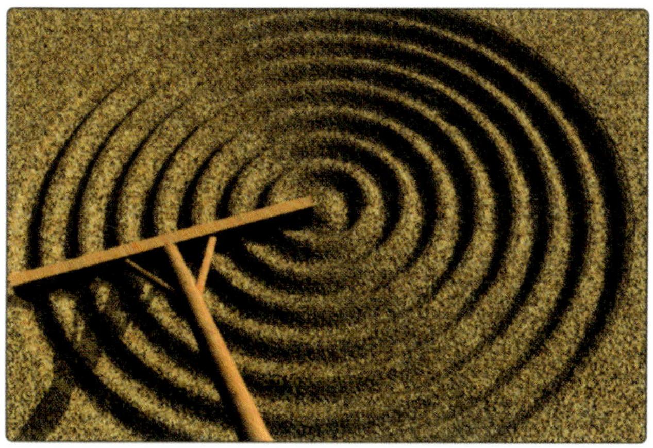

Abbildung 4.95:
Wenn ein Halbkreis oder ein Kreis gezogen wird, verweilt eine Seite des Rechens in der Mitte.

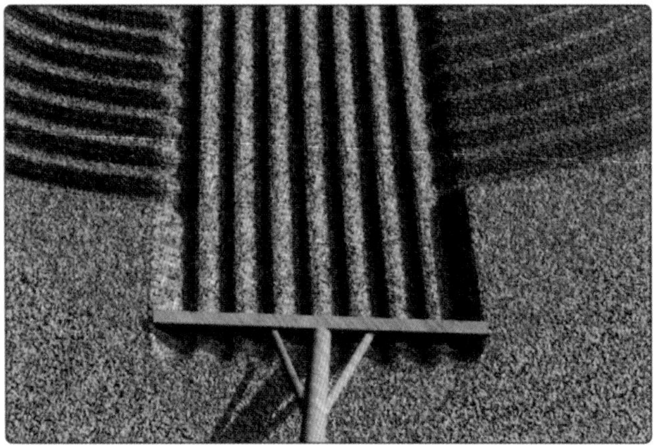

Abbildung 4.96:
Um überlappende Muster zu bilden, wird der Rechen über ein bereits vorhandenes Muster gezogen.

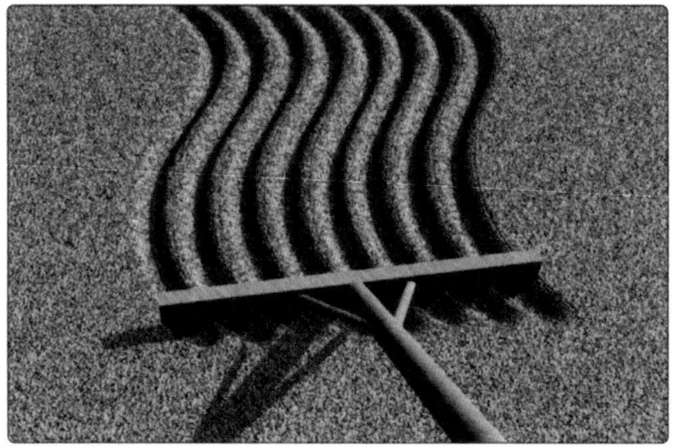

Abbildung 4.97:
Um klare Linien zu erzeugen, wird der Rechen nur in eine Richtung gezogen.

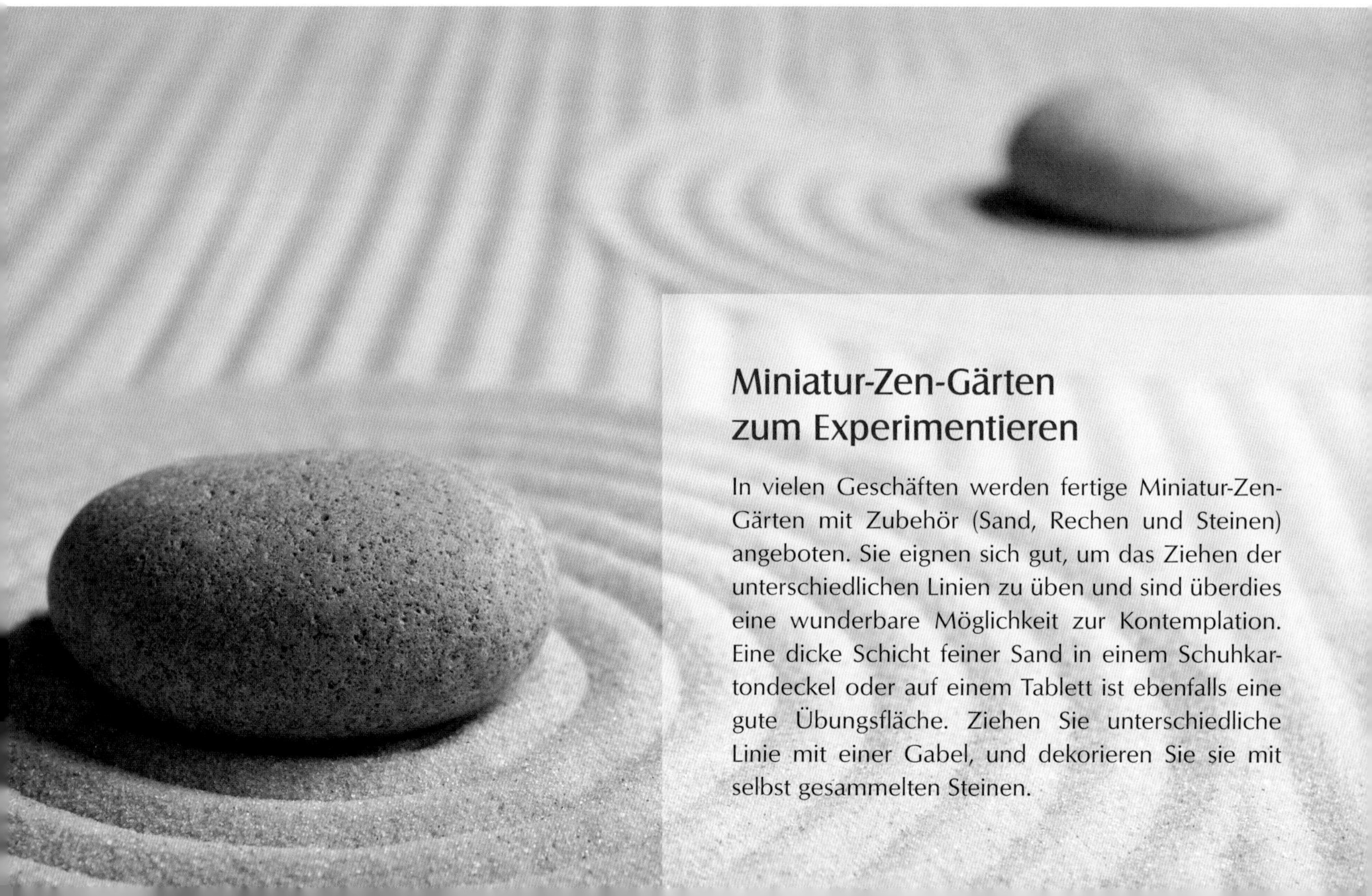

Miniatur-Zen-Gärten zum Experimentieren

In vielen Geschäften werden fertige Miniatur-Zen-Gärten mit Zubehör (Sand, Rechen und Steinen) angeboten. Sie eignen sich gut, um das Ziehen der unterschiedlichen Linien zu üben und sind überdies eine wunderbare Möglichkeit zur Kontemplation. Eine dicke Schicht feiner Sand in einem Schuhkartondeckel oder auf einem Tablett ist ebenfalls eine gute Übungsfläche. Ziehen Sie unterschiedliche Linie mit einer Gabel, und dekorieren Sie sie mit selbst gesammelten Steinen.

Neun Möglichkeiten, „trockenes Wasser“ darzustellen

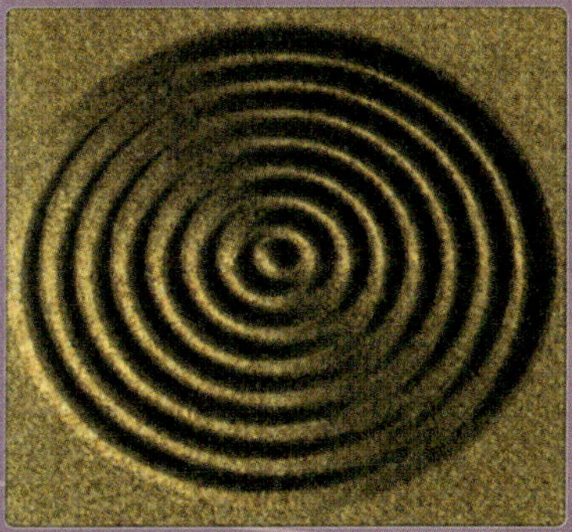

Wassertropfen und Wasserringe

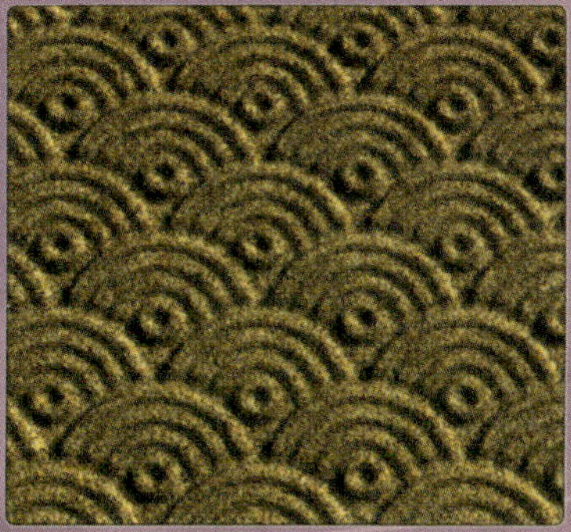

Meereswellen- oder Fischschuppenmuster

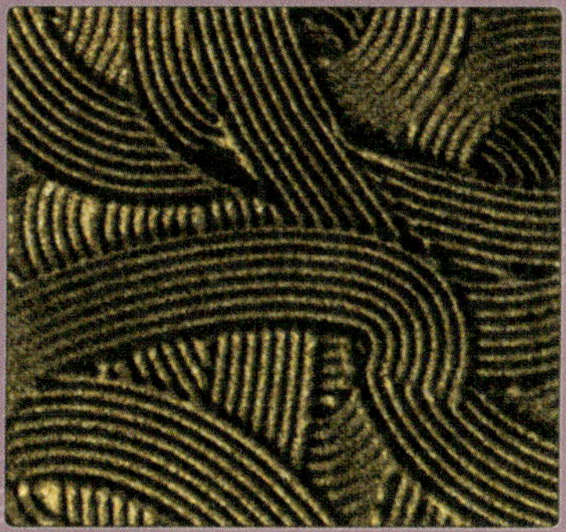

Turbulentes Wasser

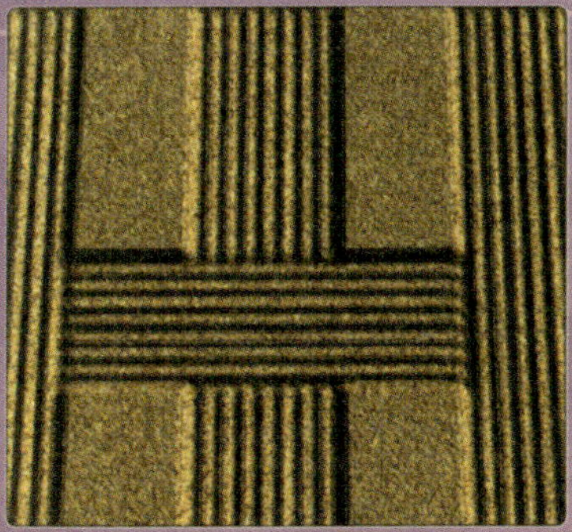

Statisches Kreuzungsmuster

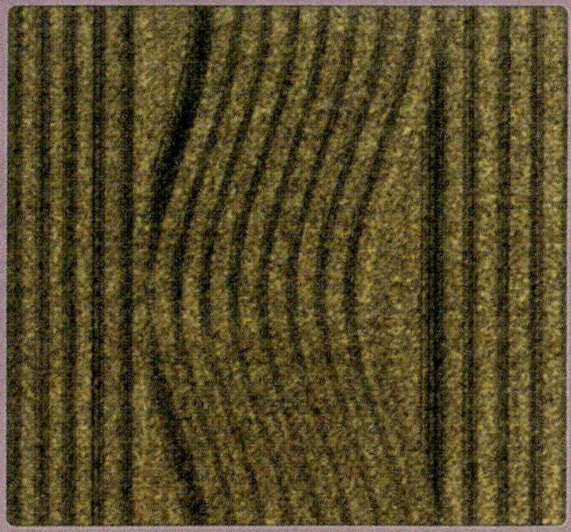

Unterschiedliche Wellenformen

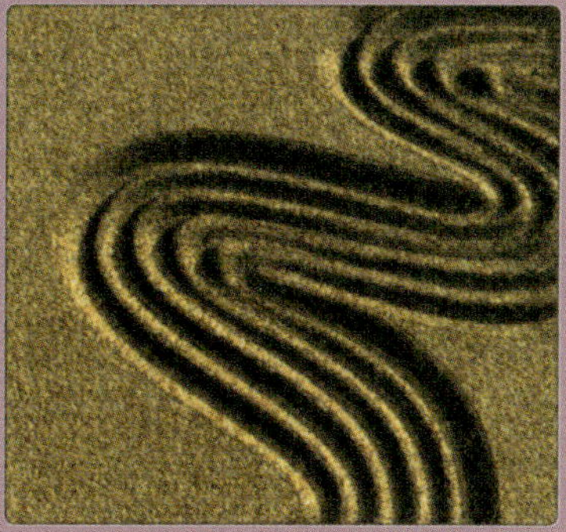

Lebendiger Bachlauf

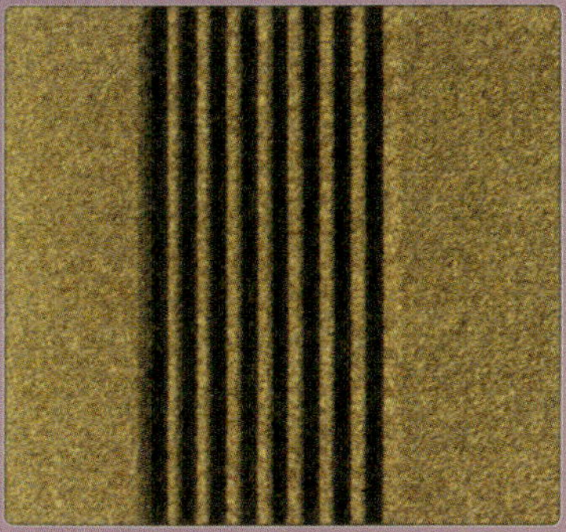

Statisches Wellenmuster

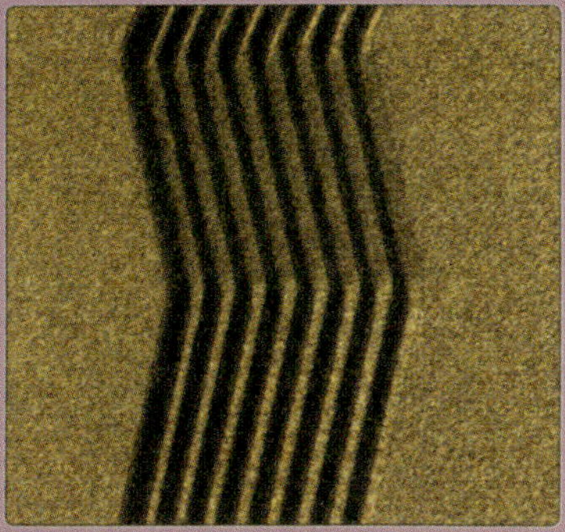

Aggressive Wellen

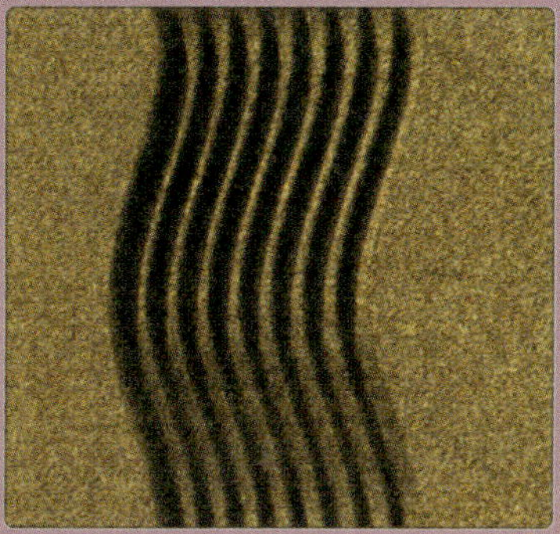

Lebendige Wellen

Kommunikation mit Pflanzen

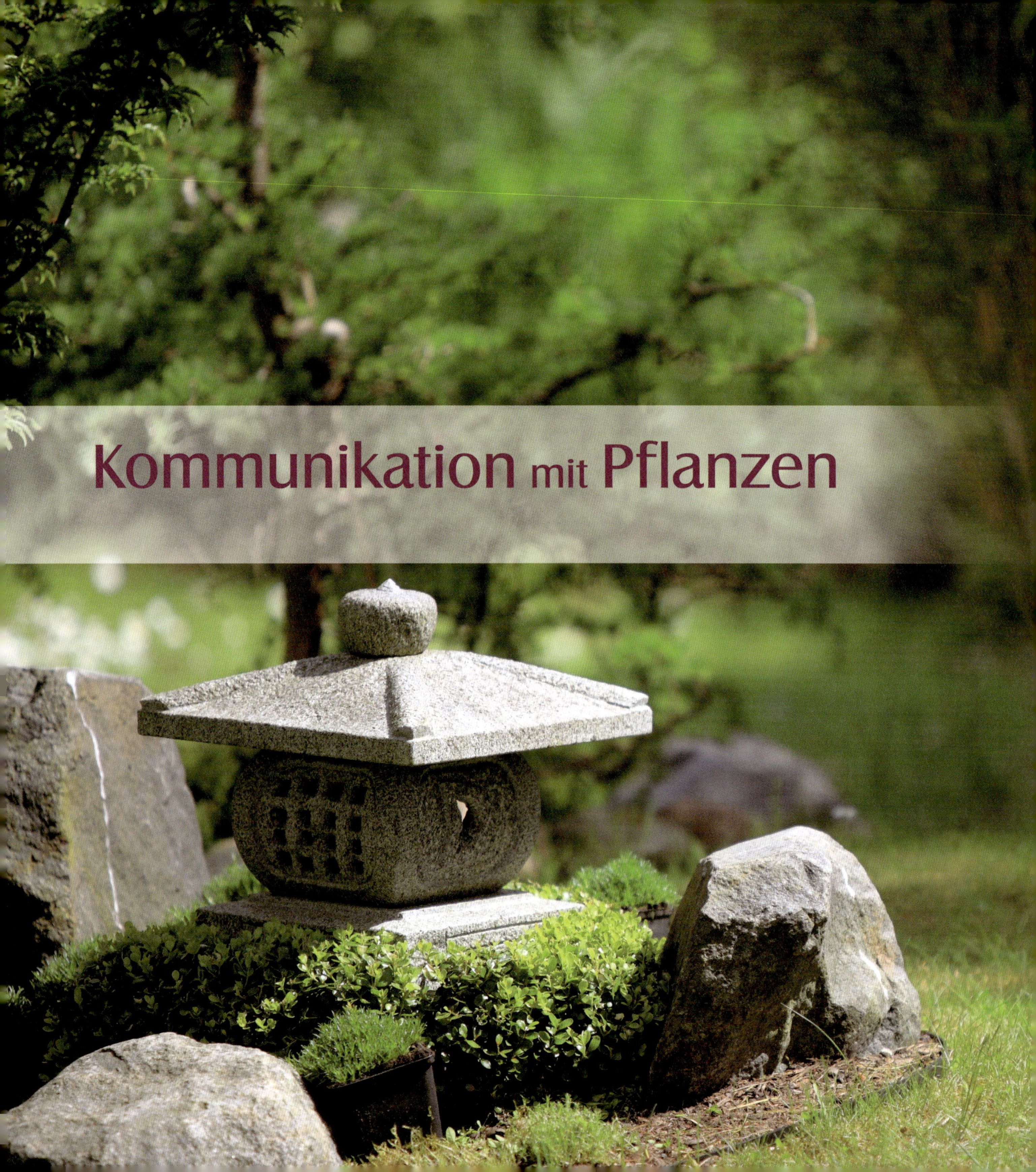

Kapitel 5

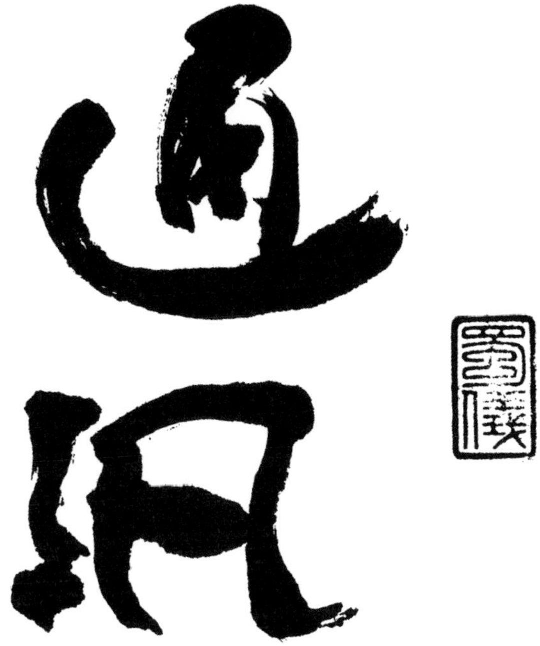

Die Pflanzenwelt steht dem Menschen sehr nahe.
Es ist seine Aufgabe, mit den Pflanzen Kontakt aufzunehmen und diese Beziehung zu vertiefen und aktiv zu nutzen.

Dieses Kapitel soll die Beziehung zwischen Mensch und Pflanzen auf der energetischen Ebene näher beleuchten. Deshalb finden Sie in diesem Buch auch keine umfangreichen Besprechungen einzelner Blütenpflanzen, Obst- oder Ziergehölze, sonder eher allgemeine Richtlinien zum Umgang mit Pflanzen, die bisher eher unbekannt waren.

In Gärtnereien und Baumschulen erhalten Sie umfassende Informationen zur Auswahl der Pflanzen- und Baumarten – sei es für Fensterbank, Wintergarten, Balkon oder den großen Garten. Hier erhalten Sie auch Tipps zur Pflege und Düngung sowie Fachliteratur. Bevor Sie die passenden Pflanzen kaufen, sollten Sie sich genaue Notizen machen, wo Sie diese einsetzen beziehungsweise aufstellen werden. Liegt der Platz im Garten in der Morgen- oder in der Nachmittagssonne? Wie lange werden die Pflanzen dem Sonnenlicht ausgesetzt sein? Ein Platz im Garten, der nachmittags lange in der prallen Sonne liegt, benötigt natürlich andere Pflanzen als ein kühler schattiger Balkon.

Pflanzen und ihre unerforschten Fähigkeiten

Wenn Ihr Garten auf dem Fensterbrett nur etwa einen Meter Abstand von der Heizung hat, müssen Pflanzen ausgewählt werden, die viel Wärme und Zugluft vertragen. Vielleicht möchten Sie auch grundsätzlich noch einmal den Zweck Ihres Gartens überdenken. Ein Garten mit einer Überzahl an Pflanzen verschiedener Spezies und Farben, die alle nach Aufmerksamkeit verlangen, erzeugt auf der feinstofflichen Ebene zu viel „Lärm" und komplexere Schwingungen. Er strahlt weder Frieden noch Ruhe aus, sondern wirkt auf den Menschen extrem anregend. So ist ein üppiger bunter Blumengarten eher für Aktivitäten und Feste geeignet, während ein schlicht dekorierter taoistischer Steingarten Leere und Stille vermittelt und den Geist zur Kontemplation einlädt.

Obwohl wir täglich mit ihnen zu tun haben, sind Pflanzen und Bäume die am wenigsten verstandenen und untersuchten Lebewesen in unserer Umgebung. Wir sehen es als selbstverständlich an, dass die Pflanzenwelt uns Blumen schenkt, mit Früchten und Gemüse ernährt, mit Kräutern gesund erhält und uns Holz und Fasern zum Bauen und als Brennstoff liefert. Wissenschaftlich ist belegt, dass Pflanzen einen wesentlichen Beitrag zum Klima und zur Verbesserung der Luftqualität leisten, weil sie große Mengen an Kohlendioxid aufnehmen und auch in geschlossenen Räumen helfen, Schadstoffe zu absorbieren. Pflanzen sind entwicklungsgeschichtlich weitaus älter als der Mensch. Wo Wasser ist, siedeln sich grundsätzlich zuerst Pflanzen und dann Tiere an. In ihrer natürlichen Umgebung entwickeln Pflanzen Fähigkeiten, die jenseits unserer Vorstellungskraft liegen. Sie können Giftstoffe oder Insektenangriffe identifizieren und ihr eigenes Verteidigungssystem entwickeln. Selbst Botanikern ist nur ein Bruchteil dieses Pflanzenpotenzials bekannt. Sensitive Menschen, die mit dem Pflanzenreich kommunizieren können, sind in der Lage, noch auf ganz anderen Ebenen mit Pflanzen und Bäumen zu arbeiten.

Mit Pflanzen kommunizieren

Eine Möglichkeit, die pflanzlichen Fähigkeiten noch intensiver zu nutzen, besteht darin, mental mit einer Pflanze in Kontakt zu treten und sie beispielsweise zu bitten, Schadstoffe in Wohn- und Arbeitsräumen verstärkt zu absorbieren. Gerade in modernen Büroräumen kann die Schadstoffbelastung der Luft mithilfe von Pflanzen wesentlich reduziert werden. Auch im Freien sind gerade Bäume sehr nützlich, denn sie helfen, Autoabgase zu filtern und die Lärmbelastung zu verringern. Dass die Kommunikation mit Pflanzen funktioniert, haben Gärtner mit dem „grünen Daumen" schon lange bewiesen. Sie sprechen mit den Pflanzen, gießen sie liebevoll, berühren sie und entfernen vorsichtig alte Blätter und Blüten. Die Pflanzen danken es ihnen mit Gesundheit und üppigem Wachstum. Selbst kranke und verkümmerte Pflanzen können unter einer solchen Pflege wieder zum Leben erweckt werden.

Der Mensch kann selbst mit einem größeren Waldstück in Kontakt treten und die Bäume dort bitten, das Wetter zu beeinflussen und beispielsweise für mehr Regen zu sorgen. Denn besonders Bäume haben einen starken Einfluss auf das Wetter. Die im Frühjahr von den Wurzeln bis in die Zweige stark aufsteigende Qi-Energie führt zu einer verstärkten Luftbewegung. Der so entstehende Wind ist wiederum für die Bestäubung wichtig. Im Herbst, wenn das Qi beginnt, sich aus den Zweigen und Ästen in Stamm und Wurzeln zurückzuziehen, entsteht ebenfalls eine starke Luftbewegung und damit mehr Wind. Die Bäume können sich leichter vom Herbstlaub befreien und ihre Energie über den Winter hinweg besser konservieren. Ein Baum, der sich sämtlicher Blätter entledigen konnte, hat mehr Kraft, um im folgenden Jahr neu auszutreiben, zu blühen und Früchte zu tragen.

Wild- und Kulturpflanzen

Pflanzen in der freien Natur sind Selbstversorger, sie benötigen keinen Dünger oder chemische Mittel, um zu gedeihen und zu überleben. Sie können selbst bei großer Trockenheit oder unter anderen extremen Bedingungen überleben. Die Nährstoffe werden über die Wurzeln und über Millionen von Blattporen aufgenommen. Auch können bestimmte weitere Substanzen absorbiert und weiter in notwendige Nährstoffe umgewandelt werden. Werden Wildpflanzen bedroht, arbeiten sie mit Pflanzen der eigenen Spezies oder mit anderen Artgenossen zusammen. In diesem Fall wird ihr Überlebensinstinkt aktiv, und sie nehmen selbst zu Insekten und Bakterien Kontakt auf. Eine Wildpflanze ist sogar bereit, mit einer anderen Pflanze, die in Not ist, in Verbindung zu treten und diese zu unterstützen. Dann bildet sich eine Energielinie zwischen den beiden, die von sensitiven Menschen wahrgenommen werden kann.

Pflanzen im Garten und in Baumschulen sind dagegen darauf programmiert, sich auf menschliche Hilfe zu verlassen, wenn es darum geht, zu wachsen und zu überleben. Viele dieser Pflanzen gehen ein, wenn es ihnen an Pflege mangelt, denn sie sind nicht mehr in der Lage, sich selbstständig zu ernähren und zu schützen. Eigentlich verhalten sich kultivierte Pflanzen wie 8- bis 12-jährige Kinder. Wenn sie mit Ihnen kooperieren und auf Sie hören sollen, müssen Sie sie auch wie Kinder behandeln. Oft müssen Sie Überzeugungsarbeit leisten und die Pflanzen sanft drängen. Wenn Sie mit Ihren Pflanzen entsprechend kommunizieren, können Sie dafür sorgen, dass diese wieder selbstständiger werden, auf sich selbst aufpassen und weniger gedüngt und gegossen werden müssen.

花草树

Langlebigkeit und Vergänglichkeit im taoistischen Steingarten

Der taoistische Gartenmeister ist sich einer tieferen Dimension der Pflanzensymbolik bewusst und trifft daher die folgende Grundsatzentscheidung, die Sie ebenfalls bei Ihrer Gartenplanung treffen sollten:

Immergrüne Pflanzen wirken das ganze Jahr über als Blickfang. Sie symbolisieren Beständigkeit und Langlebigkeit. Soll dieser Aspekt im Garten hervorgehoben werden, werden Nadelgehölze gewählt.

花草树

Wenn betont werden soll, dass nichts dauerhaft und die Veränderung immerwährend ist, werden Laubbäume ausgewählt. Für diese Zwecke sind beispielsweise Ahorn, Eiche und widerstandsfähige Obstbäume geeignet. Kirsch- oder Pflaumenbäume werden im fernöstlichen Garten nicht aufgrund ihrer Früchte gemocht, sondern weil sie ein Symbol für Überfluss und Fruchtbarkeit sind.

Laub- und Nadelgehölze können auch miteinander kombiniert werden, um den Lauf der Jahreszeiten und gleichzeitig die Kontinuität des Lebens darzustellen.

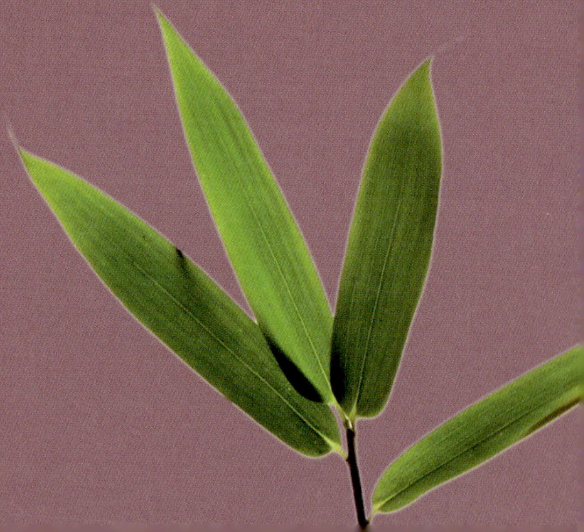

Wie Pflanzen im Garten zu Selbstversorgern werden

Um Ihre Pflanzen im Garten zu Selbstversorgern zu „erziehen", müssen Sie einfach mit ihnen Kontakt aufnehmen. Langfristig können Sie sich auf diese Weise eine äußerst pflegeleichte „grüne Lunge" heranziehen. Kommunizieren Sie auch mit eher schlecht gedeihenden Spezies, und finden Sie heraus, ob diese nicht einfach etwas mehr menschliche Zuwendung brauchen, um besser zu wachsen. Sehen Sie die entsprechende Pflanze an, und sagen Sie ihr, dass Sie mit ihr sprechen wollen und dass sie Sie als Freund und Partner in Ihrer Umgebung betrachten kann. Erklären Sie genau, was die Pflanze tun soll, zum Beispiel: „Du erfüllst deine normale Aufgabe als Pflanze und arbeitest mit den anderen Pflanzen im Netzwerk, die sich an dieser und jener Stelle im Umkreis des Hauses befinden. Du reinigst die Luft von Giftstoffen, die für den Menschen schädlich sind." Dann berühren Sie die Pflanze, bedanken sich und sagen, dass Sie sie lieben. Die Pflanze wird den Kontakt mit Ihnen genießen.

Damit Ihre Gartenpflanzen wirklich zu Selbstversorgern werden und alle benötigten Nährstoffe sowie Wasser aus dem Boden und der Luft aufnehmen, müssen Sie ihnen vermitteln, dass sie sich unabhängig wie in der freien Natur verhalten sollen, und dass sie auf diese Weise gesund wachsen und gedeihen werden. Sagen Sie ihnen auch, dass sie sich in einem Netzwerk mit anderen Pflanzen befinden und diese kontaktieren können, wenn sie Hilfe brauchen, sich schützen müssen oder krank sind. Wenn sich Ihre Pflanzen entsprechend gut verhalten, verwöhnen Sie sie mit einer gelegentlichen Dünger- oder Wassergabe. Gießen oder düngen Sie Ihre Pflanzen aber nie wiederholt zu einem bestimmten Zeitpunkt, damit diese sich nicht vollkommen auf Sie verlassen. Wenn Sie im Garten unterwegs sind, sollten Sie die Pflanzen begrüßen und fragen, wie es ihnen geht, so als würden Sie mit einem Menschen reden.

Verwöhnte Gärtnereipflanzen brauchen etwa eine Woche Eingewöhnungszeit, bis sie sich an die neuen Umstände gewöhnt haben. Dann verändern sie sich von einer „abhängigen, synchronen" Treibhauspflanze zu einem unabhängigen Gewächs, das wie in der freien Natur für sich sorgen kann. Es gibt auch Faulpelze unter diesen Pflanzen, die bis zu einem Monat brauchen, um auf Ihre Anweisungen zu hören, denn sie wurden vom Samenkorn an gehegt und gepflegt. Daher haben sie auch weichere Fasern als die abgehärteten Wildpflanzen. Bereits im Gewächshaus kann man den Pflanzen zu einem stärkeren Wuchs verhelfen, wenn man täglich zwei bis drei Stunden lang einen Ventilator einschaltet, der einen stärkeren Wind wie in freier Natur simuliert. Auf diese Weise entwickeln die Jungpflanzen kräftigere Fasern und können dem Wind besser standhalten. Pflanzen aus der Gärtnerei oder Baumschule, die einen überdachten oder sehr geschützten Standort hatten, sollten einige Tage lang zur Akklimatisierung im Schatten oder im Bereich einer Wand geschützt aufgestellt werden, bevor sie der heißen Sonne oder der kalten Luft im Freien ausgesetzt werden.

Pflanzen, die in Innenräumen aufgestellt werden, brauchen keine Eingewöhnungszeit. Egal, wie groß Ihr Garten ist – natürlich darf und soll es immer auch ein Nutzgarten sein. Sie finden sicherlich ein Plätzchen, um Kräuter anzupflanzen, die frisch geerntet das ganze Jahr über für Abwechslung in der Küche sorgen. Diese können Sie genauso behandeln wie die Zierpflanzen. Kommunizieren Sie mit ihnen, und Sie werden prachtvolle und nährstoffreiche Kräuter heranziehen.

Die Düngung

Geben Sie Ihren Pflanzen nur Kompost oder Naturdünger, wenn Sie das Gefühl haben, dass die Pflanzen etwas zusätzliche Energie für ihr Wachstum brauchen oder eine Krankheit überwinden müssen. Häufig werden Flüssigdünger bevorzugt; diese können auch wie homöopathische Mittel potenziert werden: Geben Sie auf einen Teil Flüssigdünger neun Teile Wasser, und schütteln Sie das Ganze kräftig. Nehmen Sie von dieser Flüssigkeit wieder einen Teil, geben Sie neun Teile Wasser hinzu, und schütteln Sie die Mischung erneut. Wiederholen Sie diesen Vorgang noch drei weitere Male, um eine D5-Potenz zu erhalten. Sprühen Sie mit dieser Lösung zur leichteren Absorption die gesamte Pflanze ein. Bei langsam wachsenden Pflanzen kann auch ein Düngergranulat angebracht sein. Erkundigen Sie sich in der Gärtnerei, welche Düngerformen oder auch homöopathischen Pflanzenmittel angeboten werden.

Techniken zur Anregung des Wachstums

Pflanzen, die für ihre Art ungewöhnlich langsam wachsen, sollten von Ihnen „aufgeweckt" werden. Es gibt beispielsweise Bäume, die einfach faul sind und deshalb auch weniger Früchte tragen. Wenn Sie sichergestellt haben, dass das langsame Wachstum nicht auf unterirdische Störfelder wie Wasseradern oder Erdverwerfungen zurückzuführen ist, sprechen Sie zuerst mit den entsprechenden Pflanzen, und erklären Sie ihnen, wie sie sich nun verhalten sollen. Wenn sie stur sind wie ungezogene Kinder, können Sie auch ein bisschen drohen und sie mit einem belaubten Ast oder einem Reisigbündel schlagen. Beginnen Sie dabei unten am Stamm, und peitschen Sie diesen nicht zu fest aufwärts bis zu den obersten Ästen hin, sofern Sie diese erreichen können. Tun Sie dies eine Woche lang täglich, am besten an den Tagen vor Vollmond. Wenn das Ergebnis nicht befriedigend ist, können Sie die Prozedur wiederholen und einen Monat lang abwarten, bis die Pflanze eine Reaktion zeigt. Wenn sich immer noch keine Besserung abzeichnet, kann die Pflanze krank oder bereits verkrüppelt sein. Geben Sie ihr während dieser Behandlung auch immer etwas Dünger, um das Wachstum weiter anzuregen. Bei stark verkrüppelten oder unfruchtbaren Bäumen klopft man mit einem kleinen Hammer vom Boden aus stammaufwärts bis zu den Hauptästen. Achten Sie darauf, dass dabei die Rinde nicht verletzt wird. Normalerweise zeigt eine solche Behandlung gute Erfolge. Die Pflanze wird sich bald nach Ihren Wünschen verhalten.

Mit Musik geht alles besser

Sanfte, harmonische Musik stärkt das Immunsystem der Pflanzen und hilft ihnen, besser zu gedeihen und mehr Blüten und Früchte zu tragen. In Untersuchungen hat man festgestellt, dass die Pflanzen verschiedene Musikrichtungen sehr wohl unterscheiden können. Am besten reagieren sie auf klassische und harmonische Entspannungsmusik, während ihnen harte Rockmusik zuwider ist. Sie können selbst eine hektargroße Landfläche gut beschallen, wenn Sie im Abstand von etwa 5–10 Metern wetterfeste Lautsprecherboxen aufstellen. Auch eine große Obstplantage profitiert von einer solchen Maßnahme.

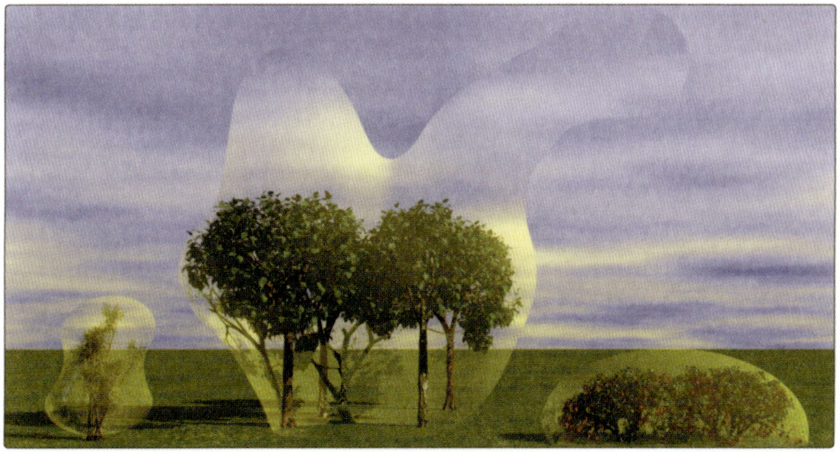

Abbildung 5.1:
Wenn Sie Ihren Blick entspannt schweifen lassen, können Sie die Energiefelder der Pflanzen wahrnehmen.

Naturgeister und das Bewusstsein des wilden Gartens

Eine Möglichkeit, mehr mit den Natur- und Pflanzengeistern in Kontakt zu treten, besteht darin, einen Bereich, der etwa 5–10% der Gesamtfläche ausmacht, nicht mehr zu pflegen und einfach sich selbst zu überlassen. In einem wilden Garten dürfen alle Gräser und Blumen wie in der freien Natur wachsen und wuchern.

Dieses abgeteilte Gelände sollte von Ihnen auch nicht mehr begangen werden, um deutlich zu machen, dass Sie nur noch das ganze übrige, symmetrisch geformte Gartengrundstück nutzen. Wenn Sie am Rand Ihres Wildgartens stehen und den Blick schweifen lassen, können Sie die Energiefelder der dortigen Wesenheiten erkennen. Sie ähneln feinen farbigen Blasen oder Wolken, die über den Pflanzen schweben.

Die zarte Energie des Pflanzengeistes einer Spezies lässt sich besonders gut erkennen, wenn Sie beispielsweise ein Beet mit nur einer Blumensorte haben. Als sensibler Gärtner sollten Sie regelmäßig entweder laut oder mental mit Ihrem Wildgarten sprechen. Dadurch wird das Immunsystem der Pflanzen gestärkt, und sie werden gesünder.

Die Pflanzen im Wildgarten nehmen auch Kontakt mit dem restlichen Garten auf und beleben ihn damit zusätzlich. Außerdem sorgen die Pflanzen- und Naturgeister dafür, dass Ihr Garten besser geschützt ist.

Ein Wildgarten ist auch eine gute Lösung, wenn Ihr Grundstück durch eine Ausbuchtung eine unregelmäßige Form aufweist (siehe Kapitel 3, Abbildungen 3.19 und 3.20, Seite 55).

Durch einen Zaun können Sie den überstehenden Bereich abtrennen und dort die Natur- und Pflanzengeister ungestört verweilen lassen.

Baum- und Pflanzenschnitt

Baumliebhaber, die „naturbelassene" Bäume vorziehen, sind oft traurig, wenn übermäßig große Äste und Zweige nahe am Haus oder entlang einer Straße entfernt werden müssen. Viele Häuser werden jedoch von großen Bäumen überragt und zu stark beschattet, was vermehrte Reinigungsarbeiten sowie Gesundheitsprobleme der Bewohner zur Folge haben kann, weil mehr Schmutz, Pilze und Insekten ins Haus gelangen.

Wenn man jedoch vor dem Beschneiden mit den Bäumen oder Pflanzen spricht, ihnen deutlich macht, dass ihre Existenz nicht bedroht ist und ihnen erklärt, was man genau vorhat, werden sie mit Sicherheit gut darauf reagieren – in dem sie gesund bleiben und die Wunde schnell verheilt.

Wenn Sie einen Ast entfernen oder einen Stamm beschneiden wollen, berühren Sie diesen zuerst, oder richten Sie den Blick auf ihn, und sagen Sie der Pflanze, dass sie ihre Energie aus diesem Bereich zurück in die Wurzeln ziehen soll, damit sie nicht zu viel Saft und Kraft verliert. Wenn Sie Ihr Anliegen auf freundliche und liebevolle Art vermitteln, hört die Pflanze sicher gern auf Sie. Beginnen Sie erst dann mit dem Schnitt. Das gleiche Prinzip wird beim Beschneiden von **Penjing-** oder Miniaturbäumchen angewandt. Dem Penjing wird erklärt, dass jetzt der Zeitpunkt für einen schönen, gesundheitsfördernden und entspannenden „Haarschnitt" gekommen ist. Halten Sie den zu entfernenden Ast oder Zweig fest, und teilen Sie dem Bäumchen mental mit, dass dieser Teil krank oder zu groß gewachsen ist und der Gesundheit des Baums zuliebe zurückgeschnitten werden muss. Die Pflanze wird positiv darauf reagieren, dass Sie so fürsorglich sind. Und das wird wiederum auf Sie zurückstrahlen. Daher ist die Pflege von Penjing auch ein sehr entspannender und meditativer Zeitvertreib für gestresste Geschäftsmenschen, die viel Kopfarbeit leisten müssen. Eine freundliche Vorwarnung und ein Hinweis auf einen förderlichen „Haarschnitt" ist auch angebracht, bevor der Rasen gemäht wird. Ein unbedachter und liebloser Schnitt ohne vorherige Kommunikation führt bei Pflanzen und Bäumen nämlich zu großer Wut und Angst. Wer sensitiv ist und das Energiefeld (die Aura) der Pflanzen sehen kann, wird beobachten, wie sich diese vor Zorn über diesen Angriff hell- oder dunkelrot färbt. In einer solchen Notsituation geben die Pflanzen und Bäume häufig zum Selbstschutz toxische Substanzen ab, weshalb viel achtlose Gärtner nach dem Schneiden unter Augen- und Hautreizungen leiden.

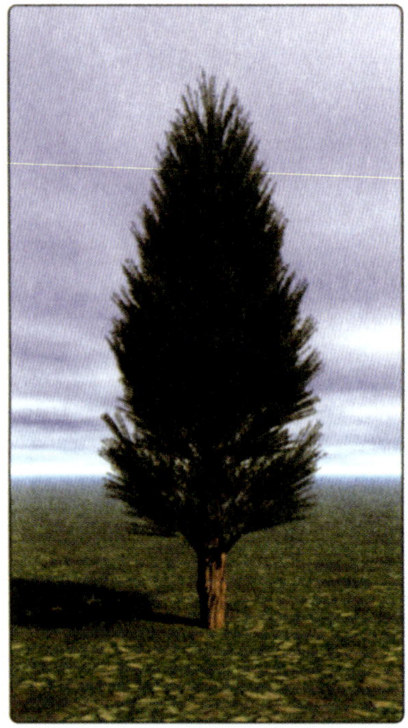

Abbildung 5.2:
Was auch immer Sie mit einer Pflanze vorhaben – ob Sie sie beschneiden oder umsetzen wollen –, kommunizieren Sie zuerst mit ihr.

Manchmal kommunizieren die Bäume auch mit ihren Parasiten wie Insekten und Bakterien, die von ihren Blättern und ihrem Holz leben, und bitten sie, den „Feind" anzugreifen. Seien Sie daher vorsichtig!

Weitere Feng-Shui-Hinweise für Ihren Garten

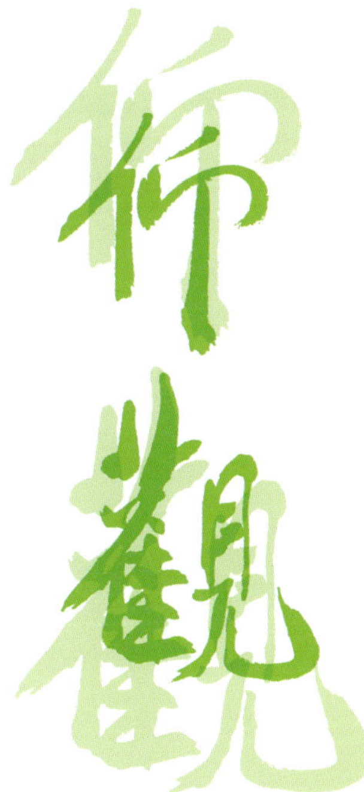

Ein üppiger Garten, in dem es wächst und gedeiht, sorgt für viel frische Luft und symbolisiert Fülle. Gerade Blütenpflanzen ziehen durch ihre Farbigkeit, ihren Blütenstaub und als Symbol der Liebe besonders viel lebendige, vitale Qi-Energie an.

In Kapitel 3 habe ich in Zusammenhang mit dem Kompass-Feng-Shui (Seite 56) bereits darauf hingewiesen, dass Sie sich bei blühenden Pflanzen nicht notwendigerweise streng nach den Farbzuordnungen gemäß der Himmelsrichtungen richten müssen. Gerade wenn Sie kein Anhänger eines sehr schlichten, mit vielen Steinen und Kies angelegten Gartens sind, sondern sich viele verschiedene Pflanzen und Bäume im Garten wünschen, finden Sie nachfolgend noch weitere nützliche Hinweise auf der Grundlage des Feng Shui.

Das Prinzip von Yin und Yang bei Pflanzen

Wenn wir Pflanzen unter dem Aspekt von Yin und Yang betrachten, besitzen sie im Garten-Feng-Shui im Vergleich zu Steinen einerseits eine Yang-Qualität, da sie wachsen und in Bewegung sind. Andererseits sind ihre Säfte im Vergleich zum Blut des Menschen kalt – also Yin. Außerdem spenden sie Schatten (Yin), der im Vergleich zu einem Sonnenplatz kühl ist. Stehen viele große Bäume zu nahe am Haus, wird dieses ebenfalls kühler und dunkler – und damit mehr Yin. Gerade große Bäume sollten daher einen Abstand von etwa sechs Metern zum Haus haben, damit die Hausenergie nicht aus dem Gleichgewicht gerät. Kletterpflanzen am Haus sind nicht empfehlenswert, weil sich deren Wurzeln in den Putz eingraben, der symbolisch unsere Haut darstellt. So können die Bewohner eher unter Hauterkrankungen leiden. Eine ähnliche Wirkung haben Spalierbäume, die unmittelbar an der Hauswand hochwachsen.

Eine Dachbegrünung mit Rasen und anderen Pflanzen ist andererseits möglich, wenn das Dach gut isoliert und damit gewährleistet ist, dass keine Feuchtigkeit oder Wurzeln von oben in das Gebäude eindringen können. Weil das Dach im übertragenen Sinne den Kopf darstellt, könnte man eine Dachbegrünung mit längeren Haaren vergleichen.

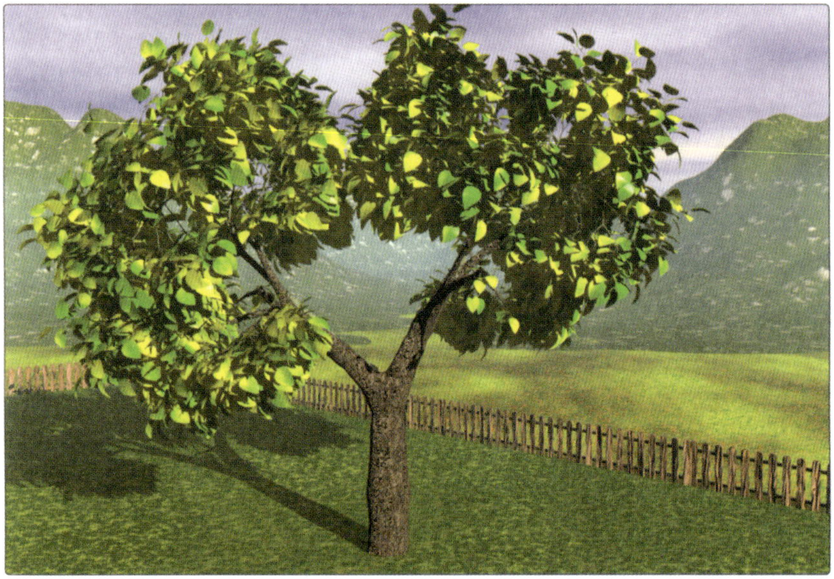

Abbildung 5.3:
Eine deutlich sichtbare Verzweigung symbolisiert den Scheideweg.

Die Form der Bäume

Eine Grundregel im Feng Shui besagt, dass gerundete und harmonische und positive Formen eine positive Wirkung haben und auch in der Pflanzenwelt des Gartens vorherrschen sollten. So sollte eine Baumkrone eine möglichst runde Form haben, Blätter und Zweige sollten nach oben wachsen. Pflanzen mit nach unten hängenden Zweigen wie die Trauerweide wirken eher traurig und bedrückend und sollten nicht im Garten angepflanzt werden. Auch Pflanzen mit sehr spitzen oder gezackten Blättern sollten vermieden werden, insbesondere wenn diese Blätter aufgerichtet sind und auf den Betrachter zeigen.

Bei Nadelgehölzen, die zu spitz nach oben wachsen, kann die Spitze gekappt werden, damit sie sich seitlich weiter verzweigen und buschiger werden.

Ein Baum mit einer deutlich ausgeprägten Verzweigung des Hauptstammes ist ein ungünstiges Symbol, vor allem wenn er sich auf der Vorderseite des Hauses befindet. Er symbolisiert eine Trennung oder Scheidung der Hausbewohner – jeder geht sozusagen seinen eigenen Weg. Wenn Sie den Baum nicht ganz entfernen wollen, sollte zumindest einer der Hauptäste abgesägt werden. Untersuchen Sie auch den Standort des Baumes, eine frühe Gabelung des Hauptstammes kann beispielsweise auf eine Wasserader zurückzuführen sein (siehe auch Maßnahmen auf Seite 127).

Achten Sie außerdem darauf, dass die Bäume – und natürlich auch andere Pflanzen – in Ihrem Garten gesund und kräftig sind. Kranke Äste oder ganze Pflanzen, die im Absterben begriffen sind, sollten möglichst schnell entfernt werden, denn sie wirken sich nachteilig auf die Hausbewohner aus. Je nach Himmelsrichtung des Standorts kann ermittelt werden, welches Familienmitglied am stärksten betroffen ist (siehe Kompass-Feng-Shui Seite 56).

Pflanzenreaktionen auf geopathische Störfelder

Unterirdische Störfelder, die durch Wasseradern, Erdverwerfungen und Energiewirbel verursacht werden, lösen bei Bäumen und anderen Pflanzen entweder ein verstärktes Wachstum oder eine gegenteilige Reaktion aus. Die Bäume wachsen schief oder gedreht, um der Erdstrahlung zu entkommen, oder sie verkrüppeln, und die Blätter wirken krank. Bei alten Bäumen, die auf Störfeldern stehen, sterben oft einige der oberen Äste ab, und am Stamm bilden sich große Geschwülste. Der Stamm kann bei einer starken geopathischen Belastung sogar schraubenförmig gedreht sein. Bei Pflanzen und Bäumen wird zwischen Strahlensuchern und Strahlenflüchtern unterschieden (siehe Kasten). Daher ist es wichtig, den Garten mithilfe einer Wünschelrute auf unterirdische Störfelder hin zu untersuchen – beziehungsweise von einem Spezialisten untersuchen zu lassen – und jeweils passende Pflanzenarten zu setzen.

Strahlensuchende Pflanzen werden durch die Erdstrahlen positiv angeregt und werden es Ihnen mit üppigem Wachstum danken, dass Sie für sie den richtigen Platz gewählt haben. Bereits vorhandene Pflanzen, die partout an einem bestimmten Standort nicht gedeihen wollen, können Strahlenflüchter und damit umgekehrt auch Anzeiger für geopathische Störfelder sein.

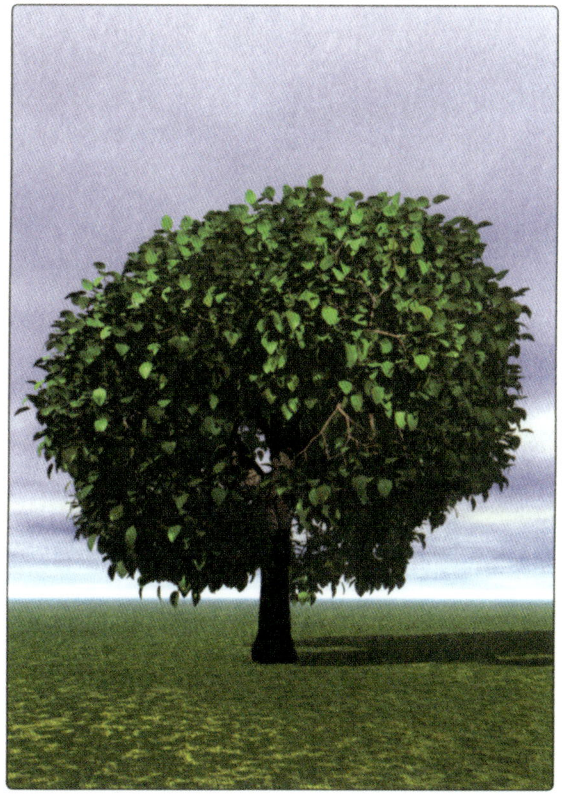

Abbildung 5.4:
Achten Sie immer darauf, dass die Pflanzen in Ihrem Garten gesund und kräftig sind.

	Strahlensucher	Strahlenflüchter
Bäume	Esche, Erle, Weide, Robinie, Eiche	Buche, Birke, Kiefer, Tanne, Fichte, Apfelbaum, Birnbaum, Kirschbaum, Zwetschge, Aprikose, Pfirsich
Sträucher	Holunder, Sanddorn, Hasel	Johannisbeere, Stachelbeere, Heckenkirsche, Berberitze, Flieder, Weißdorn
Blumen	Kaum Strahlensucher bekannt	Rose, Nelke, Primel, Begonie, Sonnenblume, Geranie, Aster, Chrysantheme, Veilchen
Gemüse	Keine Strahlensucher bekannt	Blumenkohl, Rosenkohl, Sellerie, Gurke, Karotte, Rotkraut, Spargel, Rhabarber, Bohne, Erbse, Kartoffel, Kohlrabi
Getreide	Keine Strahlensucher bekannt	Roggen, Gerste, Hafer, Weizen, Mais
Heilpflanzen	Eisenkraut, Dost, Wolfstrapp, Engelwurz, Bockshornklee, Kalmus, Fieberklee, Beifuß, Pestwurz, Fingerhut, Stechpalme, Adlerfarn, Brennnessel, Tollkirsche	Keine Strahlenflüchter bekannt

Wie stellen Sie fest, dass die Krankheit einer Pflanze von einem Störfeld herrührt?

Wenn Sie unsicher sind, warum sich eine Pflanze in Ihrem Garten in einem schlechten Zustand befindet, betrachten Sie sie genau, und untersuchen Sie, ob sie eines oder mehrere der genannten Symptome einer Störfeldbelastung aufweist. Sie können den Standort auch mithilfe eines Pendels oder des kinesiologischen Tests untersuchen. Eine weitere Möglichkeit besteht darin, sich nahe an den betroffenen Baum zu stellen und die Hände auf den Stamm zu legen. Bleiben Sie einige Minuten in dieser Position. Möglicherweise wird Ihnen schwindlig oder Sie bekommen im Magen- oder Solarplexusbereich ein unangenehmes Gefühl. Dann ist es ziemlich sicher, dass der Baum auf einem Störfeld steht. Wenn Sie unsicher sind, können Sie einen erfahrenen Rutengänger zurate ziehen. Bereits vorhandene kleinere Bäume oder Sträucher, die strahlenempfindlich sind, lassen sich in vielen Fällen noch versetzen.

Maßnahmen bei Störfeldern

Es gibt mehrere Möglichkeiten, einen Baum oder eine Pflanze zu retten, die von einem Störfeld betroffen ist. Graben Sie im Bereich der Hauptwurzeln einen Meter tief, und geben Sie mehrere Stücke naturbelassenen Bergkristall (circa 4–5 Zentimeter dick und 10–12 Zentimeter lang) hinein. Wenn der Bergkristall eine Spitze hat, sollte diese senkrecht nach unten in Richtung Störfeld zeigen. Füllen Sie das Loch wieder mit Erde auf. Wenn Sie sich mit dem Polarisieren von Steinen auskennen, können Sie auch im Fluss oder Bach glatt geschliffene, polarisierte Kiesel in der Nähe der Hauptwurzeln in mindestens einem Meter Tiefe vergraben. Ist ein Baum oder eine andere Pflanze durch ein Störfeld stark verkrüppelt und bietet einen traurigen Anblick, sollte sie besser entfernt werden, denn sie kann sich je nach Himmelsrichtung des Standortes ungünstig auf ein Familienmitglied auswirken (vergleiche Kapitel 3, Tabelle Seite 57).

Wenn Sie einen Baum oder Strauch kappen müssen, kommunizieren Sie mental mit der Pflanze, und bitten Sie sie, ihre Energien in den Wurzelstock zurückzuziehen. Wird ein Baum komplett entfernt, bietet es sich an, zuerst einen Baum der gleichen Spezies zu setzen und die zu entfernende Pflanze zu informieren, dass ihre Spezies an einem anderen Ort überlebt.

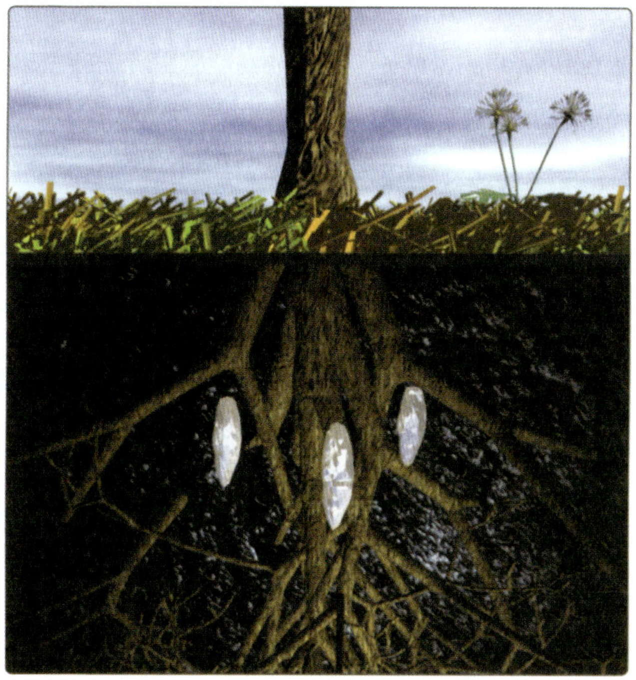

Abbildung 5.5:
Bergkristallstücke als Maßnahme bei Störfeldbelastungen

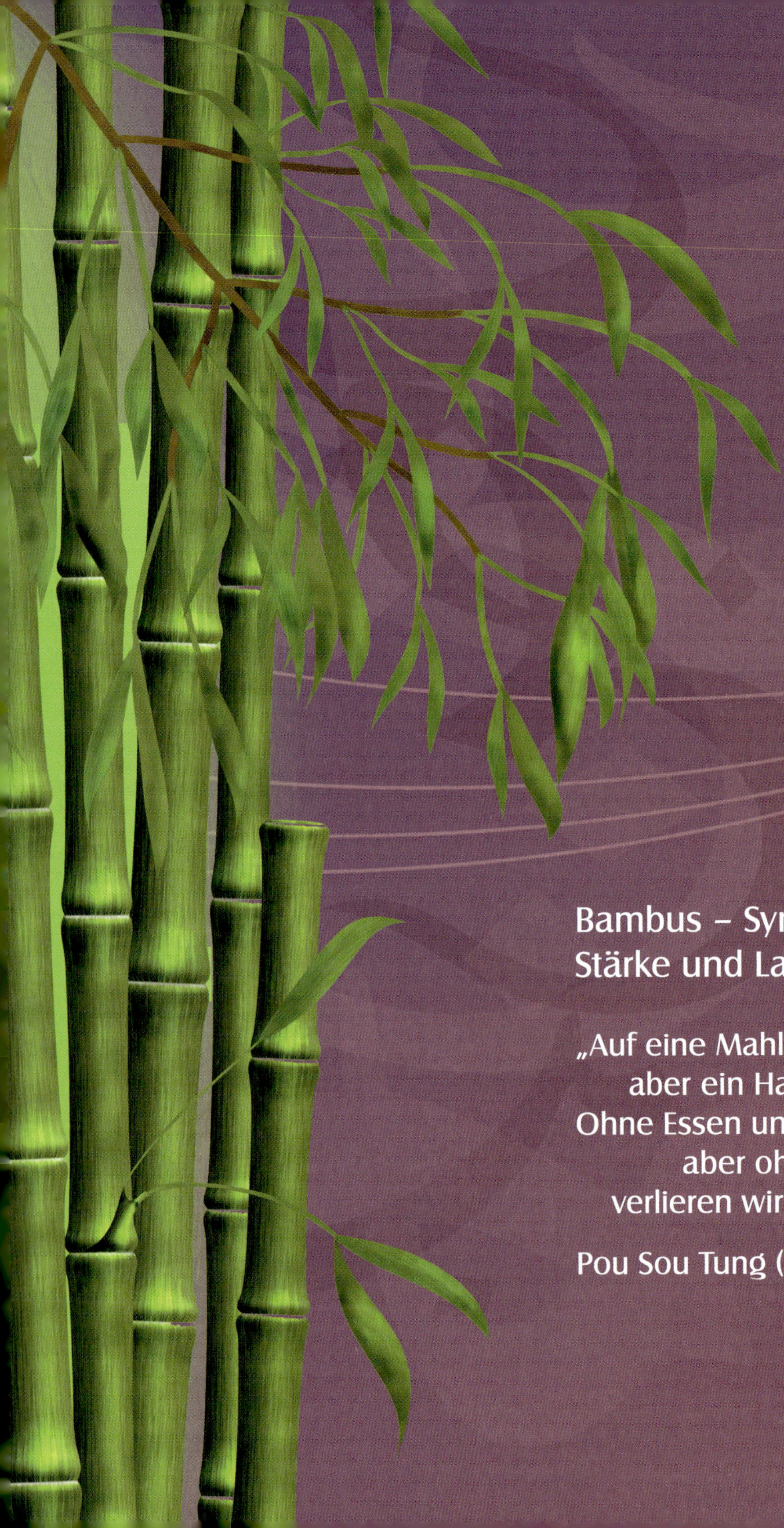

Bambus – Symbol für Demut, Stärke und Langlebigkeit

„Auf eine Mahlzeit kann man verzichten,
aber ein Haus muss Bambus haben.
Ohne Essen und Trinken werden wir dünn,
aber ohne Bambus
verlieren wir die heitere Gelassenheit.“

Pou Sou Tung (Dichter, Song-Dynastie)

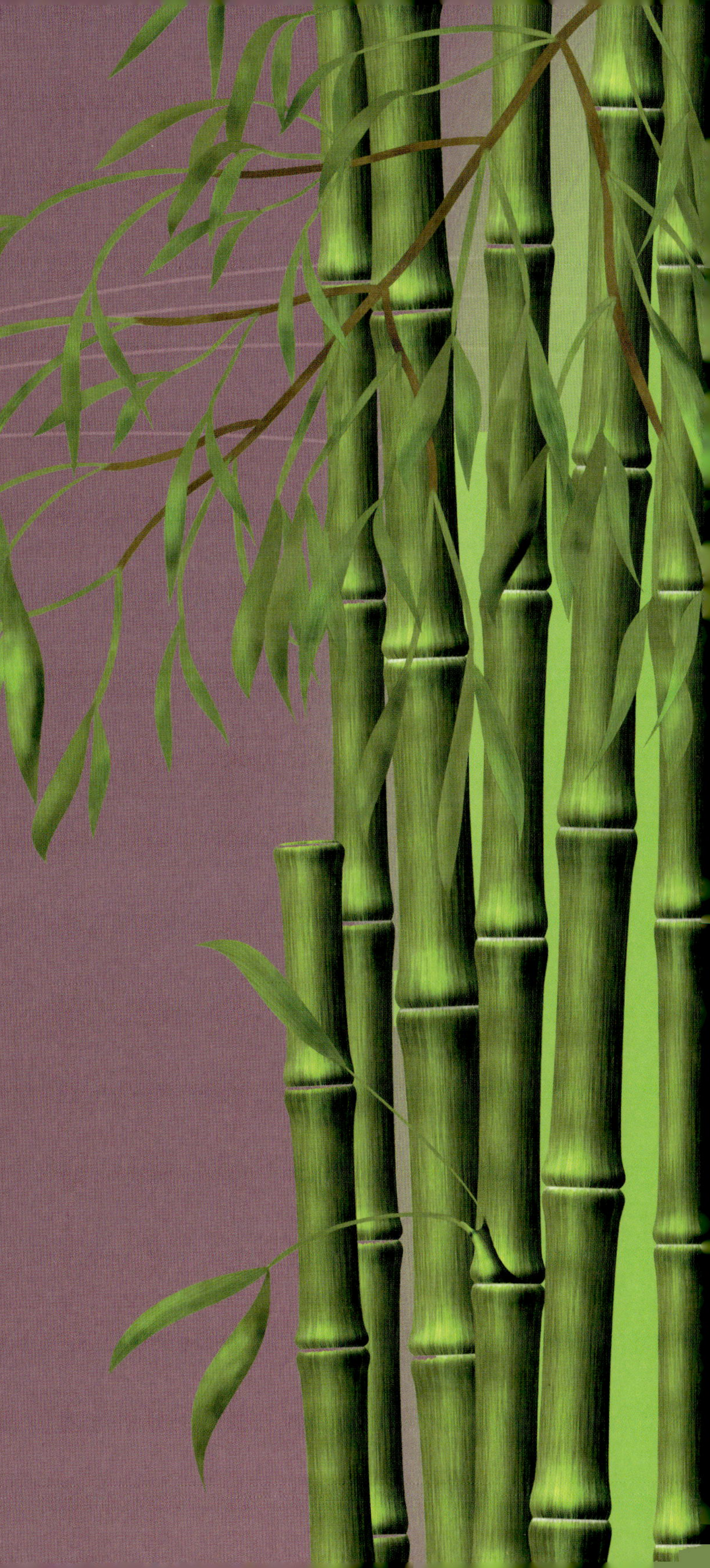

Bambus ist eine Charakterpflanze des fernöstlichen Gartens. Er steht für Langlebigkeit, Nützlichkeit und Flexibilität, Demut, Stärke und Geduld. Auch in Steingärten wird Bambus eingesetzt, um ein langes Leben zu symbolisieren.

Im fernöstlichen Garten wird er oft so gepflanzt, dass sein Schatten auf eine Mauer fällt, was beispielsweise bei einem Meditationsplatz wunderbar die Kontemplation fördern kann.

Es sollte jedoch darauf hingewiesen werden, dass Bambus sehr widerstandsfähig ist und sich sehr schnell überall ausbreitet. Daher ist es empfehlenswert, die Pflanzen in Keramik-, Stein- oder Betongefäße zu setzen, um die Wurzelstöcke unter Kontrolle zu halten.

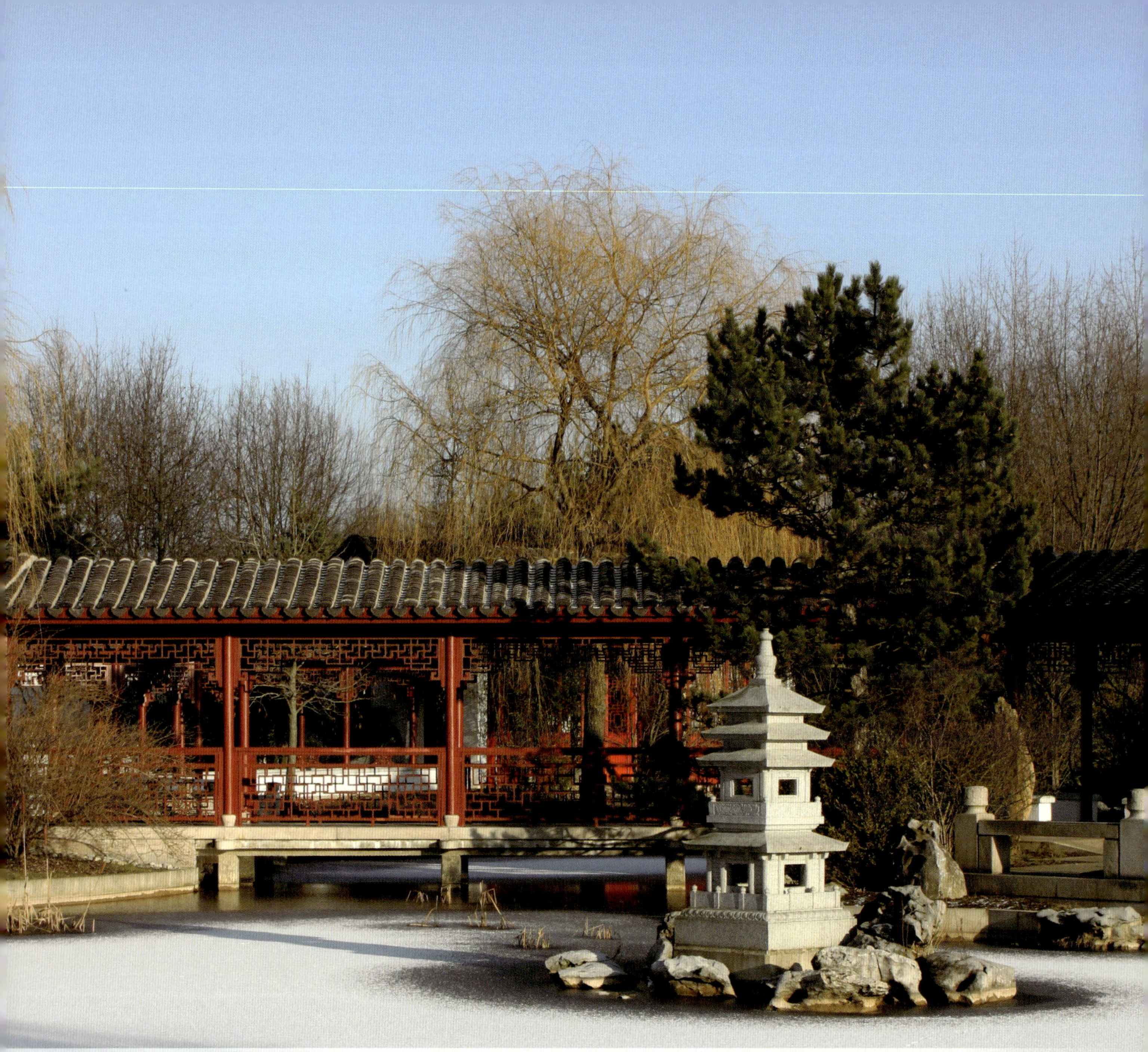

Nachwort und Anhang

Kapitel 6

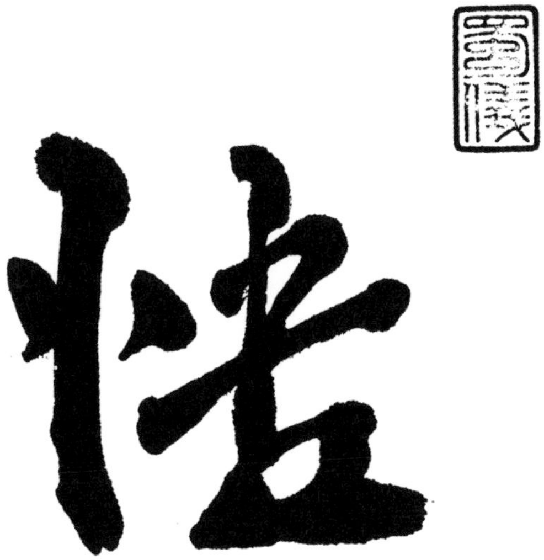

Vom privaten zum Stadtgarten

Normalerweise ist ein taoistischer Garten eine miniaturisierte Abbildung einer größeren Naturlandschaft. Ein Garten zu Hause ist ein energetischer Mikrobereich, der das Bewusstsein einer Person, einer Familie oder der jeweiligen Bewohner repräsentiert, verstärkt und zum Ausdruck bringt. Ein Haus mit Gartengrundstück hat eine Grundstücksgrenze. Eine Großstadt, eine Kleinstadt oder ein Dorf haben ebenfalls eine festgelegte Grenze, die ein bestimmtes Bewusstsein und damit ein bestimmtes Verhaltensmuster für die Einwohner der jeweiligen Stadt schafft.

So wirken der von Menschen genutzte Privatgarten und auch der Stadtgarten als Spiegel des menschlichen Bewusstseins und der Eigenschaften des Menschen. Ein privater Garten hat verschiedene Energiepunkte – neben den in diesem Buch behandelten Punkten wie dem Herz-, dem Yin und dem Yang-Punkt gibt es auch noch weitere Punkte wie den Lungenpunkt, den Emotional- oder den Heilpunkt. Bei einem Stadtgarten sind die gleichen Energiepunkte vorhanden, sie sind nur größer und haben im Verhältnis zur Gartenfläche eine intensivere Wirkung.

Auch der Herzpunkt und der Lungenpunkt einer Stadt müssen geschützt und ständig gestärkt werden, damit diese lebendig ist, weiter wächst und Wohlstand erlebt. Viele Städte in Europa, darunter Bremen in Norddeutschland, St. Pölten, Wels und Innsbruck in Österreich oder die französische Hauptstadt Paris erfahren eine energetische Schwächung, weil wichtige Kraftpunkte ausgelaugt oder krank sind. Wie ein

Mensch benötigen sie eine entsprechende Behandlung. Bei einer Stadt können beispielsweise spezielle geomantische Maßnahmen ergriffen werden, um ihren Verfall aufzuhalten und sie neu zu beleben.

Alte Steine mit geomantischer Wirkung sind in ganz Europa und Asien zu finden. Sie sind Zeugnis von Ereignissen und kulturellen Praktiken, bei denen sich der Mensch stärker mit dem Land verbunden und verankert hat. Diese Steine wurden normalerweise auf einen Platz mit starker Erdenergie wie eine Wasserader, eine positive oder negative Spirale oder einen Wirbel gesetzt und aktiviert. Sie verstärkten damit die gewünschte Erdenergie und -frequenz für einen bestimmten Zweck. So wurden nicht nur aufrecht stehende, sondern auch stuhl- oder schalenartige Steine platziert, die durch ihre positive Ausstrahlung die Heilung der Menschen unterstützten oder Frauen die Geburt erleichterten.

Es wird jedoch zumeist nicht erkannt, wenn eine Stadt ein Problem auf der energetischen Ebene hat. Ihre Schwäche wird zwar auf gewisse Weise wahrgenommen, aber es wird versucht, über Investitionen Abhilfe zu schaffen. Millionen Euro fließen in neue Infrastrukturen und Belebungsprogramme, um mehr Touristen und Geschäftsleute anzuziehen. Häufig zahlen sich die Investitionen jedoch nicht aus, und die Städte verlieren immer weiter an Attraktivität. Eine solche Stadt gleicht einem kranken oder sterbenden Menschen, dessen Herz und Lunge behandelt werden müssen. Stattdessen stellt man diesem Menschen ein größeres und attraktiveres Wohnhaus zur Verfügung.

Zwei Steinsetzungsprojekte zur Heilung von Städten

Glücklicherweise entwickelt sich heute wieder ein verstärktes Interesse an geomantischen Praktiken. Die Stadt Innsbruck in Österreich ist ein Beispiel für den Einsatz einer geomantischen Maßnahme. Als Geschenk an die Bevölkerung habe ich 1999 gemeinsam mit anderen Qi-Mag-Feng-Shui-Beratern einen Granitfindling im Innsbrucker Hofgarten aufstellen lassen, um den Lungenpunkt der Stadt neu zu aktivieren.

Von diesem Kraftstein geht eine belebende positive Energie von mehr als 200 000 % aus, die selbst in einem Abstand von mehr als 100 Metern noch wahrgenommen werden kann. Dies ist jedoch nur ein Beginn, denn zur vollständigen Wiederbelebung des Lungenpunktes werden weitere acht stehende Steine benötigt.

Ein weiteres Projekt war das Setzen zweier Kraft spendender Harmonie-Steine im Schlossgarten von Schönbrunn in Wien.

Diese Findlinge stehen dort in einem Irrgarten. Sie repräsentieren durch ihre Form das Weibliche und das Männliche. Hat eine Frau ein Problem mit ihrem Mann, umarmt sie den männlichen Stein und dann den weiblichen. Im Fall eines Kinderwunsches wird für einen Jungen der männliche und für ein Mädchen der weibliche Stein umarmt.

Zur Aktivierung wurden die Findlinge mit Wasser und Besen gereinigt, danach zuerst durch Stampfen rundherum energetisch aufgeladen. Mit einer speziellen, auf zwei Punkte aufgepinselten roten Farbe wurden die „Augen" der Steine geöffnet.

Der weibliche Stein wurde von meiner Frau Julie aktiviert, ich selbst aktivierte den männlichen Stein. Ein um die beiden Steine geschlungenes Band symbolisierte die „ewige Verbundenheit in Harmonie". Schließlich wurden die Steine nochmals mit den Händen aufgeladen.

Wir müssen altes Kulturwissen in die moderne Zeit integrieren, denn es bietet eine wichtige Ergänzung zur modernen Technologie und hilft, die Infrastruktur alter Städte zu beleben.

Im 21. Jahrhundert, in dem Technologien und Informationsfluss sich immer mehr beschleunigen, sind unser Wohlbefinden, unser mentales Gleichgewicht sowie Erfolg und Wohlstand im Leben sehr stark von unserem Naturverständnis und unserer Sensibilität gegenüber unserer Umwelt abhängig. Das bedeutet, dass wir wieder lernen müssen, mit allen Sinnen wahrzunehmen – zum Beispiel auch die Energien und Bedingungen, unter denen wir mit anderen leben und arbeiten können. Wir müssen lernen, dass unsere unmittelbare und ebenso die weiter entfernte Umgebung nicht von unserem Bewusstsein und Wohlbefinden zu trennen sind. Eine gesunde, harmonische und energiegeladene Umwelt beginnt (auch) in unseren bewusst aktivierten Gärten.

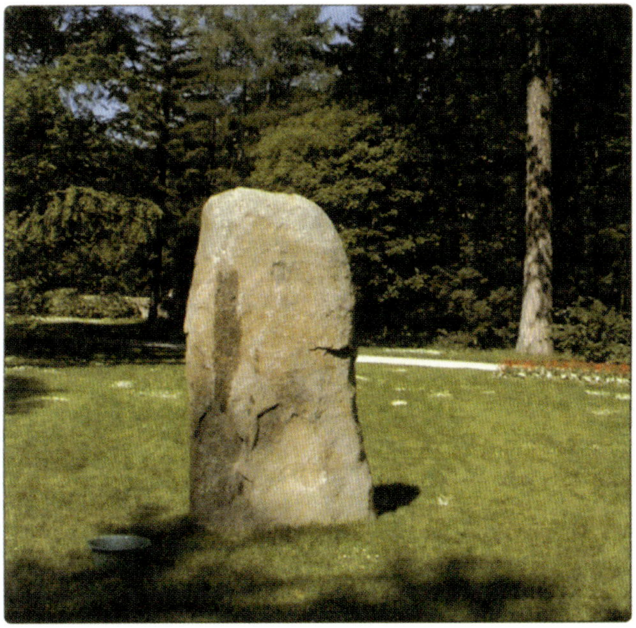

Abbildung 6.1:
Der Stein zur Aktivierung des Lungenpunktes im Innsbrucker Hofgarten

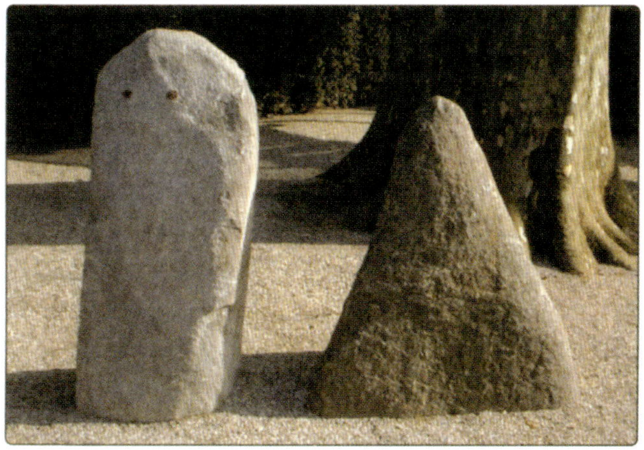

Abbildung 6.2:
Männlicher und weiblicher Stein im Schönbrunner Schlossgarten Wien

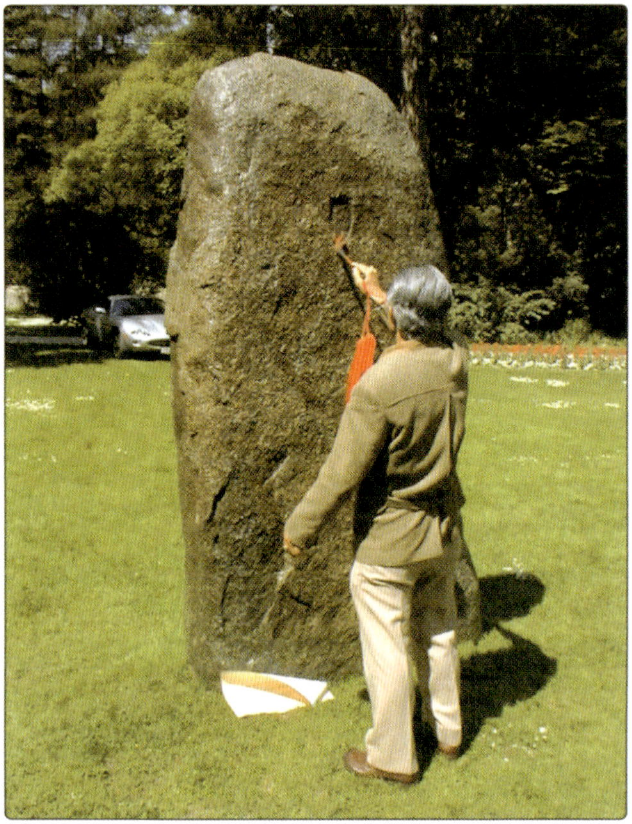

Abbildung 6.3:
Dr. Lim bei der Aktivierung des Innsbrucker Steins durch Aufpinseln von roter Farbe.

Danksagung

Ein taoistisches Sprichwort besagt:
„Wenn du das Wasser trinkst,
gedenke seiner Quelle."

Ich möchte hiermit zutiefst meinen Lehrern und Beratern für ihr Wissen danken, das sie mir in den Bereichen Gartenbau und Landwirtschaft, Feng Shui, Kraftplätze, Geomantie und Umweltstudien vermittelt haben. Dieses Wissen bildet nun einen Teil der „Informationsquelle", die diesem Buch zugrunde liegt.

Des Weiteren möchte ich den Autoren der in der Bibliografie genannten Bücher danken, deren Werke sehr viel Inspiration und zahlreiche Gestaltungsideen zum Thema Garten bieten.

Die ausdrucksstarken chinesischen Kalligrafien, die diesem Gartenbuch viel Energie und eine fernöstliche Atmosphäre verleihen, stammen von meiner Frau Julie, der ich an dieser Stelle herzlich danken möchte.

„Es braucht 100000 Worte, um das Bild eines inspirierten Gartens zu beschreiben" – in diesem Sinne danke ich Uli Albrecht, der die aufwendigen Computergrafiken erstellt hat.

Mein Dank geht auch an Daniela Schenker, Karen Masman sowie meinen Verleger Markus Schirner und sein Team, deren Engagement die Neuauflage dieses Buches ermöglicht hat.

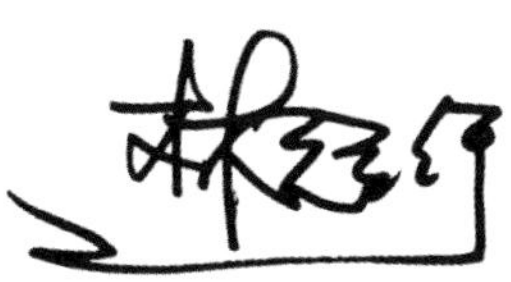

Dr. Jes T. Y. Lim
Januar 2012, Sydney, Australien

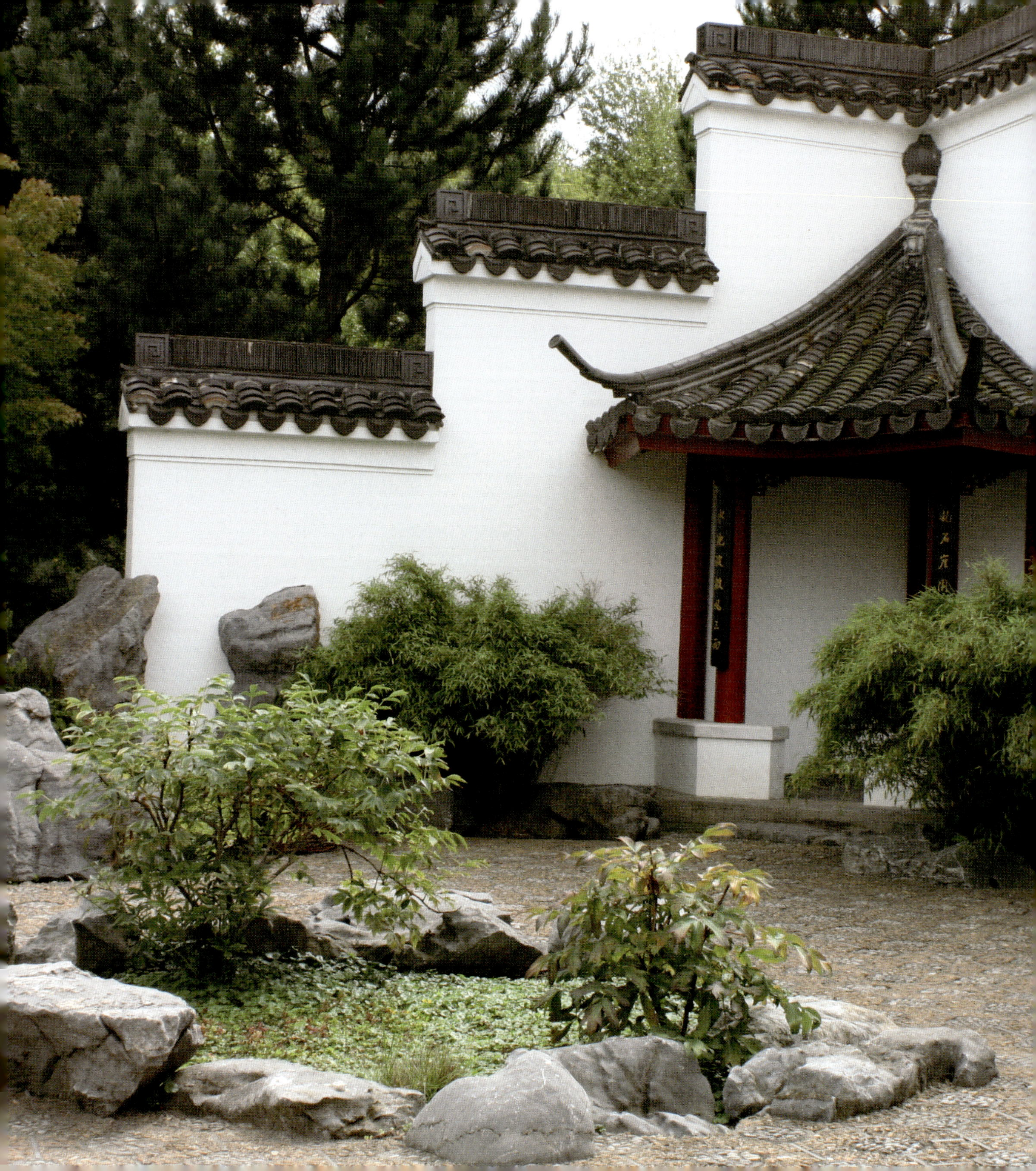

Checklisten zur Gartenplanung

Bitte betrachten Sie die nachfolgenden Checklisten als Hilfsmittel bei Ihrer Gartenplanung – und als kleine Zusammenfassung der wichtigsten Inhalte dieses Buches. Außerdem finden Sie im Folgenden auch noch zusätzliche Tipps. Natürlich können Sie die Listen nach Bedarf beliebig erweitern beziehungsweise Ihren individuellen Bedürfnissen anpassen.

Checkliste: Gartenentwürfe

- Stellen Sie fest, wofür Ihr Garten hauptsächlich genutzt werden soll. Verfassen Sie spontan eine Liste zu den gewünschten Gartenthemen (zum Beispiel Zen-Garten, Garten im römischen Stil usw.) und Gestaltungsmerkmalen (wie Skulpturen, eine Brücke, eine Laterne, einen Schrein oder Altar etc.).
- Lokalisieren Sie das Herz des Gartens sowie positive und negative Kraftpunkte. Gehen Sie den Garten ab, und finden Sie die Plätze, an denen Sie sich besonders wohlfühlen und die Sie speziell gestalten möchten (siehe dazu Seite 63).
- Untersuchen Sie die Umgebung um Haus und Garten (das Landschafts-Feng-Shui, Seite 46), und legen Sie fest, inwieweit die natürliche Form des Landes durch von Menschenhand gemachte Strukturen ergänzt oder verändert werden soll.
- Ermitteln Sie die Himmelsrichtungen, und beobachten Sie den Lauf der Sonne, um weitere Hinweise zu erhalten, wie Sie Ihre Gartenlandschaft gestalten, wo Sie einen Sitzplatz anlegen oder wo Sonnen- und Schattenpflanzen zu setzen sind.
- Finden Sie heraus, aus welchen Richtungen der Wind kommt, und beobachten Sie, zu welchen Tages- und Jahreszeiten der Wind stärker oder schwächer weht.
- Stellen Sie fest, aus welchen Richtungen positives Qi in Ihren Garten fließt (zum Beispiel vom See oder einer offenen Grünfläche; siehe auch Seite 51–55) oder ob es Einflüsse durch negatives Qi gibt (zum Beispiel eine angreifende Ecke des Nachbarhauses, eine Straße oder Strommasten).
- Finden Sie heraus, wie das Haus zum Garten ausgerichtet ist. Wenn der Mingtang des Hauses zum Garten hin liegt und nicht durch Bäume oder Steine blockiert ist, fließt mehr günstiges Garten-Qi ins Gebäude ein.
- Gehen Sie in Ihren Garten, und nehmen Sie Kontakt mit den dortigen Blumen, Bäumen, wichtigen Pflanzen sowie den Landgeistern auf, und bitten Sie um weitere Führung bei der Gartenplanung.
- Fertigen Sie eine detaillierte Skizze Ihres geplanten Gartens an. Zeichnen Sie Herz-, Positiv- und Negativpunkte ein (siehe dazu auch Seite 62–64). Markieren Sie die Bereiche, in denen Sie bestimmte Pflanzen, Rasen- und Wasserflächen sowie Steine, Skulpturen und andere Gestaltungsgegenstände pflanzen, anlegen beziehungsweise aufstellen möchten.
- Verbinden Sie nun die einzelnen Gartenbereiche mit Wegen, damit ein zusammenhängender, großer Garten entsteht (siehe Kapitel 4 „Trittsteine und Wege“ ab Seite 101–109).

Checkliste: Auswahl von Steinen

- Werden Sie sich darüber klar, für welchen Zweck Sie Steine benötigen – zum Beispiel zur Aktivierung von Energiepunkten im Garten, zur Darstellung einer Landschaft oder für Trittsteine.
- Was soll durch eine Steingruppe dargestellt werden: eine Bergformation, ein Paar oder ein Tier (Weitere Anregungen finden Sie im gesamten Kapitel 4)
- Harmonisch geformte Steine sind auf jeden Fall zu bevorzugen. Leicht verwitterte oder im Wasser rund geschliffene Steine sind günstig.
- Frisch behauene Steine sollten durch Lithopunktur harmonisiert werden (siehe auch Seite 77).
- Stellen Sie bei der Auswahl der Steine fest, welche Steinformen den Yin- oder Yang-Aspekt darstellen (Seite 86–89).
- Die Steinformen müssen nach der Lehre der Fünf Elemente miteinander harmonieren (detaillierte Hinweise ab Seite 96).
- Flache Steine helfen, die Energie nach oben und auch zu den Seiten zu verteilen (zum Beispiel beim Positiv- oder Negativpunkt), während spitz geformte Steine die Energie verstärkt nach oben lenken.
- Betrachten Sie den ausgewählten Stein genau von allen Seiten, erfassen Sie seine Merkmale, zum Beispiel „Schildkrötenstein", und platzieren Sie ihn so, dass seine schönste Seite sichtbar ist (siehe auch ab Seite 82–85).
- Berücksichtigen Sie den Energiefluss des Steins. Ein in freier Natur gefundener stehender Stein sollte möglichst wieder stehend platziert werden, ein liegender wieder liegend.
- Für größere Stabilität graben Sie den Stein zu einem Drittel ein.
- Prüfen Sie oder lassen Sie von einem erfahrenen Feng-Shui-Berater untersuchen, ob der gewählte Platz für den Stein möglicherweise eine Negativenergie in sich trägt. Diese sollte zuvor im Rahmen einer Landreinigung harmonisiert werden (siehe auch Seite 140).

Checkliste: Taoistische Gestaltungsprinzipien

- Entscheiden Sie, welche vorhandenen Merkmale Ihres Gartens bestehen bleiben sollen – Baumgruppen, Senken usw.
- In welchen Bereichen soll die Natur vorherrschen (zum Beispiel in Form eines Wildgartens, einer Baumgruppe oder dicht wachsenden Sträuchern), und wo soll stärker eingegriffen werden (zum Beispiel indem Sie einen Erdwall aufschütten, ein Gartenhaus bauen, Trittsteine legen usw.)?
- Berücksichtigen Sie bei all Ihren Planungen das Prinzip von Yin und Yang – zum Beispiel indem Sie Steine und Wasser, Steine und Pflanzen, helle und dunklere Bereiche im Garten kombinieren (siehe Seite 27–29).
- Leere und Stille im Garten – welcher Bereich (zum Beispiel Meditationsplatz, Gartenbank, offene, mit Sand gefüllte Senke) zur Kontemplation dient als Ausgleich zu den Aktivitätsbereichen des Gartens? (Weiteres zu „Leere und Stille" siehe Seite 29–30).
- Nutzen Sie die Harmonie der Größenverhältnisse, zum Beispiel um die perspektivische Tiefe eines Miniaturgartens zum Ausdruck zu bringen (Seite 33–35).

Checkliste: Feng Shui

- Ein freier Mingtang auf Höhe der Eingangstür (keine blockierenden Bäume oder Steine unmittelbar vor dem Eingang) ist ein Muss. (Mehr zum Thema Mingtang lesen Sie bitte ab Seite 48.)
- Das Haus muss eine Rückendeckung haben (zum Beispiel in Form von Steinen, einem Erdwall, einer Baumgruppe oder hohen Sträuchern, siehe ab Seite 49).
- Überprüfen Sie, ob ein Familienmitglied nach der entsprechenden Kompassrichtung im Gartenbereich durch bestimmte Strukturen unterstützt oder blockiert wird (siehe Tabelle Seite 57).
- Vermeiden Sie bei Gartenwegen gerade Linien oder scharfe Spitzen oder Kanten.
- Ermitteln Sie die Energiepunkte im Garten und markieren Sie sie mit Steinen, Brunnen oder Skulpturen (siehe Seite 63–67).
- Ermitteln Sie Störzonen im Garten, und setzen Sie empfindliche Pflanzen eventuell um. (Mehr zum Thema Störzonen erfahren Sie auf Seite 125–127.)
- Der Komposthaufen sollte sich auf der Rückseite des Gartens vorzugsweise auf der Tigerseite befinden.
- Wichtige Punkte wie Herzpunkt, Positivpunkt sowie Yin- und Yang-Punkt sollten nachts beleuchtet sein.
- Ein überdachter Sitzplatz oder ein Häuschen mit schönem Ausblick kann als Regen- oder Sonnenschutz dienen.
- Ein Bogen oder Tor weist auf einen wichtigen Punkt oder einen speziellen Ort hin, zum Beispiel das Heiligtum des Gartens.
- Eine Brücke schafft Verbindungen zwischen den unterschiedlichen Gartenbereichen, Rundbrücken im asiatischen Stil, die sich im Wasser spiegeln, erzeugen das Harmoniesymbol des Kreises.

Checkliste: Wasser

- Wo soll sich das Wasser im Garten befinden?
- In welcher Form möchten Sie Wasser in Ihren Garten bringen – soll es ein Brunnen, Wasserlauf, Teich oder eher trockenes Wasser sein? (Weitere Anregungen auf den Seiten 60–65.)
- Das Wasser sollte klar und sauber sein.
- Das Wassergeräusch sollte angenehm und nicht zu anregend sein.
- Ein großzügiger Wasserfluss repräsentiert Wohlstand; dünne Rinnsale stehen für geringen Reichtum.
- Sprudelndes Wasser sollte nicht zu stark schäumen, weil es sonst eine aggressive Energie verbreitet.
- Ein gewundener Wasserlauf wirkt größer.
- Ein Brunnen mit Sprühkopf verteilt die Wasserenergie nach allen Seiten hin.
- Tritt das Wasser nur an einer Stelle aus, so verteilt dies die Energie verstärkt in eine Richtung. Achten Sie in jedem Fall darauf, dass das Wasser immer in Richtung des Hauses fließt.

Checkliste: Unbearbeiteter Boden

- Untersuchen Sie den Boden auf Bauschuttreste. Diese können im Garten bis zu einem Meter tief vergraben sein.
- Der Boden in der Nähe des Hauses ist durch Lastwagen und Baumaschinen oft stark zusammengepresst worden und muss daher gelockert werden.
- Prüfen Sie, ob ausreichend Mutterboden vorhanden ist. Eventuell müssen Sie mehr Humus und Muttererde einbringen.
- Der ursprüngliche Boden kann zu sauer oder zu hart sein. Verhärtete Böden können ausgehoben und für eine Aufschüttung zur Rückendeckung des Hauses verwendet werden. Ausgehobene Bereiche sollten mit guter Pflanzenerde aufgefüllt werden.
- Die Erde könnte durch Kalk, Zement oder Chemikalien belastet sein. Lassen Sie sie eventuell von einem Fachmann untersuchen. Diese müssen unbedingt beseitigt werden. Stark belastete Böden müssen manchmal bis zu einem Meter tief ausgehoben und entsorgt werden, was hohe Kosten entstehen lassen kann. Berücksichtigen Sie diese frühzeitig in Ihrer Kostenkalkulation.
- Ein- und mehrjährige Unkräuter sowie deren Samen sollten vor dem Setzen neuer Pflanzen entfernt werden. Graben Sie bei hartnäckigen Pflanzen besonders tief, um die Wurzelstöcke auszuheben.
- Das Land muss gegebenenfalls trockengelegt werden.
- Durch einen Steilhang, viel Regen oder einen Bach kann der Boden in manchen Bereichen stark ausgewaschen und erodiert sein und eine Befestigung mit Steinen oder terassenförmigen Einschnitten erfordern.

Checkliste: Landenergien

- Befassen Sie sich mit der Geschichte des Grundstücks und versuchen Sie, möglichst viele Informationen darüber zu erhalten.
- Der Boden besitzt durch seine Gesteins- und Kristallstruktur ein „Gedächtnis“ und kann daher noch „Erinnerungen“ an frühere Nutzungen abgespeichert haben.
- Folgende Nutzungen des Grundstücks können energetische Metamorphoseenergien hinterlassen, die auf die Bewohner eine bedrückende Wirkung haben können und im Rahmen einer taoistischen Landreinigung (siehe auch Kursangebot Tao-Geomantie) harmonisiert werden können:
  - Friedhöfe
  - alte Kirchen
  - alte Schlachtfelder
  - Thingstätten
  - Opferplätze oder Ritualplätze
  - alte Pest- oder Krankenhäuser
  - Schlachthäuser

  Dies gilt auch, wenn die früheren Gebäude oder Mauern nicht mehr existieren.

Literaturhinweise

Deutschsprachige Literatur

Beuchert, Marianne: Die Gärten Chinas, Diederichs, München 1983

Horn, Matta: Der kleine Zengarten, Schirner Verlag, Darmstadt 2001

Kawaguchi, Yoko: Japanische Gärten, Inspiration und Gestaltung, Dumont, Köln 2001

Keane, Marc Peter: Gestaltung japanischer Gärten, Ulmer, Stuttgart 1999

Kislinger, Elisabeth und Hofmann, Helga: Feng Shui im Garten, Mosaik Verlag, München 1999

Schaarschmidt-Richter, Irmtraud: Gartenkunst in Japan. Von den Anfängen bis Heute, Hirmer, München 1999

Schaarschmidt-Richter, Irmtraud: Gärten der Stille. Oasen der Ruhe und Besinnung, Augustus, Augsburg 2001

Recht, Christine, Wetterwald, Max-Felix, Simon, Werner: Bambus, Ulmer, Stuttgart 1994

Schenker, Daniela: Sprudelnde Heilkraft, Ullstein, Berlin 2010

Teichfischer, Bernhard: Zauber asiatischer Wassergärten, Dähne, Ettlingen 2001

Too, Lillian: Der Feng-Shui-Garten, Droemer Knaur, München 1999

Englischsprachige Literatur

Benz, Willi: The Art of Suiseki: Classic Japanese Stone Gardening, Sterling Publications, New York 1999

Bring, Mitchell and Wayembergh, Josse: Japanese Garden Design and Meaning, USA 1981

Cheng, Liyao: Ancient Chinese Architecture, 10 Vols., Imperial Gardens, Springer Verlag, Wien 1998

De Barry, Chan Wing Tsit, Watson, B.: Sources of Chinese Tradition, London 1960

Engel, David H.: A Thousand Mountains – A Million Hills, Shutunotomo, Tokyo 1995

Feuchtwang, Stephen D.R.: An Anthropological Analysis of Chinese Geomancy, Southern Materials Centre Inc., Taipei 1961

Groves, Derham: Feng Shui and Western Building Ceremonies, Graham Brash (Pte) Ltd., Singapore 1991

Harte, Sunniva: Zen Gardening, Stewart Tabozi & Chang, Japan 1999

Heselton, Philip: The Elements of Earth Mysteries, Element Books Ltd., U.K. 1991

Hoh, Teiji: The Gardens of Japan, Kodansha International, Japan 1998

Inaji, Toshiro & Virgilio Pamela: The Garden as Architecture: Form and Spirit in the Gardens of Japan, China & Korea, Kodansha International, Japan 1998

Jansen, Antje: Plants for Your Garden, Merehurst, U.K. o.J.

Katsuhiko, Mizuno: Zen Gardens, Mitsumura Suiko Shoin, Japan 1996

Keane, Marc P.: Japanese Garden Design, Tuttle, Boston 1997

Kikuyou Court Culture Institute: Sento Imperial Palace, Mainchi Editorial Center, Japan 1998

Kikuyou Court Culture Institute: Shugakuin Imperial Villa, Mainichi Editorial Center, Japan 1998

Lim, Dr. Jes T.Y.: Bad Feng Shui – Results in Cancer and Degenerative Diseases, Auckland, New Zealand, o.J.

Lim, Dr. Jes T.Y.: Company's Success – Commercial Knowledge of Feng Shui, Sydney 1993

Lim, Dr. Jes T.Y.: Feng Shui and Negative Earth Rays – Cause Cancer & Terminal Diseases, Second World Healers Conference, Hamilton, New Zealand 1990

Lim, Dr. Jes T.Y.: Feng Shui Remedies for Abundance, Auckland University 1991

Lip, Evelyn: Chinese Geomancy, Times Books International, Singapore 1979

Liu, Pei Zin: Feng Shui, Chinese Views to Environment, Son Tian Bookshop, Shanghai, China, o.J.

Lonegren, Sig: Spiritual Dowsing, Gothic Image, Glastonbury , U.K. o.J.

Martino, Steve: Water Spaces of the World, Imugea Publishing Group, Victoria, Australia 1999

Nash, Helen & Hughes, Eamona: Waterfalls, Fountains, Pools and Streams, Sterling Publishing, New York 1999

Needham, Joseph: Science and Civilisation in China, London 1943

Neilson, Greg and Polansky, Joseph: Pendulum Power, The Aquarian Press, Wellingborough, U.K. 1991

Sawano, Takashi: Creating Your Own Japanese Garden, Japan Publications, 1999

Seike, Kiyoshi & Kudo, Masanobu: Japanese Touch for Your Garden, Kodansha International, 1993

Skinner, Stephen: The Living Earth Manual of Feng Shui – Chinese Geomancy, Graham Brash (Pte) Ltd., Singapore 1982

Slawson, David A.: Secret Teachings in the Art of Japanese Gardens, Kodansha International, Japan 1991

Stadelmann, Peter: Creating a Garden Pond, Merehurst, U.K. o.J.

Stadelmann, Peter: Your Garden Pond, Merehurst, U.K. o.J.

Takei, Jiro & Keane, Marc P.: Sakuteiki – Visions of the Japanese Gardens, Tuttle, Boston 2001

The Royal Horticultural Society: Paths & Paving, The Royal Horticultural Society, U.K. 1999

Too, Lillian: Applied Pakua and Loshu Feng Shui, Konsep Lagenda Sdn Bhd, Kuala Lumpur 1993

Yamamoto, Kenzo: Invitation to Kyoto Gardens, Mitsumura Suiko Shoin, Japan 1999

Yoshikawa, Isao: Japanese Gardening in Small Spaces, Joie/Japan Publications, Tokyo 1996

Chinesische Literatur

Bao Li Ming: Chinese Fengshui Study, Taipei, 1995

Chan Shih Shu: Ten Books of Yang Dwelling Classic, China

Chao Ying (Ching Dynasty Monk), Ti Li Zhi Zi Yuan Zhen: Truth for Landscape Fengshui

Chen Zian Li: Nine Stars and 24 Mountains (2 vol.), Zin Yuan, Taipei

Chien Lung (Ching Dynasty Imperial Palace), Wan Bao Qian Shu: Manuals for Daily Life and Fengshui (6 books)

Gao Chiu-feng: Ti-li Wu Chieh, Five Explanations of Geomancy, China

Gu Jing Tu Shu Ji Cheng: Collection of Ancient and Current Books on Fengshui Ching Dynasty Imperial Palace

Hor Chan Kuang: 5 Fengshui books, Juxian Guan Ltd, Hong Kong

Hsiao Zhi: Wu Hsin Tu Yi, China, 600 AD

Huang Wei De (Ching Dynasty), Pu Shi Zhen Zong: Eight Trigrams for Houses and Life (6 books)

Huang Zhong Xiu (Ming Dynasty), ed.: Landscape, Land, Humans and Heaven Classic (12 books)

Jiang Ping Jie: Di Li Zheng Shu, Taiwan, 1980

Jing Sa Dao (Song Dynasty monk), Lu Di Yan Qian Shu: Complete Classics for Grave Sites

Ku Chin Tu Shu Chi Ch'eng Encyclopaedia, British Museum

Kuo P'o: The Burial Classic, Imperial Encyclopaedia, 4th Century China , British Museum

Liu Pei Zin: Fengshui, Chinese Views to Environment, Son Tian Bookshop, Shanghai, China

Art and Divination section (18 writings on Geomancy) 1726 edition, Section XVII

Lu Bing Zhong Ping Sha Yu Chi Jing Cheng Ji: Classic on Moulds (3 books), Yuan Dynasty

Pai Hoh Ming: 21 Fengshui books, Juxian Guan Ltd, Hong Kong

Shui-lung Ching: Water Dragon Classic, China

Si Mah Qian: The Records, China 1916
Taoist Luo Guan (Ching Dynasty), Ba Zai Ming Jing: Explicit Explanations on Eight Trigram Houses
The Dwellings Manual, Imperial Encyclopaedia, British Museum
Wang Wie: The Yellow Emperor's Dwellings Manual, Imperial Encyclopaedia, 5th Century, British Museum
Wu Yi Jian, Ti Li Bu Qiu Ren: Landscape of Land Determines Fate (compilation from 88 books from Yuan to Ching Dynasties)
Yang Yun-sung: Manual of the Moving Dragon and Method of the Twelve Staves, 9th Century, China
Yang-chai Shih Shu: 10 writings on Yang Dwellings, China
Zhang Zi Nan: San Yen Di Li Tu Wen Jian Gie, Taipei, 1965
Zhang Zi Wei (Song Dynasty), Ti li Yu Sui Jing: Best Landscape and Land Classics
Zhao Jou Feng (Ching Dynasty): Three Factors for Yang Dwellings

Abbildungsverzeichnis

Illustrationen:

Luisa Klein und Robert F. Künzler

Kalligrafien:

Julie Lim

Abbildungen von der Bilddatenbank Fotolia, www.fotolia.com:

Hintergrundbild: 3604732 (fat*fa*tin)
S. 2: 23974557 (Darius Turek)
S. 7, 18/19, 32, 36, 55, 70, 103, 110, 118: 3904242 (Oliver Hoffmann)
S. 8: 16052665 (digital-fineart)
S. 10: 15492000 (Henner Damke)
S. 13, 38/39: 18311930 (lillyfrog)
S. 21, 79: 2873217 (rgbspace)
S. 24: 38475224 (kreativtraum)
S. 44: 921339 (belleepok)
S. 72: 16052951 (digital-fineart)
S. 99: 16052763 (digital-fineart)
S. 104/105: 1715352 (Michael Morodi)
S. 112: 7496512 (Olga Lyubkina)
S. 114: 13992110 (tagstiles.com)
S. 128/129: 30751980 (velatonefree)
S. 130: 29546664 (RoHe)
S. 136: 38475222 (kreativtraum)

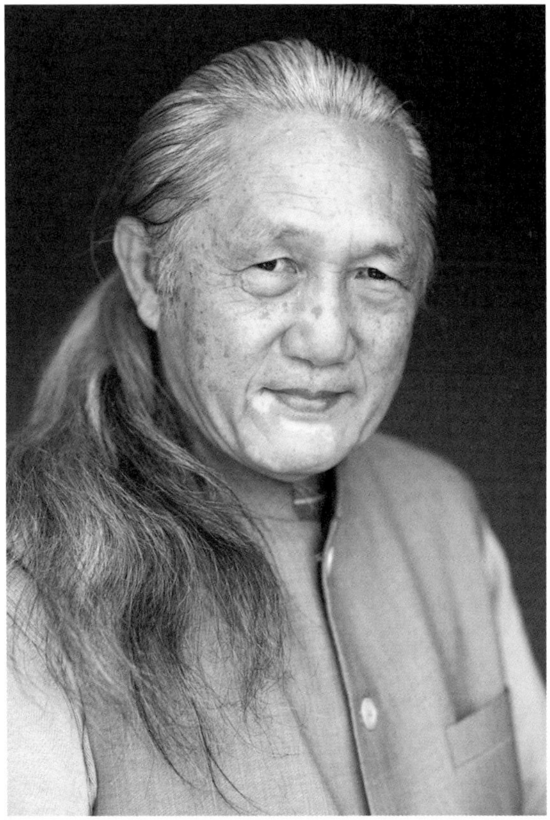

Der Autor

Prof. Dr. Jes T. Y. Lim wurde in den 1960er-Jahren in Großbritannien und Malaysia als Unternehmensberater ausgebildet. Er war Geschäftsführer und Leiter in Tochtergesellschaften multinationaler Unternehmensgruppen wie Sime Darby, Inchcape und Fletcher Challenge Group in Australasien. Seine Erfahrungen sammelte er hauptsächlich im Bereich Turnaround und Neustrukturierung unrentabler Firmen und setzte dabei in großem Maßstab Feng Shui ein.

Dr. Lim hat Feng Shui, Geomantie, Geobiologie und Naturheilkunde bei Lehrern in China, Hongkong, Singapur, Malaysia, Sri Lanka und Australien studiert. Er war Mitglied des British Institute of Management, Mitglied des Chartered Institute of Marketing, Großbritannien, und Mitglied des Organisation and Methods Institute, Großbritannien. Dr. Lim hat ein Diplom in Psychologie und Hypnotherapie (Neuseeland) und einen Master's Degree in International Business Administration (USA). Dr. Lim ist außerdem Doktor der Akupunktur (Sri Lanka und China).

Dr. Lim ist Gründer, Vorsitzender und Dekan des Qi-Mag International Feng Shui & Geobiology Institute, das in 15 Ländern Kurse bis zum Meistergrad anbietet.

Kurzer Überblick über das Kursangebot des Qi-Mag International Feng Shui & Geobiology Institute

Qi-Mag Feng Shui I

Praktisches „Erste-Hilfe-Feng Shui" für Haus und Wohnung. Identifikation verbreiteter Feng-Shui-Probleme sowie entsprechende Maßnahmen und Hilfsmittel, mit denen Sie sofort arbeiten können.

Qi-Mag Feng Shui II

Bestimmung von günstigen Bereichen in Raum und Gebäude, die für eine einzelne Person harmonisch sind. Trigrammbereiche zum Arbeiten und Schlafen für mehr Vitalität, Erfolg und Wohlstand. Vertiefung der Prinzipien der Fünf Elemente, die Harmonie von Yin und Yang, die acht Trigramme und das Astrologiesystem des Feng Shui. Lernen Sie drei fortgeschrittene Feng-Shui-Systeme in einem Kurs.

Qi-Mag Business Feng Shui

Der erste umfassende und praktische Business-Feng-Shui-Kurs zur Erfolgssteigerung am Arbeitsplatz und im Geschäftsgebäude. Entwerfen günstiger Logos und Symbole. Das Studium sehr alter, subtiler Techniken für Spitzenleistungen.

Qi-Mag Beraterkurse I & II

Intensivunterricht, der unter anderem die folgenden Themen behandelt: Landschafts-Feng-Shui, günstiges Design von Häusern und Wohnungen, das Ost-West-System der acht Trigramme und Arbeiten mit dem Lo'pan, astrologische Aspekte und Interpretationen, unter anderem das Lo'Shu-System der Fliegenden Sterne.

Das internationale Diplom – International Feng Shui Consultant Diploma (FSC) zum weltweiten Praktizieren wird nach Abschluss der Beraterkurse I & II verliehen.

Qi-Mag Feng-Shui-Beraterkurse III-VIII

Fortgeschrittenen- und Praxiskurse für Berater. Nach Abschluss aller Kurse erhalten die Teilnehmer das Feng-Shui-Meister-Diplom. Zu diesen Kursen gehören u.a.:

Wasserdrachen- und Landschafts-Feng-Shui

Arten von Wasser, Bergtypen und ihre Wirkung auf Menschen und Städte. Erklärung und Design von Springbrunnen, Wasserfällen und anderen Feng-Shui-Maßnahmen, die mit Wasser arbeiten, um den Geschäftserfolg zu steigern und Kunden anzuziehen.

Tao- und Zen-Garten-Design

Feng-Shui-Prinzipien für die Gartengestaltung, Aktivierung von Steinen, Bonsai- und Penzing-Pflege, Pflanzenkommunikation und spezielle Düngungsmethoden, Miniaturgärten, praktische Übungen zur Gartenplanung

Meisterkurse – Fortgeschrittene Feng-Shui-Master-Techniken

Diese Kurse umfassen ein von Dr. Lim speziell entwickeltes, einzigartiges Konzept zur energetischen Grundstücksharmonisierung und Landrevitalisierung.

Qi-Mag Tao-Geomantie und Geobiologie I, II & III

Studium schädlicher Erd- und Umweltenergien und Sensibilisierungsübungen zur Energiewahrnehmung. Anwendung und Lenken positiver Energien im Gebäude, fortgeschrittene Maßnahmen zur Gebäudegestaltung und -stabilisierung. Fortgeschrittene Kommunikationstechniken mit den Energien der Umgebung.

Weitere Informationen zum Institut, über Gesundheitskurse, Fernlehrgänge, Geomantiereisen sowie zu den von Dr. Lim entwickelten Shen-Ion-HarmoNIK®Geräten zur Wasserbelebung und Körpervitalisierung finden Sie im Internet unter:
www.qi-mag.com und www.feng-shui.com

Vom Autor ebenfalls erschienen im Schirner Verlag

Dr. Jes T.Y. Lim
Feng Shui und Gesundheit
Vital leben in Haus und Wohnung

ISBN 978-3-8434-1008-3

Feng Shui für die moderne westliche Welt

Das Ziel von Feng Shui ist es, die Umgebung eines Menschen harmonischer zu gestalten und so seine Gesundheit zu verbessern und seinen Wohlstand zu verstärken. Der bekannte Feng-Shui-Großmeister Dr. Jes T. Y. Lim, der auf der ganzen Welt sein umfangreiches Wissen vermittelt, hat mit diesem Buch ein Standardwerk zum Feng Shui geschaffen. Es ist jedoch nicht nur eine leicht verständliche Einführung in diese chinesische Lehre. Anhand zahlreicher Beispiele und Illustrationen bietet es viele Lösungsansätze, wenn ungünstige Feng-Shui-Bedingungen vorherrschen.

Mit diesem Arbeitsbuch kann jeder Leser durch kleine oder auch große Veränderungen in seinem Zuhause oder am Arbeitsplatz Bemerkenswertes bewirken und viel für seine Gesundheit und Vitalität tun.

Nutzen auch Sie das jahrhundertealte Wissen zur Gestaltung Ihres Lebensraumes, und lernen Sie, wieder in Harmonie mit Ihrer Umgebung zu leben.

Vom Autor ebenfalls erschienen im Schirner Verlag

Dr. Jes T.Y. Lim
Feng Shui für Büro und Business
Erfolgswissen für die Berufswelt des 21. Jahrhundert

ISBN 978-3-8434-1039-7

Höhere Umsätze in Ihrem Unternehmen ...
Der ersehnte Karrieresprung ...
Ein harmonischer Arbeitsplatz ...

Dies alles ermöglicht Ihnen dieses leicht verständliche Standardwerk zum Business-Feng-Shui. Zahlreiche Beispiele, Tabellen und Illustrationen zeigen Lösungsansätze für Gebäude oder Büroräume, in denen ungünstige Feng-Shui-Bedingungen herrschen. Denn beruflicher Erfolg basiert nicht nur auf dem persönlichen Einsatz, sondern auch auf der Harmonie am Arbeitsplatz und auf einem ausgeglichenen Energiefluss im beruflichen Umfeld.
Dr. Jes T. Y. Lim, einer der größten Feng-Shui-Experten unserer Zeit, öffnet Ihnen die Schatztruhe seines immensen Wissens und deckt mit diesem Arbeitsbuch alle erdenklichen Bereiche des Business-Feng-Shui ab. Bewirken Sie durch kleine oder auch große Veränderungen an Ihrem Arbeitsplatz Bemerkenswertes, und steigern Sie Ihre Leistungsfähigkeit und somit Ihren Erfolg um ein Vielfaches!

Zum Thema ebenfalls erschienen im Schirner Verlag

Helga Schaub
Feng Shui für den beruflichen Erfolg
Gestaltung von Geschäftspapieren, Visitenkarten & Co.
Ein Praxisbuch

ISBN 978-3-89767-256-1

Wissen Sie, wie Feng Shui Ihnen helfen kann, damit der erste Eindruck, den Sie auf andere Menschen machen, nicht nur ein sehr guter, sondern auch ein bleibender Eindruck wird?

Bewusst oder unbewusst repräsentiert jeder Mensch sich selbst, sein Anliegen oder sein Unternehmen nach außen. Dabei ergänzen die richtig angewandten Feng-Shui-Richtlinien die traditionellen gestalterischen Gesetze und verhelfen zum optimalen Auftritt.

Dieses Buch erläutert in verständlicher Sprache die allgemeinen Regeln des Feng Shui und deren Anwendung in unserem westlichen Kulturkreis. Außerdem beschreibt es anhand zahlreicher Beispiele, was ein gutes Logo, eine ausdrucksstarke Visitenkarte und eine originelle Werbung ausmacht und wie diese selbst gestaltet werden können. So wird es zum nützlichen Ratgeber für Profis und Laien.

Helga Schaub
Feng Shui Grundregeln

ISBN 978-3-8434-5017-1

Feng Shui wirkt wie Akupunktur für Wohnung und Büro. Helga Schaub, diplomierte Feng-Shui-Beraterin mit über 20 Jahren praktischer Erfahrung, vermittelt auf anschauliche und leicht nachvollziehbare Weise, dass die Mittel zur positiven Veränderung Ihrer Lebensumgebung oft ganz einfache sind.

Dieses Büchlein ist ein Ratgeber, der Sie schnell und einfach mit den wesentlichen Grundsätzen des Feng Shui bekannt macht. Sie erfahren, wie Sie selbst mit kleinen Veränderungen in Ihrem Zuhause und am Arbeitsplatz die Energien in Fluss bringen und harmonisieren können.